高校思想政治工作研究文库
教育部思想政治工作司　组编

中国共产党百年青少年思想道德教育研究

周芳　任怡◎著

人民出版社

序

2021年，中国共产党迎来了她的百年华诞。百年的征程奋斗，百年的创造辉煌，中国共产党向历史和人民交出了一份优异的答卷。中国共产党在带领人民接续奋斗、勇往直前、践行为中国人民谋幸福、为中华民族谋复兴的初心使命过程中，始终把团结、教育、引导广大青少年作为自己的职责和使命，一代又一代的青少年在不同的历史时期，团结在党的旗帜下，自觉地把自己的前途和命运与国家民族的发展紧密相连，成为时代的先锋，这是贯穿我们党百年奋斗史的一条红线。可以说，百年党史，在一定意义上也是一部中国先进青少年在党的使命召唤与精神洗礼下，听党话、跟党走，为民族奉献、为民众服务的峥嵘奋斗史。在这个过程中，我们党十分注重青少年的思想道德教育，始终注重用共产主义的理想、信念，用共产党人的世界观、人生观、价值观影响和塑造青少年，用马克思主义的立场、观点、方法教育和启迪他们。思想道德教育的内容、载体、形式与方法科学全面、新颖灵动、丰富多样，这些都深入推进了青少年思想道德教育从实践探索到理论升华，极大鼓舞和激励了一代又一代青少年自觉自愿内聚爱党爱国、为民奋斗、无私奉献的崇高理想信念，以及先进的思想觉悟与高尚的道德品质。在学习、研究和总结中国共产党百年辉煌的同时，系统研究中国共产党百年青少年思想道德教育的理论与实践无疑具有重要的理论和现实意义。周芳教授的新著《中国共产党百年青少年思想道德教育研究》(以下简称《研究》)正是应运而生、用力精深的一部学术专著。

回望历史，党的一大召开之际，在全国仅有的50多名共产党员中，19世纪“80后”和“90后”青年党员就占据多数。他们引领、发动、团结社会上先进青少年于民族危难之际，于社会动荡之时，胸怀“国家者，我们的国家；社会者，我们的社会；我们不说，谁说？我们不干，谁干”的鸿鹄之志，高举马克思主义思想火炬，在黑暗中摸索革命道路。以“星星之火，可以燎原”之势，点亮了中国革命的光明前景，于腥风血雨中锻造成为拯救民族、振兴中华的先锋力量。在社会主义革命和建设时期，广大青少年接受党的培养和教育，与祖国共生共进，与时代同向同行，与人民同甘共苦。在改革开放和社会主义现代化建设新时期，青少年以青春之我、奋斗之我，在推进伟大事业、成就伟大梦想中聚集磅礴之力，书写华美篇章。中国特色社会主义新时代，中国青少年更是以昂扬的精神风貌，淋漓映射了与时代律动而砥砺共进、担当责任、奋发有为的青春底色，他们发自内心的誓言:“请党放心，强国有我!”寸积铢累，铿锵有力，在中国式现代化建设征程中踔厉奋发、笃行致远。百年征程历久弥新，生动诠释了党的青少年思想道德教育的巨大成效。

党始终如一地对青少年进行不懈的教育引领，以使他们健康成长和顺利成才，其中最重要、最关键的是思想道德方面的教育指导。《研究》把党对青少年成长成才专注于思想道德教育以及重视程度、过程、结果，从理论与实践相结合的视角于百年历史中进行抽丝剥茧，形成体系。在比较全面了解和掌握国内外关于青少年思想道德教育研究现状的同时，着手厘清青少年思想道德教育的概念，明确青少年思想道德教育的内涵，洞悉学术研究动态，奠定问题研究的学理基础。基于此，以中国共产党百年发展史为主轴，搭建起党的百年青少年思想道德教育理论与实践理论架构。本书共有六个部分，即“青少年思想道德教育概述”“新民主主义革命时期中国共产党之青少年思想道德教育”“社会主义革命和建设时期中国共产党之青少年思想道德教育”“改革开放和社会主义现代化建设新时期中国共产党之青少年思想道德教育”“中国特色社会主义新时代中国共产党之青少年思想道德教育”“新时代青少年思想道德教育发展新理路”。理论体系从中国共产党百年发展史中，总结和提炼党的青少年思想道德教育的理论演进，回溯和梳理马克思主义理论指导下党的青少年思想道德教育的实践过程，展望和前瞻党的青少年思想道德教育的发展新理路，勾勒和展示研究的基本思路。本书论依于史，史中有论，凸显史论结合的研究特点。

知史明理，科学厘析中国共产党百年青少年思想道德教育的经验规律。《研究》系统梳理了百年来党的青少年思想道德教育的探索历程，总结经验，萃取理论，从中概括出以下几点重要的规律性认识。首先，坚持党性原则与人民立场相统一，铆足旗帜鲜明为党育人、为国育才的“定力”。青少年作为党和国家未来事业的建设者和接班人，充分争取并发动他们投身伟业是中国共产党最为鲜明的政治优势之一。百年来，党通过强有力的思想宣传、政治鼓动与道德教育，激发广大青少年共产主义思想意识和政治觉悟，培植为无产阶级事业奋斗的信念与决心，增强与人民患难与共、荣辱相依的博大情怀，为顺利推进各项工作注入了鲜活能量。其次，坚持发扬传统与实事求是相统一，激发青少年与时代脉搏同频共振的“活力”。在百年的奋斗征程中，中国共产党始终高度重视青少年思想道德教育，秉承传统优势，围绕中心任务而持续发力，并注重在不同时代、不同阶段、不同背景下，对教育目标、教育内容、教育方法改进创新，与变化发展着的客观实际保持步调上的高度一致。再次，坚持重点培养与广泛团结相统一，聚合党的青少年革命先锋队伍发展壮大的“实力”。中国共产党成立伊始，受制于尚且薄弱的革命力量，青少年思想道德教育主要以青年党员为重点关注群体。随后根据形势发展要求，在保存和发展青年党员实力的基础上，逐渐在领域和群体上进行拓展，以城市工人阶级为主要力量，以农村村民为依靠力量，争取青年军人与进步学生的热烈拥护，发动其在各自领域中的先锋模范作用，并对地主阶级与资产阶级知识青年进行思想改造，最大限度地团结一切可以团结的先进力量，从而不断充实、强盛党的青年革命队伍，带动青少年群体。最后，坚持理论灌输与实践锻造相统一，显现党的教育武装青少年奋勇前进的“魄力”。中国共产党自始至终用马克思主义及其中国化的理论成果武装人，用科学真理的力量感召人，引领广大青少年树立坚定的共产主义理想信念。理论的旨归在于指导实践，通过发动青少年投身残酷的军事斗争、激烈的工人运动、火热的土地革命、艰难的科研攻关等实践一线，提升青少年的战斗力，发扬青少年的智慧力，增强青少年的意志力，用鲜活的事实检验青少年的理想信念，对党的青少年思想道德教育的理论与实践加以佐证。

知史铸魂，凝练传承中国共产党百年青少年思想道德教育的精神谱系。结合中国共产党百年艰苦奋斗史，加强对青少年进行党的革命精神与优良传统教育，增强信念、鼓舞斗志、砥砺德行，是中国共产党青少年思想道德教育的使命与重要内容，《研究》从学理与实践层面进行了系统解读。习近平总书记在《在庆祝中国共产党成立100周年大会上的讲话》中指出：百年前，党的先驱们创建了中国共产党，

“形成了坚持真理、坚守理想，践行初心、担当使命，不怕牺牲、英勇斗争，对党忠诚、不负人民的伟大建党精神，这是中国共产党的精神之源”。源于此，在不同阶段、不同革命或斗争、不同地域中涌现出一大批先进分子与英雄模范，其所传递出的无穷人格魅力与崇高精神价值，经孕育、升华，成就了红船精神、井冈山精神、苏区精神、长征精神、延安精神、西柏坡精神、抗美援朝精神、红旗渠精神、大庆精神、“两弹一星”精神、雷锋精神、焦裕禄精神、改革开放精神、载人航天精神、抗震救灾精神、抗疫精神等等，这些精神元素有机组合构成了中国共产党人的精神谱系，成为引领中华民族奋勇前进的精神动力，是贯彻党全心全意为人民服务的价值立场，也是传递中国价值、折射中国力量的精神标识，更是支撑中华儿女自尊、自信、自立、自强的精神源泉。中国共产党的精神谱系是青少年思想道德教育的根与魂，为其理论与实践的创新发展提供丰厚滋养。党的伟大精神和光荣传统是我们的宝贵精神财富，是激励我们奋勇前进的强大精神动力，是广大青少年不负期望、不负时代的内生力。青少年是继承发扬党的伟大精神和光荣传统的生力军，党的青少年思想道德教育亦是赓续传承中国共产党人精神谱系的实践桥梁与载体依托，彼此相辅相成并统一于青少年成长成才全过程。因此，在党的奋斗历程与伟大成就的感召下总结经验、获取动力，于光荣传统与优良作风的熔铸中，增强青少年前进的信心、向上的志气，是党的青少年思想道德教育的显著标识，更是目标导向。

知史创新，顺势把握中国共产党百年青少年思想道德教育的未来面向。用历史映照现实、远观未来，始终是党的青少年思想道德教育守正创新的基本原则，也是《研究》的指导思想和价值选择。一直以来，聚焦党和国家伟大事业，培育德智体美劳全面发展的社会主义建设者和接班人的根本任务，中国共产党百年青少年思想道德教育牢牢坚守因事而化、因时而进、因势而新，致力于多视角、多层面、多维度的改革创新。正值建党百年，接力朝着第二个百年奋斗目标进军之际，时代重任赋予青少年思想道德教育更新更高要求，即坚决服从、服务于建设社会主义现代化强国这一中心，以全面发展之矢，聚青少年奋进之力，直达民族复兴之的。青少年思想道德教育，必然要牢牢把握党的领导权、主动权，稳固提升马克思主义在青少年头脑中的主导权、话语权；教育者遵循并落实习近平总书记关于“六个方面下功夫”的基本要求，以培养青少年爱党爱国爱民为出发点，以引导青少年锤炼品德修养为支撑点，以鼓舞青少年锐意创新为突破点，以号召青少年实学实干为立足点，培养和提升他们做中国人的志气、骨气、底气，以促进社会与青少年的全面发展；切实加强和改进青少年思想道德教育，学校坚守主阵地、主渠道，坚持“思政课程”与“课程思政”同向同行，达成“线上”与“线下”互动融合，强化家庭、学校、社会教育的有机协同，健全全员、全过程、全方位育人机制；坚持不忘初心、牢记使命，切合青少年实际需要与兴趣爱好，创新青少年思想道德教育的内容、载体及方法，以喜闻乐见、活泼灵动的形式增强教育吸引力与有效性；坚持德育与智育、体育、美育、劳育并举，促进“五育”之间有机贯通，统一于青少年全面发展的全过程；坚持德育为先，不断提升“五育”系统化、科学化、制度化水平，为新时代党的青少年思想道德教育内涵式发展提供立体型保障。

未来属于青少年，希望寄于青少年。第一个百年奋斗目标如期实现，第二个百年奋斗目标新征程已经开启，中华民族伟大复兴的中国梦是每一个中华儿女的光荣与梦想，需要全国各族人民更加紧密地团结在党的旗帜下接续奋斗。党的二十大胜利召开，擘画全面建设社会主义现代化强国的美好蓝图和实施方略，当代中国青少年生逢其时，施展才干的舞台无比广阔，实现梦想的前景无比光明。尤其需要在党的领导下苦学本领、扎实修为。在这样一个重要的大转折、大变局、大发展的时期，对党的青少年思想道德教育的过去与未来、国内与国外、理论与实践、经验与规律进行系统深刻归结，以此探求新时代青少年如何陶冶情操、历练精神、提振自信、增强斗志，坚定未来前进方向，更好为民族复兴激发内生动力，无疑具有重要的意义。期盼《研究》一书的出版，能够吸引更多的理论和实践工作者结合时代发展需求与学术研究拓展，持续深入学理探寻与实践探究，裨补缺漏、完善成果，为党的青少年思想道德教育理论与实践创新发展作出应有贡献！

是为序。

谢红星

2022 年 11 月

目　录

导 言

百年奋斗历程中，伴随着党的思想道德教育的理论与实践从兴起到发展，这一重要历史进程中关于青少年思想道德教育之理论与实践亦为重要部分。系统回顾党的青少年思想道德教育发展历程，领悟意旨，以开启未来，是党的百年青少年思想道德教育研究的一大课题。

一、选题的缘由和研究的意义

对于中国共产党百年青少年思想道德教育理论演进的过程与规律，以及对实践的指导和引领，是学术研究的重要课题，具有显著的理论意义和实践意义。

（一）选题的缘由

青少年思想道德教育，目的是为了系统培养和提升青少年思想道德素质，使其成为德智体美劳全面发展的社会主义建设者和接班人。中国共产党百年探索，积累了宏富精深的青少年思想道德教育理论，同时又指导着实实在在的实践活动，其中有诸多问题值得深入研究。

1. 青少年思想道德现状使然

经济全球化、政治多极化、文化多元化，是当今世界一种无法超越的存在，也使得国际间的物质和精神文化交流日益频繁且复杂。新时代，我国社会主义市场经济的全面深入发展，市场经济的开放性和多样性，致使人们的思想也受到不同程度的影响。这种复杂而多变的环境，一方面，拓展了人们的思维，开阔了人们的视野，带给人们一个多样化的世界；另一方面，西方思潮和敌对势力借此试图通过意识形态领域的竞争渗透，侵蚀人们的思想，达到对人们思想道德领域，特别是青少年思想道德领域的占领。思想道德是建立在一定社会经济基础上的思想关系、道德关系，是社会规范体系，属于一种特殊的社会意识形态或上层建筑范畴。它作为激励、引导和约束人们思想、行为的规范系统，从根本上讲，是由客观的社会生产所决定，反映并服务于一定社会生产力与生产关系的社会意识形式。新的历史时期，由于国内外形势的发展变化，面对开放的社会环境，青少年思想道德呈现出多样化的发展态势。总体而言，青少年思想道德观念和素质积极向上，政治立场坚定，坚持主流意识形态，热爱祖国，有坚定的理想信念，有良好的道德品质。但由于宏观环境和微观环境的影响，青少年思想道德现状也存在令人忧虑的一面，有着诸如道德情感淡漠、道德选择和道德践行上知行不一、知与行矛盾等现象，伴随而来的是老人跌倒了扶与不扶、有人急需帮助时帮与不帮的道德拷问。十年之计，莫如树木；终身之计，莫如树人。着力加强青少年思想道德教育，促进青少年健康成长和全面发展，是新的历史时期面临复杂多变的内外形势亟待解决的问题。其间，青少年思想道德教育受到越来越多的重视，一些学者对此也进行了调查研究，数据显示青少年目前思想道德现状是喜忧参半，其中问题需要深入反思，亟待正视与应对。

从政治思想方面来看，一是尽管爱国观念强烈，但是对个人发展更为重视，比较自我。作为新时代的青少年，他们的爱国热情依然高涨，爱国主义情怀依然浓厚，在热爱祖国的大是大非面前表现出坚定的爱国态度和忠贞的爱国情怀，他们用自己的青春和热情表达对祖国的挚爱，有满腔的爱国情感。当需要维护祖国荣誉和尊严的时候，态度鲜明，且通过网络等各种途径表达自己对祖国的热爱之情，爱国之心可见忠贞。虽然他们面对的国际和国内环境发生了巨大的变化，接触的事物和接受的观念更加多元，但作为中华民族的一员，他们热爱祖国的态度始终不移，爱国的情感坚定不渝。

但新时代的青少年由于思想的开放性、个性的独立性和家庭的优越性，在独生子女居多的现实环境下，他们的自主意识和自我意识较强。当涉及国家利益和个人发展的矛盾冲突时，青少年显示出自身思想的矛盾性和无从选择性。“他们关注理想，但理想中有了越来越多的现实成分；他们关注未来，但更关注现实具体的个人发展；他们关心国家和集体，但在国家和集体的关心中注入了较多个人利益的考虑”①，这充分说明青少年爱国主义、集体主义下的个人主义，重视个人的发展，更多地关注自我，关注内心的感受，关注自身的学业发展、职业选择和个人前途，也显示出青少年思想道德发展的时代性的新特点。

二是有较强的政治认同，但对具体问题认识迷茫。青少年自幼成长在社会主义现代化发展的优良环境和优越条件下，中国特色社会主

① 佘双好：《青少年思想道德现状及健全措施研究》，中国社会科学出版社 2010 年版，第 46 页。

义使人民的生活发生了翻天覆地的变化，对于其中的改变和成就他们是认可的。在特殊的历史条件下，中国共产党领导广大人民群众成立了新中国，救中国人民于水深火热之中，使中国广大人民群众从此站起来了。从中华人民共和国的成立到改革开放，再到社会主义现代化建设，所取得的成就是有目共睹的，青少年对中国特色社会主义便民惠民利民的政策十分认可，对中国特色社会主义充满了道路自信、理论自信、制度自信和文化自信。他们有较强的政治认同，拥护中国共产党的领导，坚持中国特色社会主义道路，在原则问题上与党中央保持一致，对国家和民族前途充满信心，政治方向正确，在大是大非的问题上能够坚持正确的方向，保持明确的政治立场。

但是，青少年由于思想处在发展和成长的过程中，理性思考与辨别能力尚未成熟，对一些社会问题难以透过现象看本质。中国正处在全面深化改革之际，且已经进入攻坚期和深水区，面对各种深层次矛盾和问题不断呈现、各类风险和挑战不断增多的新形势和新状况，市场经济的全面转型导致一些具体问题，对此，青少年无法作出全面的判断和评估。网络虚拟环境日益进入青少年学习、生活的各个领域，信息繁多，良莠不齐，且国际政治时势日趋复杂，意识形态斗争日趋严峻，社会思潮相互激荡，各种因素交互影响，导致青少年在具体问题的认识上尚欠定力而存在迷茫和困惑，甚至有些青少年在错误思潮误导之下，产生思想情感上的波动，进而偏激冲动出现极端行为，最终导致严重后果。

三是有一定的政治敏感性，但政治判断力弱。青少年是社会主义现代化的建设者和接班人，他们担当为中华民族的繁荣富强和社会主义现代化建设而努力奋斗的重任。青少年深知自己重任在肩，深知国家的前途命运和个人的生存发展息息相关，他们努力学习科学文化知识，立志为祖国的建设建功立业、添砖加瓦。在政治学习方面也投入时间和精力，积极追求进步，在政治原则、政治立场、政治观点上同党中央保持高度一致。他们热衷关心国家大事，关心世事时局，关心国家的前途命运，对政治、经济、文化、社会、生态领域中出现的热点、难点问题有很强的关注度与敏感度。

青少年对国家的前途命运积极关注的态度，“先天下之忧而忧，后天下之乐而乐”的情怀，关心国家政治时事的热情和积极性是值得肯定的。但因为他们年龄和思想认知发展的不成熟和不完善，判断问题和处理问题的能力还需提升，又缺乏对政治问题深刻理解和正确分析判断的能力，在面临对外开放和经济体制改革过程中出现的一系列问题，比如社会分配不公、贫富悬殊、贪污腐败等问题，不能从深层次去分析理解，深刻探寻其发生、发展的复杂原因，缺乏理性的分析和清醒的认知，仅从表面现象出发作出一些片面的、主观的判断，从而进行错误的归因，甚至造成思想认识上的误区和情感情绪上的极端反应。之所以如此，是由于青少年关注时政的热情和政治判断力不足之间的矛盾。他们拥有一定的政治洞察力和敏锐性，但是政治判断力有待加强。

就道德品质方面来讲，其一，自我道德品质要求较高，但与道德行为之间存在矛盾。青少年大多青春激扬、活泼阳光、朝气蓬勃，充满活力与激情，他们有热情，对自我充满自信，乐观向上。他们中的大多数一直接受着良好的教育，在道德观念和道德品质方面与社会要求同向同行，比如在诚实守信、尊老爱幼、团结同学等这些品质上，表现出较高的自觉性，能够严于律己，能够在思想上严格要求自我，道德评价和道德要求高于社会上其他大部分人。受中华民族传统美德影响和熏陶，他们遵从优良道德传统，认为孝敬父母、尊敬师长、尊老爱幼等是中华民族的传统美德。青少年认可并内心遵从传统美德，认为这些宝贵的精神财富是一代代传承下来的，值得传承和弘扬。

但是，青少年在对道德品质践行的过程中，常常会因为道德判断和道德行为滞后而出现道德要求和道德行为之间的不一致性，甚至是矛盾。比如他们虽然认为尊老爱幼是中华民族的传统美德，但由于他们大多是家庭中的独生子女，这样的环境中成长起来的一代青少年，大多从小娇惯，比较自我，不理解父母的辛苦，对父母的孝顺不能体现在平时的日常行为中，缺乏换位思考之心，不能较好地将道德品质的高要求践行在具体的行为实践中。他们认为诚信是一个人最重要的品格，也是为人处世的准则，希望与诚信的人交往，但是却有相当比例的青少年在考试中舞弊或对考试舞弊现象采取谅解的态度。认为给老弱病残孕让座是好的道德品质，但部分青少年实际却很难做到，从而导致道德观念和道德行为之间的矛盾性，知行脱节甚至分离。

其二，道德行为选择的依赖性和功利性。今天的“00 后”“05 后”青少年成长在改革开放和市场经济全面转型带来的生产力发展、人民整体生活水平大幅度提升的有利的经济和社会环境中，他们享有较为富裕的物质生活条件和舒适惬意的生活环境。从计划经济到市场经济的全面转型在促进生产力发展的同时，也伴随一些道德问题和改革发展中的难题，受社会中一些不良现象的影响，一些人为了经济利益而丧失良知，放弃做人的尊严，为了个人的一己私利唯利是图，做出违背良心、违法乱纪的事情，触碰道德的底线和法律的权威。青少年游离不了现实大环境的影响、家庭小环境的濡染，思想防线比较脆弱，他们的思想意识、是非判断能力和抵御挫折能力较弱。不仅在生活上依赖父母，在面临道德选择和道德坚守时容易动摇，内心缺少应遵循的道德原则和道德标准；在作道德行为判断和行为选择时，依赖性强，习惯遵从父母，随从朋辈，容易随波逐流，盲目从众。

青少年在道德行为表现方面也呈现出功利性，所实施的有些道德行为是为了自身的利益和目的需要而做出的。比如认可“诚实守信是做人的基本要求”，但当涉及个人的利益时，往往会放弃对诚实守信的坚守，不惜弄虚作假，在行为表现上以个人的利益获取作为出发点和考虑的决定性因素。

在心理素质方面，首先，自我意识强，心理承受能力差。良好的心理素质是青少年成长和发展的有力支撑，也是德智体美劳全面发展的基础和保障。青少年心理健康状况关系到其人格的形成、道德品质的发展，关系到他们各方面素质的全面提升。没有良好的心理素质、承受挫折和压力的能力，德智体美劳全面发展犹如空中楼阁。当下，多方重压聚集，青少年的心理素质越来越成为影响其成长和发展的重要因素。

新时期的青少年处在新媒体迅猛发展的信息化年代，5G 引领数字化、网络化、智能化发展，各种手机 APP 层出不穷，他们获得海量信息的渠道日趋广泛且便捷，不再拘泥于有限的时间和狭小的空间。随着他们心智的逐渐成熟、知识的日益积累和社会经验的日渐增多，“00 后”“05 后”的青少年独立意识和自主意识日益增强，他们对新事物充满了好奇，个性特点日趋鲜明，他们的社交领域日益宽广，知识阅历不断丰富，渴求自由并期盼独立，对外界的人、事看法独立，不人云亦云，希望获得自身角色和地位的认同。他们最鲜明的特点是个性张扬，追求新鲜，标新立异。他们拥有自己的生活态度、价值观念和行为方式。但在追求新事物和新体验的过程中，在面对考验和挫折的进程中，在需要承受压力和处理问题的难题中，心理比较脆弱，承受能力比较差，有些甚至无法独立面对并处理问题，出现消极情绪甚至病态情感。

“00后”“05后”的青少年自幼生活环境优渥，大多从未为生计而发愁和担忧过，作为家庭中的独生子女，自出生之时起便成为家庭关注的焦点和关怀的重点，在相对舒适的环境中健康平顺地成长，较少经历困难与逆境，因而缺乏足够的抗压、抗挫的经验与勇气。加上生活自理能力比较差，又比较缺乏独立思考、解决问题的能力，一旦遇到困难、矛盾，情绪容易受到影响，甚至会导致严重的心理问题。

其次，心理不成熟，行为易冲动。个体成熟的重要标志是心理的成熟，对于当下和未来，具备或基本具备对事物或现象作出正确评判和选择的一种能力。而具备这种能力能够权衡各方面的关系，分清利弊得失，能够设身处地地为他人着想，能够妥善地处理各种问题。青少年身心处在不断发展变化的时期，从不成熟到成熟的过渡期。从心理特点和行为表现来看，他们在生活和心理上容易依赖父母，依赖亲朋，依赖老师，有很强的依附和依从心理。从他们现实的表现来看，大部分青少年特别是处在高中阶段的青少年群体，除了知识学习以外，对于外界可谓是蜻蜓点水似的关心，也没有应对外界事物足够的能力和信心，生活自理能力和处理问题的能力较弱，从而导致唯考绩唯智能的现象。一些青少年受家庭教育和家庭环境的影响，将知识学习和个人得失放在中心位置，以自我为中心，不太考虑别人的感受，不懂得换位思考，也缺乏移情和共情的能力。他们的心理不成熟、不稳重，出现问题不能及时而有效地去应对，有些在遇到挫折后会产生一些过激和冲动行为表现，容易走极端，和身边的人发生语言和肢体冲突，出现违法甚至犯罪行为。

最后，心理调适能力弱，情绪易波动。作为热衷追求新奇、独出心裁、个性外扬的一代，作为愿意接受新事物、迎接新挑战的一代，“00后”“05后”青少年有积极乐观的生活态度，在接受挑战的过程中不免会遭遇挫折和不顺，因为从小的优越生活和学习环境，导致他们不仅仅抗挫折能力差，而且心理比较脆弱，一旦遭受生活和学习上的任何不顺，情绪就容易激动，而且会较长时间受到不良情绪和心境的干扰，甚至沉溺于其中无法自拔，心理调适能力和恢复能力欠佳。一些青少年中有着轻生、自伤或伤人等极端行为的案例，说明他们的心理承受能力和心理调适能力都非常欠缺。当他们在遭受逆境时，缺乏自我调适或缓解，长时间处于悲观痛苦的情绪中，心理恢复期较长，其中女性心思比较细腻敏感，她们在受到挫折以后持续的时间也要明显长于男性。

青少年群体在学习和生活中出现不同程度的迷茫、困惑、焦虑、郁闷等情绪困扰问题，一旦遭遇不幸，情绪容易受到冲击，甚至有漠视生命而轻生的念头和表现，这些都是青少年心理尚欠成熟、心理调节能力较弱的典型表现。

2. 青少年思想道德教育存在的问题亟待解决

随着党和国家对青少年思想道德教育的重视度提升，青少年思想道德教育取得了可喜的成绩，教育条件有效改善，教育效果明显增强，青少年思想道德素质不断提高。但由于青少年思想道德教育对象的复杂多变性，社会环境的混杂多样性，青少年思想道德教育目前还存在一些亟待解决的重难点问题。受社会普遍重智育、轻德育思维定式的影响，青少年思想道德教育仍存在教育队伍专业化程度不高、具体教育环节落实不到位、测评体系不完善、合力育人机制未形成等一些现实的问题。

一是教育队伍规范化、专业化程度需要提升。当今世界正经历百年未有之大变局，我国正处于实现中华民族伟大复兴的关键时期。在经济、政治、文化、社会、生态建设五位一体总体布局下，思想道德教育要适应时代变化发展的要求，创新工作思路和工作方法。青少年思想道德教育者，需要不断提升自己面临新的发展需要的综合素养和能力。这就要求思想道德教育队伍具备高度的政治自觉和自信，坚持马克思列宁主义、毛泽东思想、邓小平理论、“三个代表”重要思想、科学发展观和习近平新时代中国特色社会主义思想的指导，坚持中国特色社会主义道路自信、理论自信、制度自信、文化自信，结合时代发展构建新理论和新方法，不断提升言传身教的人格魅力和个人修养。思想道德教育者的一言一行直接影响青少年的行为和思想，对他们不仅仅要做到知识的传授，还要通过人格力量和个人高尚的道德修养来影响与激励，通过言传身教做思想道德的指引者和示范者。

由于思想道德教育队伍面临的诸多矛盾，受教育者群体思想复杂，青少年思想道德教育任务艰巨，因此在思想政治素质、个人素养和理论品质方面对思想道德教育队伍提出了高要求，但现实是社会发展要求与思想道德教育队伍已有的素质水平之间存在差距和矛盾。

首先，社会中有人对思想道德教育者存在认可度不高的现实误区。有些人认为道德教育并非举足轻重，青少年的主要任务是学习专业知识，将来步入社会有一技之长。目前，在思想道德教育队伍中，兼职教育者还是占有一定的比例，整体而言，专业技能和教育水平参差不齐。一些错误的认知导致思想道德教育队伍专业化、职业化和规范化程度有待于进一步提高。思想道德教育承担青少年思想道德品质和意识形态教育的首要重任，是其他一切工作的生命线。思想道德教育责任大、任务重，专业性和学科性要求越来越高。加强青少年思想道德教育者的专业化和职业化水平是影响深远的重要任务，也是迫切需要。

其次，专业学科领域对思想道德教育者的理论要求与现有的理论水平之间的矛盾。从实际需要看，思想道德教育者需要对中国特色社会主义在真信的基础上真传、真用。因此，思想道德教育者既要有坚实的理论素养，具备高度的政治觉悟性、坚定的共产主义信仰、精深的专业知识和理论功底，能够理解和通透马克思主义指导思想，从而运用和指导实践；还要有前瞻的学习创新能力，对于时代发展的前沿性思想和动态要及时把握，提升教育素养和教育水平。但在现实的教育中，思想道德教育者因为工作任务重、难度大，在教育上花费的时间和精力多，在理论探索和理论研究进一步拓展视野方面稍显乏力。

二是青少年思想道德教育落实有待强化。学校教育是青少年接受思想道德教育的主渠道和主阵地，他们的思想道德现状与学校重视程度有密切的关系。但一直以来受近似于固化的重智育、轻德育的思维影响，从学校层面对他们的思想道德教育重视度还不够高。由于社会发展的局势和青少年思想道德教育的现实需要，青少年思想道德教育的重要性已经提升到了新的高度，但是，学校对青少年思想道德教育的重视度和落实情况，与社会发展对青少年思想道德教育的要求之间还存在一定的矛盾。主要表现在思想道德教育经费的投入与专业建设经费的投入之间存在较大的差距，在课程设置和评价体系方面存在较大的不足，思想道德教育师资队伍专业化和结构优化方面有待进一步发展，实践教学环节落实不够到位，课时安排和课程时间安排上也存在一定的不合理现象等。

青少年自身对思想道德素质的养成重视度不够。市场经济的全面转型、改革开放的全面推进，一方面在很大程度上提升了人们的生活水平和生活质量，物质生活和精神生活慢慢有了一定的获得感、满足感；另一方面，开放的大环境也对人们思想意识和价值观念产生较大的冲击，利益至上、工具理性思想盛行，青少年受功利主义思想和市场经济环境的影响，认为思想道德教育不能带来直接的实际利益。同时，现代社会急剧变化发展，青少年面临生活、学业、就业等各种压力，导致他们现实的实用主义思想滋生，在接受思想道德教育时出现轻视、逆反和逃避。青少年在思想道德方面由内化转化为外化的阶段上，出现知行不一或分离，道德行为表现和社会对青少年的思想道德要求之间存在矛盾，思想道德教育没有引导青少年上升到道德信仰的高度，没有使其形成道德意志和道德信念的支撑，无法真正培养青少年良好的道德行为习惯。

三是多维有效的教育测评体系急需建构。青少年思想道德教育的评价系统，从类型上可以划分为青少年思想道德教育的评价过程和青少年思想道德品质的评价系统两种。思想道德教育的评价过程也就是思想道德教育部门和教育工作者对输出的思想信息、所起的作用进行客观的评价过程，也是对不适合总体要求的信息进行改革、调控的过程。通过思想道德教育的评价过程能够有效地反馈和改进思想道德教育，提升效果；对感性的材料进行理性的总结分析，从而总结规律，提升思想道德教育的科学化水平，这一过程对青少年思想道德教育具有风向标作用。

首先，青少年思想道德教育的评价系统中存在的问题是评价指标过于单一，没有充分考虑教育的特殊性和复杂性，缺乏行之有效的、有针对性的评价指标设置。青少年思想道德教育是解决青少年深层次、隐秘性问题的教育，思想的不定性和可变性、思想意识的难以捉摸性，导致教育效果的测评难度大，而且青少年的思想道德要求内化为青少年的思想道德认知、外化为他们的思想道德行为并形成良好的行为习惯是一个漫长的过程，充满复杂性、不可控性和外界环境影响的变化性。青少年思想道德教育的效果的持续性、作用的长期性和目标实现的艰巨性是不言而喻的，但相关部门和学校对担任思想道德教育方面的教育者的评价和评定指标与其他教育者没有区别，在评优评先、职称评定上仍然沿用和他人相差无几的评价要求，并未将青少年的思想道德状况作为重要的评价条件之一。

其次，青少年思想道德品质的评价系统也存在一些问题，这是当前测评的重难点。青少年思想道德品质的认知、认同与践行往往存在矛盾，但教育者只是将他们思想道德品质的认知、认同作为单一的评价指标，没有对其行为表现进行测评，更没有进行跟踪调查，未将长期稳定的道德行为习惯作为教育效果的评价指标。对于青少年是真正从内心认同还是为了其他目的的实现而被动接受，他们的认知如何有效地转化为行为习惯并形成道德品质，以及在道德品行方面的表现情况等等，这些影响和显现因素没有深入有效地进行测评。

青少年的年龄特点和思想变化特点，决定对其进行教育的难度大，更进一步说明教育效果的测评难度同样不易，然而科学有效的测评是反馈教育效果的有效途径，缺乏科学合理的测评体系和测评指标是思想道德教育测评方面存在亟待解决的问题。

四是合力育人教育机制需要建立。教书、育人是教育的“一体两翼”，青少年的思想道德教育与专业知识的传授本是学校教育的重要内容，应该相辅相成，但现在普遍的现象却是思想道德教育和专业课教育没有共同的目标，没有协同共进，相互之间在有关教育方面没有交集，缺乏合力育人的教育理念和机制。专业课教师缺少对学生进行思想道德教育的意识和行为，缺少对学生进行思想道德教育的教育理念和教育方法，认为这只是思想道德教育的任务。虽然思想道德教育是全员、全过程、全方位育人（以下简称“三全育人”）工程，是关乎意识形态领域阵地的坚守，关乎党和国家前途命运的大事，学校在思想上将思想道德教育置于较高的位置，但是在实践过程中，在落实上做得并不到位，有思想道德教育让位于其他工作之嫌，从而导致“说起来重要，做起来次要，忙起来不要”的困顿，在具体行动上的落实滞后或停滞，使青少年思想道德教育效果大打折扣。

学校内部各相关职能部门之间缺乏相互有效的沟通和配合，教师和专职管理人员共同承担思想道德教育的机制尚未健全，系统教育的力量比较薄弱。学校、家庭、社会等尚未形成通力合作、相互支持与联动的和谐局面，缺乏应有的协同育人关系，大大降低了思想道德教育的有效性。

3. 青少年思想道德教育效果不佳的原因有待探究和重视

目前，青少年思想道德教育存在一些需要引起重视的问题。问题的存在是社会环境、学校教育、家庭影响、青少年自身等因素综合作用的结果，很大程度上影响青少年思想道德教育的效果。正视青少年思想道德教育存在的问题及其原因，以寻求有效途径，有利于提升青少年思想道德教育的有效性。

就社会层面来讲，首先是市场经济的消极影响诱发青少年思想道德问题。市场经济以其高效、独特的社会资源配置能力和方式，极大地促进了社会生产力的充分发展，人的主动性、积极性和创造性得以发挥，促使人们抛弃传统的思想观念和道德习俗，也给社会精神生活带来繁荣和进步。但是，市场经济因其自身特点也不可避免地滋生了一些消极现象。一般而言，在长期稳定的社会生活中，较少出现思想迷失、道德沦丧等精神领域的问题，因为在稳定的社会结构下，人们往往有着与之相适应的稳定的文化心态。市场经济的飞速发展，带来社会的高度变动性和结构的复杂性，滋生出负面影响使得青少年内在精神文化的平衡性受到外界刺激与干扰而失范失常，从而容易诱发思想观念、道德品质上的迷失。

其次是经济全球化带来多元文化的浸染。当今国与国之间的壁垒被打破，不同国家的文化得以交流和交汇，各种思想文化相互交织、相互影响、相互撞击，西方思想文化和社会思潮对人们思想的影响不可避免，社会各种思潮和文化鱼龙混杂，主题更迭和演变之快前所未有。因而，思想道德教育的形势更加复杂，问题更加突出，在意识形态领域面临的是社会思想观念和价值取向多元而活跃、主流和非主流并存共生、社会思潮纷纭复杂又相互激荡的新态势。新情况和新问题无时不在地影响和冲击着青少年的价值观念、思想意识，青少年的思想道德出现多元化的倾向，主流意识形态观念淡薄，道德心理失衡。如何加强青少年思想道德教育，筑牢意识形态阵地，培育和践行社会主义核心价值观，成为经济全球化背景下多元文化对立冲撞中亟待解决的问题。

最后是网络虚拟环境的影响。随着计算机技术和网络技术的飞速发展，各种电子产品和通信工具充斥着人们的生活，手机、平板电脑大众化，微信、微博运用普遍而广泛。这样，新的媒体及其运行方式使青少年的生活、学习和工作发生了深刻而巨大的变化。新媒体，因其独有的开放性、及时性、交互性、便携性等特征已经深入青少年的日常学习和生活的方方面面，并日益影响着他们的世界观、人生观和价值观（简称“三观”）。当代青少年思想多变，喜好追求新鲜事物，他们过度地参与甚至沉溺于网络的虚拟世界，对网络虚拟媒体高度依赖。由此，他们减少了在现实生活中的交往甚至远离社会，变得心理孤僻，沉默寡言，与社会脱节，更有甚者会自我沦落。由于网络的虚拟性和自由开放性，青少年可以随时以一个虚拟的身份发表自己对任何事物的看法，参与到各种事件讨论中，这对于他们而言，能够充分彰显自我，宣泄自己的情绪，因为网络的非现实性导致他们借助于此来发表一些不当的言论，有时候可以不用为自己发表的观点负责任。与此同时，网络上各种参差不齐、杂乱无章的信息充斥其中，青少年辨别能力弱，思想道德观念和行为很容易受到网络不良信息的负面消极的牵引而同化。

从学校视角来看，一是学校教育理念存在误区。学校教育肩负着意识形态教育的重任，理应将青少年思想道德教育置于重要位置，但目前在教育理念和教育定位上仍然存在"重智育，轻德育"的教育误区。人心所向的是短期的经济利益和快速奏效的各种证书，学业状况和升学就业成效成为衡量学生成长成才、个人发展和成功的硬性指标，思想道德教育本应有的地位和作用受到冲击。正是对学校青少年思想道德教育重要性的认知存在误区，学校各职能部门、专业课教师和思想道德教育者在密切配合、协作努力、全员育人方面的机制难以建立。思想道德教育者、学校各职能部门和专业课教师没有形成教书育人的教育联动机制，而在顶层设计、课程设置上亦缺乏科学合理有效的联动育人系统。

教师个人的理论素养和坚定的信仰，直接影响到学生对马克思主义信仰和中国特色社会主义的信念。"如果你想得到艺术的享受，那你就必须是一个有艺术修养的人。如果你想感化别人，那你就必须是一个实际上能鼓舞和推动别人前进的人。"[①] 教师承担立德树人的独特

① 《马克思恩格斯文集》第1卷，人民出版社2009年版，第247页。

责任和使命，只有内敛硬功，外显综合能力和素养，才能教育好青少年，才能使得“代表先进阶级的正确思想……变成改造社会、改造世界的物质力量”① 在青少年中得以实现。辩证唯物主义和历史唯物主义是科学的世界观和方法论，青少年能否将其变成改造世界的思想武器和物质力量，教师的理论素养、理论自信等各方面的综合素质起着至关重要的作用。但对于承担思想道德教育的教师而言，在学科领域不是特别能够感受到社会、学校和学生应有的重视，从而使其对自身学科和个人职业发展前景缺乏足够的自信。当这种对学科的不重视现象发生在与学生的教育教学互动中时，很大程度上会影响教师对教学的自信心和投入度。

思想道德素质是一个人成长成才的重要素质，但受应试教育观念的制约，初中、高中的升学考试，大学的专业学习成绩却成为青少年跳出龙门、改变命运和成长发展的主要标准。无论中学还是大学，专业课的学习都成为学生的重点任务，因而忽视了对思想道德素质的培养和提升，未能将青少年思想道德教育的效果发挥到最大化程度。

从家庭场域来看，其一，家庭教育理念滞后。家庭是一个人生活最早、最长久的社会单元。个人最初的社会化过程离不开家庭，它对于个人的思想道德的形成和发展具有深远的影响。② 中共中央、国务院印发的《关于进一步加强和改进未成年人思想道德建设的若干意见》明确提出：“要重视和发展家庭教育。”习近平总书记多次强调“注重家庭、注重家教、注重家风”建设。在青少年思想道德教育中，家庭教育需要履行应有之义，发挥其在青少年思想道德教育中的重要

① 《毛泽东文集》第八卷，人民出版社 1999 年版，第 320 页。

② 张耀灿等：《现代思想政治教育学》，人民出版社 2006 年版，第 4 页。

且积极的作用，引领青少年思想道德水平和素质的提升。目前，相对于学校对青少年思想道德的培养而言，家庭对青少年思想道德教育的理念和做法相对滞后，多年来普遍秉承着“只要孩子好好学习将来考个好大学、有个好的前程”的家庭教育思想意识，大多将子女的学习成绩摆在优先的位置，将其作为衡量成功的重要依据。在这样的教育理念的影响下，家庭教育成为单纯的“成才”教育，而疏于对青少年的“成人”教育，忽视对他们思想道德素质的锤炼和提升，疏离了家庭教育对青少年重要教化的原初之义。

其二，家庭教育功能缺位。青少年思想道德教育应是社会、学校和家庭共同承担的职责。家庭教育既是基础，也是联动育人机制的重要一环。良好的家庭教育对青少年的成长发展有积极陶染，反之，则会对青少年的身心产生负面影响，甚至会毁掉一个人的一生，家庭教育的功能不可或缺。青少年的思想道德意识正处在发展的阶段，道德判断力和道德选择力弱，父母是子女的第一任老师，也是最值得他们信赖和依靠的人，原生家庭对青少年的影响作用是不言而喻的。但现实往往是学校教育如火如荼、积极应对，为青少年的良好思想道德教育不遗余力；而家庭教育是冷眼旁观、若即若离，甚至有时还起到与学校教育相抵消的反向作用。比如学校教育青少年尊老爱幼，帮助老弱病残，但在家庭教育中，家长却向子女灌输“社会复杂，人心难测，多一事不如少一事，做好自己就行，不要引起不必要的麻烦”的观点，这样的教育会使青少年不知所措，更多的是盲目和迷惘，不利于青少年良好思想道德品质的养成。

就青少年自身来讲，首先是自我教育的弱化。自我教育是进行自我管理、自我约束、自我反思、自我提升的过程，也是教育过程中的自制力、约束力、自律力的培育和再现过程。亦即使受教育者成为教育的主体，真正达到“教是为了不教”的教育目的，体现“授人以鱼不如授人以渔”的理念。自我教育是建立在“以人为本”的基础上，旨在激发、唤醒人的主体精神，实现人的内在潜能的自由展现的教育方式。在自我教育的过程中，受教育者通过自我机制的激发和调动，激起内在动力，达到提升自我道德境界的目标。自我教育是青少年思想道德教育的基础和目的，但在实际的思想道德教育中，青少年主动学习和自我教育的意识与习惯没有完全养成，也没有形成行之有效的自我教育评价体系和机制。哪些环节和哪些方面是需要学生自我教育、自我反思和自我提升的阶段，没有有效的规定和评估，也没有有意识的培养和引导，导致很多学生在学习上的自主性不足，被动学习比较明显。然而，青少年思想道德品质的提升是青少年自身内修外塑的过程，其自我教育的意识和行为对自身的思想道德的形成及影响意义重大，且他们的自我教育能力的培育和提升，是将来青少年思想道德教育创新发展的应有之义，也是广大教育者不断为之努力的方向。

其次是朋辈效应的影响。朋辈关系主要是指年龄相仿或者心理发展水平相近的个体，在社会互动与交往实践中建立和发展起来的一种人际关系。朋辈关系对青少年思想、行为发展的影响，甚至超过父母和老师对他们的影响。他们的大部分时间是和朋辈学习、生活在一起的，受彼此的影响也会较大。朋辈的思想道德素质，直接影响其中每个个体的思想道德素质，所谓交益友，受益一生。反之如交友不慎，则会对青少年的成长带来消极负面的影响。青少年的思想道德意识处在发展变化中，特立独行的个性品质，导致他们彼此之间容易产生一些摩擦和碰撞，有些甚至产生极端冲动行为。势必会遭到彼此不良情绪和行为的相互阻扰，并对良好思想道德的形成和发展造成不利浸染。如“复旦投毒案”“淄博中学生杀害同学案”“邯郸初中生被害案”等，都是朋辈之间关系紧张甚至出现恶化后导致的令人沉痛并亟须反思的惨案。提高青少年思想道德素质，朋辈效应也是不容忽视的重要影响因素。

（二）研究的意义

本书聚力于中国共产党百年来关于青少年这一特殊、关键社会群体的思想道德教育理论与实践，进行系统、全面的研究，具有显著的理论意义和现实意义。

1. 理论意义

第一，丰富和发展中国共产党思想道德教育内容。马克思主义认为，教育是有阶级性的，它支配着物质生产资料，同时也支配着精神生产资料，资本主义国家的统治阶级办教育，是培养能维持和发展资本主义制度的接班人。我国教育的社会主义性质，决定了它一定不可以为执政的无产阶级培养社会主义的反对派和掘墓人，而是能够立场坚定地支持和发展社会主义事业，自觉维护社会主义制度，为社会主义现代化建设服务。社会主义建设者和接班人，首要的应当具有共产主义理想、信念、道德，具有辩证唯物主义和历史唯物主义的世界观，具有集体主义思想和全心全意为人民服务的精神。我们党为未来社会发展指明了正确方向，合乎逻辑地把希望的目光投向青少年，对培养接班人给予特别关注。党历来重视培养人、教育人。特别是新中国成立后，毛泽东等老一辈无产阶级革命家，始终把培养教育德才兼备的新一代，当作社会主义发展的重大战略任务，强调“我们的教育方针，应该使受教育者在德育、智育、体育几方面都得到发展，成为有社会主义觉悟的有文化的劳动者。”[①]之后成为我党一以贯之的教育方针，指导我国教育事业为社会主义事业培养了一批又一批的建设者和接班人。党的十一届三中全会以后，我们党一直把教育作为发展的头等大事，全面推进并深化教育改革。1999 年，《中共中央　国务院关于深化教育改革全面推进素质教育的决定》颁发，确立了全面推进素质教育，培养适应 21 世纪现代化建设需要的社会主义新人的教育目标，明确指出素质教育的实质就是造就有理想、有道德、有文化、有纪律（简称“四有”）的德智体美全面发展的社会主义事业的合格建设者和可靠接班人。这是对党的教育方针的继承和发展，为新时期教育发展进一步指明了方向。“德”在素质教育体系中是第一位的，即坚定的理想信念、正确的政治思想与优良的道德品质是个体的首要素质。“思想政治教育，在各级各类学校都要摆在重要地位，任何时候都不能放松和削弱。要说素质，思想政治素质是最重要的素质。”[②]青少年在党和国家的历史发展中，是承前启后的一代，是继往开来的一代，是社会主义现代化建设源源不断的生力军和骨干力量，培育和造就他们成为德才兼备的人才，是党和国家的使命担当。“要坚持不懈传播马克思主义科学理论，抓好马克思主义理论教育，为学生一生成长奠定科学的思想基础。要坚持不懈培育和弘扬社会主义核心价值观，引导广大师生做社会主义核心价值观的坚定信仰者、积极传播者、模范践行者。”[③]为更好培育适应国家发展与国际竞争需要的高层

① 《毛泽东文集》第七卷，人民出版社 1999 年版，第 226 页。

② 《江泽民文选》第二卷，人民出版社 2006 年版，第 332 页。

③ 《习近平在全国高校思想政治工作会议上强调　把思想政治工作贯穿教育教学全过程　开创我国高等教育事业发展新局面》，《人民日报》2016 年 12 月 9 日。

次、高素质、高水平人才，各级各类学校必须放眼未来，致力于把青少年一代培养成为有爱国情怀、有高尚情操、有优秀品德、有卓越才干、有奋斗激情的全面发展的新人，为他们成为各个领域不同类型的高层次人才打好全面的素质基础。广大青少年不仅要在知识的拥有、文化的积累方面成为社会群体中的“佼佼者”，更要在思想道德方面成为社会的示范和楷模。因此，各级各类学校应站在新的发展高度，全面贯彻党的教育方针，坚持立德树人，德育为先，把培养学生理想信念与道德素质摆在人才培养的首要与核心地位，作为保证人才培养质量的关键环节。客观地讲，优秀人才素质构成应该是德育为先，特别是在改革开放和市场经济条件下更应如此。“四有”是人才的必备品质，这一品质修养如何，直接关系我们国家的盛衰和我们社会主义事业发展的成败。因此，教育者贯彻党的教育方针，就应该牢固树立德育为首的思想，站在新境遇、新发展的高度，加强青少年思想道德教育。

第二，夯实青少年思想道德教育理论根基。选题立足于从青少年价值观教育的研究中，系统梳理党百年来青少年思想道德教育历程，厘清理论行进与发展的基本脉络，洞悉发展演进规律，不断深化青少年思想道德教育的理论。百年来，中国共产党始终如一地重视青少年价值观教育，特别是党的十八大以来更是如此。党的十八大至今，习近平总书记多次赴北大同师生座谈，赴南开大学同师生对话，在欧美同学会成立 100 周年大会上发表重要讲话，给莫斯科大学中国留学生回信，给中学生回信，同各界优秀青年代表座谈，多次赴高新科技企业与青年对话，多次赴部队同青年官兵对话，给“王杰班”全体战士回信，给北京大学援鄂医疗队全体“90 后”党员回信，给复旦大学《共产党宣言》展示馆党员志愿者服务队全体人员回信，给中国单板滑雪运动员苏翊鸣回信等，广论青年价值观培育的内容及意义。价值观是青少年思想道德教育的内核，也是撬动点，全面把握党百年来对青少年价值观教育的动态过程，并于之中探求经验，总结规律，有利于丰富并完善党关于青少年思想道德教育理论体系，为指导新时代青少年思想道德教育创新提供理论依据。

第三，探索和发掘青少年思想道德教育的新理路。思想道德教育与人的本性、目的和发展相一致、相吻合，又合乎人的全面发展和社会进步的肯定意义关系，除了它的政治价值、经济价值、文化价值和生态价值外，还有审美价值。青少年思想道德教育的根本目的是实现“铸人铸魂”，陶冶他们的思想情操，激励其奋发向上的精神，塑造其灵魂，促进全面发展，这与审美过程及其结果是一致的。而“铸人铸魂”的最大特点就是真正把个体当作一个生命体、一个具有主观能动性的人来看待，立足于人的生命整体，强化美行雅止培养，使人的知识、能力、体魄、品质、个性、创造性以及社会适应性都得到良好的发展，顺应培养德智体美劳全面发展的社会主义建设者和接班人的客观要求。

2. 实践意义

一是为青少年思想道德教育有效性的提升探求指导。在实践中，各级各类学校以系统完整的党关于青少年思想道德教育理论，指导新时代青少年思想道德教育全过程，探索教育的规律性，增强教育的针对性和指向性，提升其有效性。

二是为青少年思想道德教育探究新的范式。研究党的百年青少年思想道德教育，基于此拓展新视域，以全新的视角，在理念、内容、过程、方式等方面审美注入，为当前教育实践提供一个新的范型。教育实践中，以生动的形象蕴涵或展示人的自由创造的本质力量，充分显示青少年思想道德教育本身所具有的美的属性和价值，给教育者和受教育者带来内心愉悦、精神振奋，使彼此发展达到更高的水平与和谐状态，实现人性的拓展和境界的升华，实现从以“教育者”为中心的教育模式向以“受教育者”为中心的教育模式转变，引领青少年思想道德素质与审美素质协同发展。

三是为解决青少年道德失范问题寻求新的举措。随着我国精神文明建设的持续推进，呈现出积极健康的良好态势，公民道德建设也取得丰硕的成果。爱国主义、集体主义、社会主义思想日益深入人心，为人民服务的意识不断增强，社会道德风尚日益好转。人们崇尚科学、追求文明、遵纪守法，融合中华传统美德和体现时代要求的新的道德观念，已经成为我国公民道德建设的主流。这种大环境给青少年带来许多正面影响，也成为教育资源。然而，不难看到，由于青少年所处的时代，面对的是日益激烈的竞争，面对的是现代生活方式与传统道德观念的矛盾冲突，面对的是各种思潮的交错起伏和相互激荡与冲撞，面对的是社会经济形式、组织形式、就业方式、利益关系和分配方式多样化的趋势。有着诸多的改变，在社会的一些领域和一些地方就不可避免地出现道德沦落甚至违法犯罪问题，也影响到青少年，出现一些问题。从根本上解决问题，必须深化和加强思想道德建设，尤其是实施全面、系统、完整的青少年思想道德教育。新时代青少年只有具备良好的思想道德素养，才能树立正确的“三观”，在激烈的矛盾冲突中保持清醒的头脑，作出正确的评判和选择；才能在各种思潮的相互激荡中，不迷失方向；才能在未来中国式社会主义现代化建设中担负起历史重任。

二、国内外研究现状

对于中国共产党百年青少年思想道德教育的理论与实践，学界进行了比较具体的研究，形成了有一定影响的成果。

（一）国内研究现状

1. 关于中国共产党的道德教育研究

对中国共产党道德教育研究，学界针对不同时期进行集中研究，形成了较被认可的观点。有的学者认为：社会转型时期，道德教育有成效就要在整体上实现从政治型到文化型的嬗变，在价值取向上则由以社会为本而向以人为本转变。当然，从以社会为本转向以人为本的价值取向，只是在社会与个体的比较关系中偏向于个体，不是非此即彼的选择，在这种偏向中涵容着对社会的责任，它要努力实现社会与个体两者关系的平衡。[①] 道德教育更多的是指向青少年，这是重要群体也是关键群体。从新中国成立到改革开放之前的道德教育，有学者概括为“以泛政治化与无我化为表征的道德教育阶段”，政治伦理主导了国家社会生活道德的合法性基础，必然导致一种“无我”的道德教育。[②] 吴文珑认为，在建党前后，党对“道德认识主要是在接收和传播马克思主义的过程中，作为一种‘中国化’的特色而引人注目

① 郭凤志：《从政治型到文化型：中国当代德育型态的嬗变路向》，《东北师范大学学报》（哲学社会科学版）2008 年第 4 期。

② 王艳：《新中国成立六十年来道德教育的回顾和展望》，《齐鲁学刊》2010 年第 4 期。

的”[①]。也有学者提出，在延安时期深入挖掘传统哲学中的唯物论和辩证法思想，对新旧道德重新界定，用马克思主义对旧道德进行改造，同时在传统道德中注入了投身抗日战争的新理念。[②]改革开放以后，党的道德教育进入到新的阶段，学者们将其特点归纳为回归本体，更加凸显人的主体地位，强调人与社会和谐统一。也有学者将改革开放后到20世纪末这一时期的道德教育，视为以规范化和主体意识觉醒为表征的阶段。进入到21世纪，道德教育进入以追溯自身本真意义为己任，逐渐回归本体的道德教育时代。[③]

2. 关于中国共产党青少年尤其是青年价值观教育研究

“青年一代有理想、有本领、有担当，国家就有前途，民族就有希望。……中华民族伟大复兴的中国梦终将在一代代青年的接力奋斗中变为现实。”“广大青年要坚定理想信念，志存高远，脚踏实地，勇做时代的弄潮儿，在实现中国梦的生动实践中放飞青春梦想，在为人民利益的不懈奋斗中书写人生华章！”[④]习近平总书记十分重视青少年特别是青年的价值观教育，在很多场域下反复强调，也论及家庭、家教、家风对青年价值观形成的作用及意旨。

我国学者对青少年特别是青年价值观研究由来已久，其研究历程分为三个阶段。第一阶段是改革开放之初至20世纪末，青年价值观成为理论界关注的重要话题，产生了一些研究成果，著作有谷迎春等

① 吴文珑：《抗战时期中共对道德问题的认识和探讨》，《海南师范大学学报》（社会科学版）2014年第1期。

② 唐正芒、徐功献：《延安时期中共对传统哲学和伦理道德的改造与利用》，《求索》2015年第5期。

③ 王艳：《新中国成立六十年来道德教育的回顾和展望》，《齐鲁学刊》2010年第4期。

④ 《习近平谈治国理政》第三卷，外文出版社2020年版，第54—55页。

的《青年学导论》，认为贯穿青年现象中稳定不变的有价值观、生活方式等。董玉整等的《当代青年十大观念》，提出对青年的生活观、价值观、幸福观等必须予以重视。苏颂兴等的《分化与整合：当代中国青年价值观》，从青年价值观演变及发展趋势展示他们在改革开放中的奋斗历史。第二阶段是进入新世纪特别是党的十六大至党的十八大之前，这一问题被学界接续关注，学者们以开放性思维从动态中研究。著作有黄蓉生等的《青年思想政治教育专论》，阐释了社会思潮对青年价值观的影响。黄希庭等的《当代中国青年价值观研究》，从人生价值观、政治价值观、道德价值观、人际价值观、婚恋价值观、审美价值观等，对青年价值观展开考察和研究。王易的《当代大学生价值观调查报告》，针对大学生的价值观、社会公德、社会责任感等作调查分析。潘维等的《中国社会价值观变迁30年（1978—2008）》，认为社会主义核心价值观的迷失，是中国社会面临的最严重问题之一，核心价值观能整合社会关系，阻止其恶化和分裂，反映社会生存的需求。吴新颖的《当代青年价值观的建构》，在对我国青年价值观教育的历史与现状进行分析的基础上，建构新时期青年价值观教育的目标体系和内容体系。吴向东的《重构现代性：当代社会主义价值观研究》，阐明人的自由全面发展是马克思主义的最高价值观。刘书林的《社会思潮与青年教育研究》，基于青年思想特点，提出思想道德教育方法的创新等。杨业华的《当代中国大学生核心价值观研究》，对当代中国大学生核心价值观的相关概念、现状、“思政课”视域中大学生核心价值观的培养等问题进行多视角、多层面的分析。第三阶段是党的十八大至今，专家们对青年价值观研究与现代化建设勾连，特别是与人民美好生活需要相结合，并且注重社会主义核心价值体系与社会主义核心价值观对于青年价值观的教育引领研究。著作有邱吉等的《轨迹——当代中国青年价值观变迁研究》，分析了当代中国青年在政治参与、经济参与、文化参与、社会责任等方面区别于以往的显著特点，并对青年如何树立正确价值观进行了探讨。吴鲁平等的《后现代化理论视野下的青年价值观研究》，选择后现代价值观与青年价值观新视角，认为青年传统和现代与后现代价值观并存。江畅的《中国梦与中国价值》，阐释了中国梦与中国价值的精神内涵。此外，邹绍清的《论大数据嵌入青年社会主义核心价值观培育的战略契合及思维变革》，选择对大数据平台的探讨与战略契合之思，显示出培育机制的特色。贺祥林等的《核心价值体系的全面概述与核心价值观的有序凝练》，依照党中央与习近平总书记的重要论述，就指导思想、生态观、家庭观等层面对核心价值体系与核心价值观作了探索和补充。特别是杨晓慧的《习近平青年价值观教育思想论要》、张三元的《论美好生活的价值逻辑与实践指引》、韩喜平的《满足人民美好生活的理论指南》、杨晓慧的《构建人类命运共同体视域下青少年价值观教育的中国特色与国际视野》等论文，对新时代青少年核心价值观如何培育直接或间接地提供了思路，既具有代表性又具有参考价值。

3. 关于青少年思想道德教育的美学学理及意义研究

一是美学视域下的思想政治教育。金绪泽、唐娟的《试论大学生思想政治教育审美化》，从美学角度，分析大学生思想政治教育审美化问题。将美学理论的思想方法及研究成果引入思想政治教育中，从审美与大学生的关系入手，寻找思想政治教育审美化的外在和内在的依据，探讨思想政治教育审美化的途径。檀传宝的《德育美学观》，从中国德育“功利主义症候群”的分析切入，对于如何深层次借鉴审美精神改造中国德育的观念与实践都作出了深入、具体的阐释。其“审美育德论”“立美德育论”“至境德育论”，完成了从美育的育德功能分析到德育过程本身的审美化改造、德育生活至高境界追求的完整论述。随后在《对德育主体自身的改造——论“师表美”》中，提出“对德育主体的改造，其主题当是立师表之美”的观点。张绍平、田华的《美学视野下的高校思想政治教育新探》、程卫国的《美学视野下的思想政治教育研究综述》等，分析和梳理了美学与思想政治教育的关联。这些成果在就内容注入并侧重途径和方式方法研究的同时，关注审美对青少年思想道德教育整体性的研究，并获得了一定深度的扩展。二是美学作为一种学理在青少年思想道德教育中的运用，各种艺术的经典在其中的嵌入研究。主要有刘红梅的《试论音乐在青少年思想道德教育中的作用》、祝希杰的《教师人格魅力与青少年思想道德教育》。三是从教育有效性的提升的视角以及目标的研究来看。董康成、王健、刘钰的《美学视域下提升高校思想政治教育教学实效性研究》，论述了美学在培养当代大学生认知能力、思维素养以及人文精神等方面发挥着至关重要的作用。四是置于现代视域中从文化层面分析探讨。孙其昂的《现代性视阈中青少年思想道德教育的特征及认识思路》，提出社会文化发展进入新阶段，亚文化、娱乐、互联网等快速发展，成为全社会的普遍现象，甚至无阻碍地进入人们生活、学习、交往、娱乐等空间，青少年所受到的影响常常发生负性衍变，对青少年健康成长带来不良影响等。

4. 关于青少年思想道德教育研究

周中之在《大众文化与青少年思想道德教育》中，结合青少年的实际情况，系统考察当代网络、动漫、影视等流行文化对青少年德育状况的影响，从理念、内容、方法、机制等方面对青少年思想教育如何进行提出建议。佘双好在《青少年思想道德现状及健全措施研究》中，系统论述青少年思想道德现状及健全措施，采取“守一望多”和“多元整合”的研究策略，以改革开放以来青少年思想道德观念变化发展的历史跨度为宏观背景，从毕生发展、自我同一性形成、思想道德素质结构发展演进和生态系统的视角，对青少年思想道德发展进行了理论构建，基于三次大范围的调查研究，系统分析了青少年身心健康、思想观念、道德观念、政治观念的发展现状、特点及建设措施，提出以青少年为本的思想道德建设模式，并把社会教育作为青少年思想道德建设的重要领域，进一步丰富了青少年思想道德教育的理论。艾然在《要高度重视青少年的思想道德教育问题》中，分析了青少年思想道德教育存在的不足以及如何改变。朱志刚在《论城市社区青少年思想道德教育支持主体的机制建设》中，认为“只有建立社区青少年思想道德教育领导体制，才能使社区青少年思想道德教育的管理工作有章可循、有法可依，确保社区青少年思想道德教育健康发展”[①]。杨燕在《青少年思想道德教育网络化的困境及其出路研究》中，分析出青少年思想道德教育网络化“是对现实版思想道德教育的活动拓展和延伸，是思想道德教育与网络相结合的一种教育形式，是思想道德教育的一种现代方式”[②]。李克龙等在《“两弹一星”精神融入青少年思想道德教育的路径与机制研究》中，通过问卷调查，了解“两

① 朱志刚：《论城市社区青少年思想道德教育支持主体的机制建设》，《广西大学学报》（哲学社会科学版）2011 年第 6 期。

② 杨燕：《青少年思想道德教育网络化的困境及其出路研究》，《山东青年政治学院学报》2016 年第 4 期。

弹一星”精神融入青少年思想道德教育的基本状况，探究构建融入“认知—认同—实践”三维机制，以便实现认知推动认同、认同外化为实践、实践反作用于认知的良性循环过程。陈保玲等在《疫情背景下大学生思想政治教育提升路径研究——基于安徽省四所高校大学生思政状况调查》中，基于存在的现实矛盾，提出应“充分运用好网络新媒体平台，发挥辅导员队伍的优势作用，以‘课程思政’为渠道”[①]，扩宽教育新途径。还有杨根乔的《当前青少年思想道德状况存在的问题及其对策》、戴颖娟的《对加强青少年思想道德教育的思考》、杨洁敏的《新时期青少年思想道德建设面临的挑战及对策》、李祖超等的《我国青少年思想道德建设现状调查分析》、杨业华等的《十八大以来习近平的青少年思想道德教育思想探析》、贾明峣等的《习近平家风建设思想对青少年家庭思想道德教育的启示》、陶晓华的《新冠肺炎疫情常态化背景下提升高校思想政治教育实效性研究》等，从不同视域和层面，对青少年思想道德教育进行了分析阐释，重点是基于客观现实，提出方式方法的改进、新的教育范式的建构。

（二）国外研究现状

在国外研究中，鲜见专属中国共产党青少年思想道德教育主题，也没有专门的研究成果。但从普遍性看，研究中形成的道德教育、美好生活与青少年价值观教育、美学与青少年思想道德教育的相互作用

① 陈保玲、周宁、储德银等：《疫情背景下大学生思想政治教育提升路径研究——基于安徽省四所高校大学生思政状况调查》，《扬州大学学报》（高教研究版）2021年第2期。

等方面的观点，具有一定影响，也有借鉴性。

1. 道德教育研究

在发达国家中，比较全面系统着力于道德教育理论研究并取得丰硕成果的当属美国。从19世纪末开始，美国的学校道德教育理论研究深受著名的实用主义教育家、哲学家、思想家杜威的深刻影响，形成“教育的本质就是道德教育”“任何增进学生对社会生活理解的学科都具有道德意义”[①]等颇有影响力的道德教育观点。20世纪50年代至80年代末，以柯尔伯格为代表的“道德认知理论”，以拉斯为代表的“价值澄清理论”等的提出，使美国现代道德教育理论日臻丰富，影响深远。同时，部分西方国家也围绕本国特色与现实国情，探索出一系列特色鲜明的道德教育方法。而作为东亚地区发达国家的日本，善于学习、吸取外来优秀文化，充分借鉴美国、英国、法国等国先进的道德教育方法，并汲取中国儒家思想中的合理成分，形成了符合本国需要的道德教育体系，成为世界上道德教育理论较为完善的国家之一。

随着时代发展，价值观培育在德育中的重要性愈发凸显，国外逐步形成以价值观为主要内容的道德教育体系。如品格教育理论的代表人物里克纳将“尊重和责任”作为其中最关键的两个部分，两者被普遍视作道德价值观的核心。与此同时，国外十分关注道德教育课程改革，提出了“隐蔽课程”的概念，用于指代教育工作者为了实现道德教育目标，通过受教育者无意识的和非特定的心理反应，有组织、有计划地以各种方式，使其获得道德情感方面经验的教育。柯尔柏

① 赵祥麟、王承绪编译：《杜威教育论著选》，华东师范大学出版社1981年版，第406页。

格说，道德教育者必须关注隐蔽课程；否则，道德教育效果将无法达到，隐蔽课程可以说是实现教育的桥梁。① 可见，国外关于道德教育理论与实践的研究有一些成果，出现了较多的流派，形成了多样化的道德教育模式。

2. 美好生活与青少年价值观教育研究

西方发达国家学者对美好生活与青少年价值观教育研究非常重视，美国学者 Robinson 在《性格与社会心理测量总览》中，将价值观分为终极性价值观和工具性价值观。终极性价值观是指人最终的目标，工具性价值观是达成目标的手段或方式。不同的维度而非仅仅从内容上对价值观展开分析和测量，进一步深化了对价值观的研究。日本学者千石保在《"认真"的崩溃》中认为："认真"精神在日本青少年中丧失的原因，是经济迅猛发展而相应的伦理道德却未能同步进展，造成了前近代与后现代道德之间的巨大断层。加拿大克里夫·贝克在《学会过美好生活：人的价值世界》中提出：价值根植于人性本身或者说"美好生活"，美好生活包含了对基础价值的实现，而这些是人类切实要追求的，包括生存、健康、幸福、友谊、助人、自尊等。实现美好生活需要对道德规范的尊重和对价值的遵从。英国哲学家怀特海在《教育的目的》中论述了道德教育的最终目的不是为了道德，而是为了美好生活等。德国学者 R. 基普克在《生活的意义与好生活》中提出，美好生活 = 幸福 + 意义等。这些研究重点关注的主体同样是青少年群体。

① 张宗海：《西方主要国家的高校学生责任教育与启示》，《高教探索》2002 年第 3 期。

3. 美学与青少年思想道德教育的相互作用研究

首先是美学运用于道德教育，彰显主导价值观念、强化国家意识、孕育爱国热情，引导受教育者感悟人生、修炼品质、培养美德。产生了一批道德教育家，提出了一系列道德教育理论。20 世纪 60 年代至 80 年代，以英国著名学校道德教育家麦克菲尔为代表提出的体谅关心道德教育理论，以实证研究证明：体谅关心青少年是道德教育的出发点和最终目的。主张建立一种新型的人际关系，以情感人，开展道德教育。牛津大学的道德哲学家约翰·威尔逊的道德教育新论，德国鲍勒诺夫的“朴素道德”理论，加拿大安大略教育研究院克里夫·贝克的“价值教育的反省方法”等，对道德教育进行较为深入的研究，而形成的颇有影响的理论，寻求人格审美塑造的途径。这些理论从人的内在与外在相结合的高度研究人的美、人性美的思路，为审美嵌入青少年思想道德教育研究提供了理论借鉴。其次是从教学的美学性质和特点出发，研究学习过程成为审美过程的方法，给人以尽情欣赏的机会。杜威提出“教师即艺术家”的观点，美国学者克莱德·E. 柯伦在《教学的美学》中亦指出：教师能懂得塑造美、增进美的方法，他们能成为艺术家，成为人类关系的艺术家，成为人的问题这个艰难领域中的美的创造者。教学的美学研究涉及教学法的美学意义、教学内容的审美改造、审美教育的教学理论等诸多方面，开创了从审美视角研究教学的先河，并广泛借鉴美学、教育学的研究成果，综合地研究教学美的问题，一方面为教育者树立新的教育理念提供了理论，另一方面也为青少年塑造人格的教育路径探寻作了铺垫。

（三）国内外研究现状述评

国内学者们的研究视野比较宏阔、研究领域比较广泛、研究内容比较丰富，其研究成果有重要参考价值。但是，从中国共产党百年发展史中梳理青少年思想道德教育研究还是比较少的，目前搜索没有论著，论文也鲜见。新时代青少年思想道德教育如何在新的话语背景下，应对新的问题和矛盾，是一个亟待解决的新课题。因此，教育理念、教育目标、教育内容和教育方式的当代转换，特别是在社会主要矛盾发生转变的当下，如何将青少年美好生活需要与健康成长和青少年思想道德教育有机相联是一个全新问题。同时，在已有的研究中仍然存在需要进一步拓宽或深入推进的空间。一是需要厘清全面深化研究的逻辑起点。中国共产党从建党前后，历经新民主主义革命时期、社会主义革命和建设时期、改革开放和社会主义现代化建设新时期，到今天中国特色社会主义进入新时代，青少年思想道德教育始终是一条主线，是党一直坚持和传承下来的优良传统，也是党的教育文化的集中反映。因此，从纵向看，党对青少年思想道德教育理论与实践的百年探索，基点很关键；从横向看，党的青少年思想道德教育理论与实践，作为中华优秀传统文化的一部分，走向国际舞台、影响多个国家和民族，逻辑起点则要厘清。二是培育对象的主体视域还不太全面。对于青少年，一般分为少年、青年，学界从年龄上进行划分，将十一二岁至十四五岁这一阶段称为少年期，又称青春期，十四五岁至十七八岁称为青年初期。而西方大多数发展心理学家对青少年期的界定更为宽泛一些，认为青少年期是指从青春发育期开始直至完成大学学业这一发展阶段，即十一二岁至二十一二岁。我国学界研究中，对青少年主体年龄确定大体居于此。这大致相当于人生整个发展历程中比较长且十分重要的一个时期。但当前对青少年思想道德教育研究，较集中于学校教育这一领域，从对象看又偏重于大学生。在大学生中又尤为侧重于本科生，对中学生的思想道德教育关注不多、研究不够，对广大初高中、中职中专学生的关注和研究就更加薄弱。三是青少年思想道德教育的理论与实践研究缺乏历史性、承接性，也缺乏立体性、动态性、前瞻性。同时，青少年思想道德教育既涉及学校教育、社会教育，又有家庭承载之任，这就需要依托国民教育全过程中的家庭、学校、社会教育三大平台建立全方位的立体、多维、动态机制。四是青少年思想道德教育研究刚刚起步。一般而言，青少年个人所处的环境场域，对其思想道德素质的养成具有决定性影响，但也受家庭、社会、个人经历、人格特征等多种因素的濡染。由此看来，对青少年思想道德教育研究将会置于整个社会经济发展和青少年全面发展的格局中，尤其是注重对“后物质时代”“美好生活需要”语境下的青少年思想道德教育创新而作的综合探究。

从国外研究的现状看，西方发达国家及新加坡、日本等国的教育理论有几个共同的特点：一是把道德教育作为一门学科，重视学校在道德教育中的作用，重视教育教学的方法论研究，强调教育教学方式的多样化和艺术化；二是尊重人的个性发展，突出社会实践对青少年的价值观念、思想意识的影响和作用，主张活动和学生的自由选择，彰显个性，铸就美德；三是加强环境建设，倡导建构大教育网络，发挥隐形教育优势，凸显其教育功效。但是，国外研究存在着明显的局限性：其一，立足于资产阶级普世价值和抽象人性论，宣扬所谓“无差别”“价值中立”的道德观念教育，意在为虚假的资本主义道德合理性、合法性作辩护；其二，各种理论反对一元意识形态，否定道德的绝对价值，突出道德的相对意义，片面主张多元价值与主体自觉，导致价值取向上的相对主义；其三，关于青少年思想道德教育理论学派林立，众说纷纭，核心价值凝练不够，容易造成互相抵牾，影响青少年思想道德教育的效果。

百年来，中国共产党积淀了丰富的思想道德教育理论，学界已经或正在进行深入细致的研究，形成了一些较有影响的成果，对党的青少年思想道德教育理论研究亦有涉及，但对这一重要群体从党诞生至今的百年历程，思想道德教育理论与实践的系统全面研究还有较大的空间和张力。本书力求从这个独到的学术价值研究，并坚持以思想政治教育学为主学科引领青年学、哲学价值论、社会学、法学、伦理学、教育学、美学等学科群，整体性、综合性地考察，使之成为以思想政治教育学为主学科兼以多学科研究的一个新的生长点。

三、研究的基本思路和研究的主要方法

（一）研究的基本思路

教育是培养人的社会实践活动，而人是按照美的规律来塑造的，其结论必然是教育具有审美价值的内在追求。教育的审美价值是教育活动本身所具有的，能在一定程度上满足个体审美需要，给人以审美享受。其目标就是提高人的生活质量、精神境界，实现人生价值。青少年思想道德教育是一种特殊的教育，特殊在于其根本目的是锻造青少年的品质、塑造其灵魂，表现为以青少年自身为最高目的，以他们的全面、协调、可持续发展为最高理想，以满足其本身的自由生命创

造为最高价值尺度。从中国共产党的成立到新中国的诞生，再到改革开放和社会主义现代化建设新时期，直至今天中国特色社会主义新时代，百年历史，有着党的青少年思想道德教育的理论精华荟萃与实践的经验集结，其中不乏审美创举。由此，本书的基本思路即把党的青少年思想道德教育理论与实践的探索历程及其未来发展新理路作为一个整体，贯穿整个研究过程，以揭示其思想、文化、审美等价值。

（二）研究的主要方法

本书在坚持马克思主义基本理论指导的基础上，总体运用理论联系实际的方法、抽象与具体的方法、整体与部分的方法、分析与综合的方法等。具体所运用的研究方法如下。

1. 文献研究法

本书运用文献研究法系统收集并借鉴两个方面的文献，一是中国共产党关于青少年思想道德教育的理论，二是党的青少年思想道德教育彰显审美特性和审美价值的研究文献。熟悉研究现状，把握研究脉络，洞悉研究动态，既能掌握研究趋向，又站在学术研究的前沿。

2. 系统研究法

将中国共产党百年青少年思想道德教育理论作为一个系统，将党的青少年思想道德教育美学方法、途径作为一个整体展开研究，对不同历史时期的理念与原则、目标与措施、内容与方法、过程与特点等进行全方位研究，形成研究的闭环。

3. 历史分析法

从中国共产党关于青少年思想道德教育理论与实践发端，到中国革命、建设、改革特别是中国特色社会主义新时代青少年思想道德教育发展史维度，坚持史论结合，立论于史、立论依史，形成新时代中国共产党青少年思想道德教育的特色与优势，以及在新的历史条件下党的青少年思想道德教育新理路。

4. 跨学科研究法

由于本书涉及多个学科领域，以辩证唯物主义和历史唯物主义为指导，依托思想政治教育学这一主学科，充分借鉴政治学、伦理学、历史学、美学等相关学科知识，对中国共产党关于青少年思想道德教育理论与实践进行多学科、多维度阐发，使研究具有厚实的理论基础。

第一章　青少年思想道德教育概述

青少年拥有人生最美好的年华，正如作家岑桑所言：青春——人的一生中最美好的年岁。它是一个人生命含苞待放的时期，生机勃发、朝气蓬勃；它意味着上升，蕴含着巨大希望的未知数。如何让青少年聚集朝气与活力，不负韶华、绚丽绽放，教育引领至关重要。

青春是人生最大的资本，萌动希望和未来，意味着存在无限美好的可能性。青少年时期是一个人生命的黄金时期，富有想象力和创造力，精力充沛又旺盛，有着宏阔的发展空间和较强的可塑性。如何匡正青少年的价值观，培养他们良好的品德，不断拓展生命广度与宽度，增加高度与深度，既是一个普遍的问题，也是一个具体的问题。如何从普遍中探索出规律，有针对性地应对个性化问题，是新时代青少年思想道德教育的新矛盾、新挑战。

一、青少年思想道德教育的相关概念

青少年时期是从童年的稚嫩到成年的成熟过渡时期，相对童年时期有更多的自我意识和自主能力，相对成年时期又显得有些稚嫩，也有着太多的不确定性，个人潜能和创造力都是巨大的。青少年处在生理、心理的快速发展期，是一生中变化最大的时期，在这段时期他们感受自我、认知自我、改变自我，为实现自我创造条件。然而，有无限的可能就意味着有相应的问题，因为他们生理和心理、思维和意识的变动和发展，导致需求多样化、思维方式多元化、行为表现个性化。深入把握青少年群体思想变化和身心发展特点，探索并遵循其身心发展变化的规律，激发思维的创造性，从而预防各种身心问题发生的可能性，防患于未然，是新时代需要正视并解答的课题。

对概念的理解和认识是把握事物的前提和基础，只有厘清概念才能进一步地深入研究。本书研究的重点群体是青少年，对青少年的概念和特征的把握，对青少年思想道德教育等概念的理解、界定和阐释，可以更好地为青少年思想道德教育研究提供理论根据和重要参照。

（一）青少年的概念

研究党的青少年思想道德教育历程和经验，青少年是研究主体，对于这一主体的界定和把握，是基本前提。对青少年的界定，不同学者有不同的认识。中国学者主要以年龄为标准进行划分，而西方学者主要是从生理、心理特征及其周期设定。对于青少年期（adolescence），西方心理学家认为，主要是从青春期到大学完成学业这一阶段，年龄主要是从十一二岁到二十一二岁左右。[①] 我国学者对

① 莫晓春：《关于“青少年”年龄界定问题的思考》，《广西青年干部学院学报》2009 年第 2 期。

青少年期的界定，一般将青少年期分为少年和青年初期两个时期，年龄阶段是从十一二岁至十七八岁。彭聃龄在《普通心理学》中采用六个阶段划分的方法来表示人的心理发展阶段，少年期是 12—15 岁，相当于学龄中期；青年初期是 15—18 岁，相当于学龄晚期。刘平在《心理学专业统考综合教程》中把青少年阶段视为十一二岁至十七八岁，同时，把这一时期分为两个阶段即少年期与青年初期，分别对应着我国现行学制的初中阶段和高中阶段。我国学者对于青少年的界定，与我国学校接收学生的年龄相统一。

在心理方面，青少年的心理是从稚嫩期逐渐走向比较成熟的时期。“adolescence”本义有“生长并达到成熟”的意思，还可以理解为“成长为成年人”（grow up into adulthood）。奥苏贝尔在《青少年发展的理论与问题》中曾指出，青少年期是“在生物性和社会性的成熟方面，由儿童向成人的过渡期”。苏联教育家苏霍姆林斯基把青少年期看成是一个人的“第二次诞生”，个体的生理和心理在此期间均发生了较大的变化。在中国，心理学家朱智贤认为：青少年不仅是个体自己开始选择和决定生活道路的时期，也是独立走向生活的重要时期，还是个体身心发展不断成熟的时期。

综上，作为研究主体的青少年，笔者所指是年龄介于 11—22 岁之间，生理和心理特征处在发展变化的重要时段，身心不断成长变化发展并逐渐走向成熟的生命时期。在此阶段，青少年无论是身体的发育，还是个性心理的发展，抑或是人际关系的认知与构建，都处在一个不断变化发展的过程中。更重要的是，其思想道德品质的形成也处在一个急速发展变动的时间段。青少年时期既是身心成长发展的生命时期，也是道德品质塑造的关键期，此阶段的发展状况，直接关系到个体整个人生的发展走向和社会的进步。

（二）思想道德教育的内涵

思想道德教育在世界范围内广泛开展，是全球性的思想理论注入和教育实践活动。尽管不同的国家对其称谓有差异，但本质无二。在国外一些发达国家，思想道德教育被称为公民教育、道德教育、价值观教育、文化教育、宗教教育等。思想道德教育作为统治阶级思想和观念的反映与践履，具有明显的阶级性、民族性、时代性和实践性。在我国，思想道德教育借助系列道德教育、理论教育的宣传和实践活动，目的是培养和提升公民思想道德素养，使其符合社会规范要求。思想道德教育既继承了中国传统道德教育，又融合了新的时代特点，具有传承和发展的独特元素，是集思想意识、价值观念和个性品质于一体的综合教育。

1. 德育与思想道德教育的关系

德育有狭义和广义之分。狭义的德育指道德教育，而广义的德育不仅包括道德教育，还包括思想教育、政治教育、道德品质教育、法治教育、心理健康教育等。多数学者把德育的内容总结为“政治思想教育”“道德品质教育”“基本观点教育”。有学者对德育从伦理学和教育学的视角进行界定，认为在伦理学上的德育是培养人们的道德品质；而教育学上的德育是广义的德育，包括培养学生一定的思想品质、政治品质和道德品质。①

国家教委1995年颁布的《中国普通高等学校德育大纲（试行）》把德育内容确定为：马克思列宁主义、毛泽东思想和邓小平建设有中

① 王道俊、王汉澜编：《教育学》，人民教育出版社1989年版，第330页。

国特色社会主义理论教育；爱国主义教育；党的路线方针政策和形势教育；民主、法制教育；人生观教育；道德品质教育；学风教育；劳动教育；审美教育；心理健康教育。内容全面而具体，从广义层面上界定德育的内涵。

广义的德育在教育内容和教育目标上，与思想道德教育有高度的契合性，主要包括思想教育、政治教育和以道德品质教育为重点的公民思想道德素质教育。在具体内容上主要包括政治观教育、理想信念教育、爱国主义教育、道德品质教育、法治教育、心理健康教育、“三观”教育，其中价值观教育是基础层次，人生观教育属于中间层次，世界观教育处于最高层次、主导地位。由此可见，广义的德育涵盖思想道德教育，并且随着时代发展被赋予更加丰富的内容和广阔的维度，如生命教育、低碳生活方式教育等也被纳入其中。

2. 思想道德教育的内涵

我国学者对思想道德教育内涵也作了不同层面的界定，与思想道德教育接近或一致，比较具有影响力的观点主要有以下几种：一是提出思想道德教育是教育者按照一定社会或阶级的要求，有目的、有计划、系统地对受教育者施加思想、政治和道德影响，通过受教育者积极的认识、体验、身体力行，以形成他们的品德和自我修养能力的教育活动。① 二是阐释为社会或社会群体用一定的思想观念、政治观点、道德规范对其成员施加有目的、有计划、有组织的影响，使他们形成符合一定社会、一定阶级所需要的思想品德的社会实践活动。②

① 王道俊、王汉澜编：《教育学》，人民教育出版社 1989 年版，第 330 页。

② 陈万柏、张耀灿编：《思想政治教育学原理》，高等教育出版社 2015 年版，第 4 页。

三是诠释为一定的阶级、政党、社会群体遵循人们思想品德形成发展规律，用一定的思想观念、政治观点、道德规范，对其成员施加有目的、有计划、有组织的影响，使他们形成符合一定社会、一定阶级所需要的思想品德的社会实践活动。[①] 四是阐述为一定的阶级或政治集团，为了实现其政治目标和任务而进行的，以政治思想教育为核心与重点的思想、道德和心理综合教育实践。[②] 五是论述为一定的阶级、政治集团为实现其根本政治目的和经济利益，而对人们进行有意识、有目的、有计划的施加本阶级、本集团思想政治等意识形态方面影响的社会活动。[③] 六是分析为按照社会发展的要求和人自身全面发展的需要，依据社会思潮和个人思想品德变化发展的规律，由社会组织与广大人民群众共同参与进行的，提高社会整体文明程度和个人思想道德素质的教育实践活动。[④]

综合而言，思想道德教育是一定的阶级、政党或政治集团为维护其统治阶级的利益，通过教育实践活动，而对其成员施加有组织、有目的、有计划的影响，培养成员正确的政治方向、高尚的道德品质和优良的思想素质，使其形成符合一定社会、一定阶级所需要的思想品德的教育过程。思想道德教育是教育实践活动，也是动态发展过程，效果受主客观多重因素的影响。在实施过程中需要重点把握以下几个要素：其一是施教者——社会或社会群体，包括一定的阶级、政党、政治集团。其二是受教者（社会成员），是教育对象。其三是教育实

① 张耀灿等：《现代思想政治教育学》，人民出版社 2006 年版，第 50 页。
② 陈秉公编：《思想政治教育学基础理论研究》，吉林大学出版社 2007 年版，第 5 页。
③ 仓道来编：《思想政治教育学》，北京大学出版社 2004 年版，第 11 页。
④ 平章起、梁禹祥：《思想政治教育基本理论问题研究》，南开大学出版社 2010 年版，第 28 页。

践活动，规范并影响受教育者的思想和行为，是教育过程的承载。其四是教育目标，受教育者的思想道德品质和行为习惯与社会要求相一致，是教育的指向和旨归。思想道德教育的主体是施教者和受教者，教育过程是施教者以具体的内容，通过教育方法和教育手段规范和影响受教者，教育结果是受教育者在思想意识、价值观念上内化于心并外化于行。总而言之，思想道德教育是以施教者为主导，影响受教者，使其思想道德素质提升、道德品质完善、人格素养臻美的过程，也使其从生存人生到发展个性品质再到享受美好生活的动态和谐过程，最终目的是社会的道德规范要求与个体或群体的思想道德品质相契合、相一致。在此过程中人的思想道德素养提升，行为习惯养成，人际关系和谐，从而逐步实现个人和社会全面发展的人生境界。

（三）青少年思想道德教育的内涵及特征

在了解思想道德教育的基本内涵的基础上，探释青少年思想道德教育涵盖的基本内容及其主要特征，是一个需要把握的基础性问题。

1. 青少年思想道德教育的内涵

“青少年思想道德教育是教育者按一定的社会或阶级的要求，有目的、有计划、有组织地对青少年的心理施加系统的影响，使青少年的思想品德行为与社会道德规范要求相适应的教育活动。”① 在这里，受教者特指青少年，教育目的是使青少年的思想道德行为与社会道德

① 叶瑞祥、卢璧锋编：《当代青少年思想道德教育研究》，珠海出版社 2010 年版，第 3 页。

规范要求相适应、相一致。可见，青少年思想道德教育是教育者按照社会发展的要求和青少年自身全面发展的需要，在全面、深入掌握教育实践规律和青少年思想道德品质发展规律的基础上，通过教育实践活动，使青少年的思想道德素质符合社会发展的要求和水平，并促进他们身心健康发展和个性自由全面发展。围绕思想道德教育，以理想信念教育为核心，以爱国主义教育为重点，培养青少年坚定的政治方向、良好的思想素养、崇高的道德品质。

2. 青少年思想道德教育的特征

从青少年的特点出发，就思想道德教育对青少年人生发展及思想道德品质的影响而言，青少年思想道德教育具有或应该具有以下几个方面的特征。

（1）阶级性和民族性

思想道德教育作为社会或社会群体用以规范其成员，以形成符合特定要求的社会实践活动，就其本质而言，是维护统治阶级利益和统治秩序的工具与手段，总是体现统治阶级的意志。“占统治地位的思想不过是占统治地位的物质关系在观念上的表现，不过是以思想的形式表现出来的占统治地位的物质关系”[①]。统治阶级在经济上占据统治地位，他们必定实现其思想意识形态上的统治，实现思想上的主导权和掌控权。思想道德教育历来是统治阶级规范其社会成员思想道德观念，使其符合统治阶级的利益，维护统治阶级意识形态上的统治地位，从而实现物质和思想上的一致，以稳固统治。对于青少年，统治阶级尤为关注和重视，因为青少年是最活跃的群体，也是最有活力和

① 《马克思恩格斯文集》第1卷，人民出版社2009年版，第550—551页。

希望的群体，他们的思想道德状况，事关统治阶级的统治能否长治久安。因此，阶级性是青少年思想道德教育的本质特征。

在《反杜林论》中，针对杜林所主张的“道德是凌驾于历史和民族特性之上的非民族的”观点，恩格斯批驳了这种道德的超阶级性和非民族性的论调，指出：“善恶观念从一个民族到另一个民族、从一个时代到另一个时代变更得这样厉害，以致它们常常是互相直接矛盾的。”① 认为道德具有民族性，在不同的民族、不同的时代，由于社会物质生活条件的差异，道德观念也存在差别甚至是对立。当今，道德有资产阶级的道德，也有无产阶级的道德。现代资产阶级的道德，把人的个性独立、私有财产神圣不可侵犯看作是道德的准则；无产阶级的道德，反对资产阶级的剥削和压迫，把消灭阶级对立、争取民族独立、实现全人类的解放看作是有道德的行为。思想意识、道德观念是由经济基础决定的，因此，思想意识、道德观念是一个历史范畴，都只存在于特定的历史时期，并且是随着历史的发展而不断变化的，不存在所谓的永恒的、终极的思想和道德观念。青少年思想道德教育，根植于这些思想道德观念和价值取向，折射出鲜明的阶级性和民族性。

（2）**引导性和激励性**

青少年思想道德教育的根本目的是提升其思想政治素质、道德品质，激励他们为建设好国家而奋斗。青少年思想道德教育是依凭理论，通过教育实践活动的有效开展和实施，对他们的思想道德施加有目的、有计划的影响，不断提升思想政治素质、道德品质，养成良好的行为习惯，使其思想和行为符合社会发展的要求。具体而言，思想道德教育是社会通过一定的道德规范要求，聚焦青少年的“三观”教

① 《马克思恩格斯文集》第 9 卷，人民出版社 2009 年版，第 98 页。

育和高尚的道德行为习惯的养成教育，在这一过程中，青少年通过教育的引导和激励，他们的思想得到转变与提升，情感和精神境界得到升华，热情和激情得到调动，积极性、主动性和创造性得到发挥，个人潜能得到展现，人格品质逐步走向健全。思想道德教育实践活动的目标和任务在于使青少年的思想道德素质不断向良性的方面发展，促使他们形成良好的动机和奋发向上的精神动力，从而更好地向社会所要求的方向发展，最终实现自身与社会相统一的、和谐而全面的发展。

在我国，青少年思想道德教育是以马克思主义理论体系为主要内容的理想信念教育，以党的方针政策为主要内容的政治教育，以社会主义道德和法纪为主要内容的道德、法纪教育，意在帮助青少年树立远大的目标，心中有理想信念、思想上有正确的“三观”，引导其日常生活中的言行准则，在引导中激励，在激励中为他们的身心健康成长和个性自由全面发展，赋予风向标和导航仪。

（3）**理论性和实践性**

只有用正确的思想掌握社会实践的主体，才能把人的思想武器转化为巨大的物质力量，从而有效地促进社会实践。“批判的武器当然不能代替武器的批判，物质力量只能用物质力量来摧毁；但是理论一经掌握群众，也会变成物质力量。理论只要说服人［ad hominem］，就能掌握群众；而理论只要彻底，就能说服人［ad hominem］。所谓彻底，就是抓住事物的根本。”①辩证唯物主义认为，科学的思想理论不仅能够解释世界，更关键的是能够创造和改变世界。正确反映社会存在的、能够有效指导人们实践的思想观念是变革社会的先导，是指

① 《马克思恩格斯文集》第1卷，人民出版社2009年版，第11页。

导人们进行物质生产的有利的思想武器。青少年思想道德教育，通过对青少年进行马克思主义理论指导，又以马克思主义理论为核心内容，提升其思想政治素质和道德品质，实现对其思想的变革，从而将精神的力量转化为物质的力量，练就和储存促进社会发展的巨大动能。青少年思想道德教育以马克思主义思想理论教育为指导和内容，教育青少年将其内化于心，以提升他们的思想道德素养，充分体现青少年思想道德教育的理论性。

青少年思想道德教育是一个动态发展的系统，不仅需要深入的理论学习和教育，同时更离不开理论和实践相结合，教育者按照所属阶级或政治集团的基本要求，将正确的思想理论施加于青少年，使他们的思想观念、道德品质、行为习惯受到影响，发生正向改变，引导他们知行合一。马克思强调：“全部社会生活在本质上是实践的。凡是把理论引向神秘主义的神秘东西，都能在人的实践中以及对这种实践的理解中得到合理的解决。”① 人的本质的实践性决定了青少年思想道德教育的实践性。思想道德教育是内塑灵魂、外塑行为的教育实践活动，教育过程的完整实施，彰显实践于行的重要意义。教育效果是以行为习惯的养成及外化践行作为教育目标实现的尺度，实践是检验认识真理性的标准，也是检验思想道德教育成效的关键。科学实践观是马克思主义理论的基石，马克思、恩格斯从现实的个人出发，强调理论归宿和现实旨归是生活中实践的个人。青少年思想道德教育基于马克思主义科学的实践观，聚焦现实中的青少年，致力于他们的个性自由与身心全面发展。因此，青少年思想道德教育既具有理论性，也彰显实践性，是彼此的统一。

① 《马克思恩格斯文集》第1卷，人民出版社2009年版，第501页。

(4) **现实性和超越性**

人是社会存在物，处在一定的社会关系中，居于社会关系而投入社会实践，具有社会现实性。正如马克思所言："人的本质不是单个人所固有的抽象物，在其现实性上，它是一切社会关系的总和。"[①]马克思考察的人是以现实的个人及其所处的现实历史条件为前提的，包括已有的和由人的活动创造出来的物质生活条件。"意识在任何时候都只能是被意识到了的存在，而人们的存在就是他们的现实生活过程。"[②]经济基础决定上层建筑，作为思想意识形态领域的思想道德观念，归根到底都是当时社会经济状况的产物。人的本质的社会现实性决定了青少年思想道德教育的社会现实性。现如今，青少年是处在一定的社会条件和社会关系中的群体，他们的思想道德现状和发展水平必然受社会现实的影响，是由所处时代的现实经济条件和现实的社会状况决定的，具有社会现实性。

然而，马克思主义实践观的重要特征和品质在于实践性，既立足于现实，又具有实践性和革命性的品质，即超越现实性的品质。因为现实的社会关系处在一个不断发展更新的过程中，任何事物都是变化发展的，人的本质必然具有超越现实性的一面。青少年思想道德教育过程本身就是锻造和提升他们的思想道德品质，促进思想道德素养和个人品格不断趋于完善。在这一过程中，基于青少年思想变化的特点和思想道德教育的规律性，体现以人为本、突出人的主体性这一中心，既立足于当下，又着眼于未来。因此，青少年思想道德教育根据指向对象的特性，具有超越性和变动性。一般而言，青少年所处的现

---

① 《马克思恩格斯文集》第 1 卷，人民出版社 2009 年版，第 501 页。

② 《马克思恩格斯文集》第 1 卷，人民出版社 2009 年版，第 525 页。

实社会环境与社会关系在不断发生变化，其思想道德教育应顺承时代与社会向前发展潮流而呈现动态的发展趋向。因而，青少年思想道德教育，是以发展着的社会生产力为基础和以社会与人的变动性为条件的现实性和超越性的辩证统一。

二、青少年思想道德教育的理论基础

马克思、恩格斯关于人的自由全面发展理论，立足于人类社会的现实生活，立志于人的全面发展的追寻和实现，是具有丰富的内涵、深刻的洞见、深远影响的理论体系和思想内质，充分彰显了以实践为基础的科学性和发展性的辩证统一。它是以马克思、恩格斯关于人的自由全面发展理论为基础，结合时代要求，对其进行了继承和发展。马克思、恩格斯关于人的自由全面发展理论、科学发展观等，为青少年思想道德教育提供根本指向，共同构成青少年思想道德教育的主要理论根基。

（一）马克思、恩格斯关于人的自由全面发展理论

马克思主义理论的立足点和最终价值诉求都是围绕人来展开的，都是立足于人的价值的追寻及其最终实现。人是价值的主体，一切发展为了人，现实的创造性活动、现实的变革实践都是为了实现人的物质和精神的自由，实现人的自由全面发展和美好幸福生活。马克思主义的两大理论基石即唯物史观和剩余价值学说，也是建立在现实基础上对人的历史发展规律和人的发展历程的阐述。马克思主义的最终目

标是为了人，共产主义社会的实现也是为了最终实现在生产力高度发展的基础上的人的自由全面发展。“代替那存在着阶级和阶级对立的资产阶级旧社会的，将是这样一个联合体，在那里，每个人的自由发展是一切人的自由发展的条件。”[①] 马克思、恩格斯在多篇著作中论述了人的自由全面发展的基本前提、未来图景及其实现路径。马克思、恩格斯关于人的自由全面发展的思想，贯穿马克思主义思想体系的始终，是最重要的哲学思想。“根据共产主义原则组织起来的社会，将使自己的成员能够全面发挥他们的得到全面发展的才能”，“通过产业教育、变换工种、所有人共同享受大家创造出来的福利，通过城乡的融合，使社会全体成员的才能得到全面发展”。[②] 马克思、恩格斯关于人的自由全面发展的思想体现了个人的全面发展和人类社会的全面发展的辩证统一，个人的全面发展是建立在社会全面发展的基础上的，“个人的全面性不是想象的或设想的全面性，而是他的现实联系和观念联系的全面性。……要达到这点，首先必须使生产力的充分发展成为生产条件”[③]。社会的全面发展是个人全面发展的实现条件，生产力的高度发展是实现人的全面发展的物质基础。同时也指类特性的发展，是个体的全面发展和类的全面发展互相促进、互相发展的历史进程，亦是在劳动实践活动中不断促进个体的全面发展和类的全面发展的历史过程。

1. 人的自由全面发展的内涵

（1）能力的全面发展

马克思、恩格斯关于人的自由全面发展理论的一个重要方面，是

① 《马克思恩格斯文集》第 2 卷，人民出版社 2009 年版，第 53 页。
② 《马克思恩格斯文集》第 1 卷，人民出版社 2009 年版，第 689 页。
③ 《马克思恩格斯文集》第 8 卷，人民出版社 2009 年版，第 172 页。

指个人的诸方面能力的全面发展。在劳动实践过程中所需要的各方面能力的发展，不仅仅包括人的体力、智力的发展，劳动实践能力的发展，还包括人的审美能力的发展、人的创造力及各种潜能的发挥和发展。马克思指出，每个人都无可争辩地有权全面发展自己的才能，“任何人的职责、使命、任务就是全面地发展自己的一切能力”①。“人‘全面’发展的第一层含义（第一个规定），是唤醒自然历史进程赋予人的各种潜能素质，使之获得最充分的发展……它们若不被唤醒，就会萎缩乃至泯灭……它们若得到开发，便表现为人类特有的感觉能力、思维能力、情感意志力以及体力等。”②人的能力是在劳动实践活动中实现自身生存和发展需要的条件和方式，是人的本质力量在对象中的集中展现。“人的能力是主客体对象性关系得以建立的必要条件之一，活动的形成‘取决于对象的性质以及与之相适应的本质力量的性质’……人的发展首先是人的活动的发展，而人的活动的发展主要是人的活动能力的发展。”③人的能力的全面发展意味着“全面发展自己的体力和智力、自然力和社会力、个体能力和集体能力、潜力和现实能力等，也意味着在实践中‘发挥他的全部才能和力量’”④。人的全面发展是针对资本主义社会的片面发展而言的，以能力的充分全面的发展实现自身的本质力量对象化，摒弃资本主义社会人的能力的异化和畸形发展，使人成为自由全面发展的人，从而实现对自我本质的直接全面的占有。

① 《马克思恩格斯全集》第3卷，人民出版社1960年版，第330页。

② 丁学良:《马克思的“人的全面发展观”概览》,《中国社会科学》1983年第3期。

③ 韩庆祥、亢安毅:《马克思开辟的道路——人的全面发展研究》，人民出版社2005年版，第139页。

④ 韩庆祥、亢安毅:《马克思开辟的道路——人的全面发展研究》，人民出版社2005年版，第141页。

(2) **自由个性的充分发展**

马克思主义唯物史观的立足点和现实的出发点是现实的个人，“如果对‘全面发展’理解不当，以为‘全面发展’就是‘面面俱到’和无所不能，的确就很容易导致‘全面平庸’，但真正的‘全面发展’所追求的恰恰是个性和卓越”[①]。马克思在强调人的社会性的同时并没有忽视人的自由个性的全面发展，认为全面发展的个人必然是尊重个性基础上的全面发展。他提出，未来共产主义社会是一个以每个人自由而全面发展为基础和条件的更高级的社会形式。马克思、恩格斯从唯物史观的角度，立足于从事社会生产劳动的现实的个人，在对社会发展的历史进程进行深入考察的基础上，对于未来理想社会中人的发展样态进行深入分析，将实现人的全面发展作为人发展的价值旨归。

马克思、恩格斯所述人的发展是针对黑格尔唯心主义的理性精神的发展与费尔巴哈的抽象个人而提出的，所言的人是具体的有个性的人，而不是抽象的人，其发展也不是精神的运动发展过程。现实的从事劳动实践的个人是马克思主义关于人的全面发展理论的前提和基础，马克思、恩格斯认为人类历史不外乎是人通过人的劳动而诞生的过程，全面发展不是忽视个性发展的全面发展，而是在尊重个性基础上的全面发展。

“人是特殊的个体，并且正是人的特殊性使人成为个体，成为现实的、单个的社会存在物”[②]。马克思、恩格斯认为，个体是社会存在物，既强调个体的个性和独特性，也强调个体作为社会存在物的社会性。个体受阶级关系所制约，在资本主义社会个人受生存所控制，劳

① 扈中平：《“人的全面发展”内涵新析》，《教育研究》2005 年第 5 期。

② 《马克思恩格斯文集》第 1 卷，人民出版社 2009 年版，第 188 页。

动是异化劳动，人的本质也被异化，人则没有独立性和个性。“为了实现自己的个性，就应当消灭他们迄今面临的生存条件，消灭这个同时也是整个迄今为止的社会的生存条件，即消灭劳动。……他们应当推翻国家，使自己的个性得以实现。”[①] 因而“有个性的个人作为个体性与社会性、决定性与创造性、现实性与理想性的统一，表现为一个历史发展的过程，表现为社会关系决定人的个性发展、人的个性发展改变社会关系并因而进一步改变和完善人的个性的辩证过程”[②]。马克思、恩格斯所设想的未来共产主义社会是没有压迫、没有剥削的，人按照自己的意愿充分发挥个性和独立性，在自由自觉的劳动过程中，人的主体地位将充分显现，个性将得到充分发挥，每个人将破除强制性限制而摆脱对物的依赖的自觉发展与自由选择。因此，马克思、恩格斯关于人的全面发展是建立在自由的基础上的个体的全面发展，没有自由的发展，不是全面发展的样态。

（3）需要的发展

人的活动的全面发展还表现为人的需要的全面发展。人的一切行为都是由需要激起和推动的，个人需要在某种程度上决定了其一定的生存方式和生活状态。人的发展就是在不断产生需要、追求和实现需要的过程中实现的。通常而言，人的需要分为生存需要、发展需要和享受需要，生存、发展、享受具有依次递进的逻辑和时间的内在统一性。对德性的追求离不开对个体生命的物质需要的满足。物质需要的满足既是人性的需求，也是人的全面发展的基础。马克思、恩格斯认为阶级斗争归根到底是为了追求物质利益的政治斗争。“‘思想’一

① 《马克思恩格斯文集》第1卷，人民出版社2009年版，第573页。
② 沈晓阳：《马克思“有个性的个人”思想探析》，《探索》2002年第1期。

旦离开‘利益’，就一定会使自己出丑。”[①]“任何在历史上能够实现的群众性的‘利益’，在最初出现于世界舞台时，在‘思想’或‘观念’中都会远远超出自己的现实界限，而同一般的人的利益混淆起来。”[②]“已经得到满足的第一个需要本身、满足需要的活动和已经获得的为满足需要而用的工具又引起新的需要，而这种新的需要的产生是第一个历史活动。”[③]“人的需要的丰富性具有什么样的意义，从而某种新的生产方式和某种新的生产对象具有什么样的意义。人的本质力量得到新的证明，人的本质得到新的充实。”[④]无产阶级的解放和发展，人民群众的物质利益的实现和满足，是人的发展的首要基础。而单纯物质需要的满足仅仅是个体的生存、生理需要的满足，虽然是基础性的，但却是低层次的需要。人的各方面能力、素质的发展的需要，人的本质力量的展现，个体在劳动实践过程中的精神需要的满足，追求真善美，体验人的快乐、幸福和审美的需要，是个递级发展的过程。随着社会的不断发展，社会的丰富性和多样性，人的生存方式和发展方式的多样性，决定了人的需要的丰富性和多样性，人的全面发展理论注重人的多方面需要的发展和满足，注重在满足低层次需要的基础上开发人的潜能，渐次抵达和获取更高层次的需要，更好地实现自我。

（4）**人的和谐发展**

人的和谐发展是以和谐为前提的全面发展，个人的自由全面发展是建立在诸方面体系和谐有序的基础上的。马克思、恩格斯关于人类社会发展的论述，是为了消灭和摒除资本主义社会对人的压榨和剥削

---

① 《马克思恩格斯文集》第1卷，人民出版社2009年版，第286页。

② 《马克思恩格斯文集》第1卷，人民出版社2009年版，第286页。

③ 《马克思恩格斯文集》第1卷，人民出版社2009年版，第531—532页。

④ 《马克思恩格斯文集》第1卷，人民出版社2009年版，第223页。

的不和谐因素，从而实现共产主义社会的人自身、人与人、人与自然、人与社会共识共生的和谐发展的基本理念和发展愿景。和谐发展首先体现在人自身的和谐：身心和谐，身体健康，内心阳光；每一个发展阶段的渐进、和谐、有序，平衡；体力、智力、能力以及德智的和谐发展。个体与他人的和谐：人是社会存在物，人的本质就在于人的社会性，人与他人的和谐共处，人的社会关系的和谐发展是人的和谐发展的条件，也是保障。人与自然的和谐：人是自然界的一部分。自然界是个体全面发展的物质基础和现实依靠。人靠自然界生活，自然界不仅为人类提供了直接的生存资料，同时也为人类生产和发展提供了物质生产资料、精神生活来源，人只有与自然和谐共处、共生存，才能共发展。人作为类存在物，类特性就在于人的社会群体性，从通过改造和发展社会、改造环境的同时改变人自身，并在改造和发展社会的过程中实现与社会共生共荣的和谐关系，从而充分彰显人之为人类的类特性。

马克思、恩格斯对未来理想社会的幸福情境的描述，即每个人可以自由选择自己的劳动，上午打猎，下午捕鱼，傍晚从事畜牧，劳动是自由自愿的，是实现和发展自我能力的实践活动，呈现出一幅人与人之间和谐共处，没有阶级，没有剥削和压迫，自由幸福和谐的画面。简言之，马克思、恩格斯所设想的共产主义社会是人的全面发展的社会，体现人与自身、人与自然、人与人、人与社会和谐共处、共同发展的美好向往和追求。

2. 全面发展的现实基础

(1) 生产力的高度发展

共产主义社会的实现是建立在生产力高度发达的基础上的，未来共产主义社会是在继承原有生产力发展水平、实现人类社会和个体的全面发展的社会。作为共产主义思想来源之一的空想社会主义，从抽象的人性和道德出发来设计理想社会，畅想未来社会的理想境界，无可厚非，但缺少使其变为现实的条件。为了使社会主义变为科学，就必须首先把它置于现实的生产力发展的客观基础之上。

生产力的发展为人的全面发展提供物质条件。正如恩格斯所强调的："我们的目的是要建立社会主义制度，这种制度将给所有的人提供健康而有益的工作，给所有的人提供充裕的物质生活和闲暇时间，给所有的人提供真正的充分的自由。"① 人的自由全面发展需要物质条件和物质生产力的高度发达作为现实的物质保证，没有富裕的物质条件，就没有人的能力和需要的发展，更遑论人的自由个性的发展。在资本主义社会人的劳动仅仅是维持基本生存需要的手段，为此，付出的劳动越多，受剥削的程度越深，人的发展只能是片面且畸形的发展，缺少实现全面自由发展的物质生产力的现实基础，也就无法实现自我的全面自由的发展。

生产力的发展促进社会发展和人的发展。人类社会是生产力和生产关系的矛盾运动，生产力的发展促进了人类社会不断发展前行，引发生产关系的进一步变革，并交互作用。人类社会的运动发展史是人通过人的社会劳动而诞生的过程，人通过劳动实践活动改造自然界，在改变自然环境的同时改变人自身，促进环境和人的改变。这一过程是以物质资料的生产劳动为中介而得以实现的。人为了生存和发展，首要的前提是进行物质资料的生产。物质资料的生产是人类的第一个前提，因其满足了人类的生存和发展的需要，而人在从事物质资料的

① 《马克思恩格斯全集》第 21 卷，人民出版社 1965 年版，第 570 页。

生产劳动中，不断促进自身的各方面能力素质和潜能的发展，自由个性与需要的发展，从而实现人的自由全面发展。

（2）人的个性和社会性的共同发展

马克思、恩格斯强调，人不是抽象地、孤立地存在于世界之中，而总是处在一定的现实的社会关系中。人的本质力量的体现就是人的社会关系及其延展，人的本质力量的发展即是人的社会关系的丰富和发展。社会关系实际上决定着一个人能否发展以及能发展到什么程度，社会关系的发展是人全面发展的重要依托。马克思、恩格斯描述的人的自由全面发展的共产主义社会，是人在现实中所遇到的各种矛盾的真正解决，人的社会关系趋于完善与和谐。因此，人的自由全面发展是建立在社会关系发展的基础上的个性的自由全面发展，是人与自身、人与自然、人与人、人与社会和谐共处的整体发展，是个体真正意义上的全面发展。

从历史观的角度看，人的全面发展是随着社会历史的进步发展而不断实现人的解放的过程。在社会发展的历史进程中，人不断实现自我的发展，社会的发展联动个体的全面发展，而社会历史是由个体发展历史有机构成的。社会的解放和发展，以个体的解放和发展为基本前提。人的全面发展的进程是社会性和个性辩证统一的发展过程，也是社会发展和人的发展的和谐统一的过程。社会是人的全面发展的历史空间与现实场域，人的发展和社会的发展在根本上是同一的、相互促进的。

（3）有着自由自愿的劳动实践活动

马克思、恩格斯描述的共产主义社会个体自由而全面的发展的两大主要特征，是自主活动和自由个性的实现。个体自由全面的发展是以自由为基础的全面发展，没有自由自愿的劳动实践活动，个体的全面发展就无从实现。在资本主义社会，人为了肉体生存而劳动，人的劳动是强制性的、不得已的，劳动只是谋生的手段，人的劳动和动物的活动没有本质区别，导致人的劳动的异化，人的发展的片面和畸形，人的全面发展丧失了现实的条件。共产主义社会是对人的劳动异化的积极扬弃，人的劳动不再是为了生存，而是为了发展；不再是为了给资本家做嫁衣，而是为了自身的全面发展作出的选择。人的全面发展要建立在自由自愿的劳动实践活动的基础上，自由自愿的劳动才是个体实现全面发展的前提条件。共产主义社会是在自由自愿的劳动过程中，个体各方面的才能得到充分发展，个体的自由得到真正实现，每一个人在真正的自由联合体中，通过自由自愿的劳动实践获得自己的自由和发展。

3. 马克思恩格斯全面发展理论的指导意义

马克思、恩格斯关于人的自由全面发展的个人，是在生产力高度发达与社会关系充分和谐发展的基础上，符合社会道德要求，对拥有美好生活的无限向往和通过劳动实践获取美好生活的实践能力，从而使自身成为不断臻善臻美、和谐完善而自由发展的个人。同时，马克思、恩格斯设想的人的自由全面发展是居于“真正的共同体”，其中个体能够按照自己的意愿自由地支配自己的生活资料和外部社会条件的活动，才是自由自愿的活动，在此状态下，才能够自主地从事物质生产和精神生产，自主地发挥自我聪明才智，自主地将人的本质力量对象化，自主地创造物质财富、精神财富。借以自由自愿的劳动，开发心智，实现自我，最终成为自由而全面发展的自我。马克思、恩格斯关于人的自由全面发展理论为青少年接受教育与自我教育，走向丰富与完善，成为自由而全面的个体，从理论上树立了标杆。

马克思、恩格斯关于人的自由全面发展理论，指明了人的自由全面发展的根基，昭示出人的自由全面发展的途径，折射出对青少年思想道德教育显而易见的理论价值。

（二）科学发展观的理论体系

科学发展观是中国共产党人在总结和继承马克思主义关于人的全面发展重要理论的基础上，结合中国现实的国情和社会发展的客观需要，借鉴国外发展经验，适应中国发展要求而提出的重大战略思想。对于青少年思想道德教育，为青少年全面发展奠定基础、引领道路、确保方向，科学发展是全面发展的题中应有之义，更是根本要求。

1.科学发展观的基本内涵

科学发展观的内涵：坚持以人为本，树立全面、协调、可持续的发展观，促进经济社会和人的全面发展。要求统筹城乡发展、统筹区域发展、统筹经济社会发展、统筹人与自然和谐发展、统筹国内各方面发展和对外开放。科学发展观，第一要务是发展，核心是以人为本，基本要求是全面协调可持续发展，根本方法是统筹兼顾。党的第十七次全国代表大会把科学发展观写入党章，党的十八大把科学发展观列入党的指导思想。科学发展观以人为本的发展内涵是对人的全面发展的深入和拓展，是人的全面发展在现实条件下的生动展现，充分体现了人的全面发展的实质和内容，体现了人与自然、人与人、人与社会、人与自身之间的和谐发展，是以人为本的指导思想和发展宗旨的全面发展观，是在以一切发展为了人，为了人的一切发展的目标指导下，进行全面、协调、可持续的发展，以考虑后代生存发展的生态发展观，是以可持续发展作为发展目标的稳定持续的发展，最终实现社会和人的全面发展。其为社会发展的重大指导思想，更是人的全面发展的现实指南。

2. 科学发展观内含人的全面发展思想

(1) 以人为本——全面发展的价值主体

马克思、恩格斯的唯物史观和共产主义社会的价值主体是现实的个人，社会的历史不外乎是人通过人的劳动而创造的历史，现实的个人，他们的活动以及他们的物质生活条件是社会历史的第一个前提。马克思、恩格斯以人的实践活动为人的基本存在和发展方式，以人的自由全面发展为归宿和目标。科学发展观的核心是以人为本，即始终把实现好、维护好、发展好最广大人民的根本利益作为党和国家一切工作的出发点和落脚点，尊重人民群众的主体地位，发挥人民首创精神，保障人民各项权益，走共同富裕的道路，促进人的全面发展，做到发展为了人民、发展依靠人民、发展成果由人民共享。科学发展观中的以人为本，强调把人民群众的根本利益作为出发点和归宿，体现全面发展的价值主体——现实的个人。

(2) 社会和人的发展——全面发展的价值目标

人的全面发展的最终价值目标和价值旨归是个体的全面发展，由实现个体的全面发展从而实现社会的发展，达到社会发展和人的发展的和谐统一。社会的发展为人的自由全面发展创造条件、夯实基础。科学发展观强调人与自然的发展，强调以人为本基础上的全面、协调、可持续的发展观，目标是经济、政治、文化、社会、生态和人的全面发展。而社会发展的目的是为了实现人的全面发展，为人的全面发展创造一切可能的自然生态条件和经济条件，即社会的发展为个人的发展创造可能性和现实性。每个个体的全面发展也是为了促进社会的发展，个人的发展又为社会和谐发展助阵，实现双轮驱动、协同发力。经济社会和人的全面发展是科学发展观和人的全面发展的价值目标。

（3）**全面协调可持续发展——全面发展的价值要求**

全面发展体现的是全面、和谐、协调、有序、自由、可持续的思想。全面发展是个体各方面能力都得以充分发展，不可偏颇任何一方，人和社会协调有序、和谐统一的发展，既满足当代人的需求，又不损害后代人满足其需求的发展，是对全面发展的价值要求。随着社会的发展，人与自然界之间的问题也会不同程度地暴露。破坏长远的生态环境，来满足眼前的需要的发展，不能称之为真正意义上的全面发展。自然界是我们赖以生存的无机界，没有其提供的自然资源，就没有人类的生存和发展。马克思主义的辩证唯物主义和人的全面发展理论的精髓在于人的全面发展性，在于珍惜自然资源，重视生态环境，重视人与自然、人与人、人与社会的和谐共处，重视人类行为对自然界较近或较远的后果，尤其是远期后果。个体和社会的发展必须考虑对环境的影响，要创造和谐可持续的发展道路。科学发展观的全面协调可持续，就是基于全面发展的价值要求，将人和社会的发展建立在全面协调可持续的状态下，努力营造全面、协调、充分的动态发展环境。

2015 年 10 月 29 日，习近平总书记在党的十八届五中全会第二次全体会议上鲜明地提出了创新、协调、绿色、开放、共享的新发展理念。新发展理念，是全面协调可持续发展的进一步完善和理论升华。

3. 科学发展观在青少年思想道德教育中的意义

青少年全面、协调、可持续发展至关重要。就青少年而言，他们处在人生起步阶段，如何迈好步、走对路是人生的关键环节，是一大重要课题，做好这一课题就夯实了健康成长和顺利成才的基石。对家庭而言，子女的人生走向、进展是家中一大议题，事关家庭的和谐与稳定，他们如若能够全面、协调、可持续发展，则有益于家庭良性发展。对社会来说，青少年是期望所寄、未来所系，把他们引入正确轨道而一路前行，才能真正培养出社会主义事业的建设者和接班人。

青少年思想道德教育全面、协调、可持续发展意义深刻。青少年的全面发展要依托于全面的教育，教育内容的丰富性、教育者的全员性、教育过程的完整性、教育环节的缜密性都是必然的要旨。“德育为先”则要求重在对青少年进行思想道德教育，这是青少年全面发展的前提和保障。青少年思想道德教育，总体上目标明确高远、内容全面具体、方法综合多变，占领主阵地、畅通主渠道，着力于大中小学“思政课”一体化建设，实现“课程思政”与“思政课程”同向同行同力，产生协同育人效应，是对“全面、协调、可持续发展”的诠释。而在对青少年“全面、协调、可持续发展”的要求上，教育“中小学生要立志成才，必须勤奋学习、提高综合素质，努力做到修身立德、志存高远，勤学上进、追求卓越，强健体魄、健康身心，锤炼意志、砥砺坚韧”[①]。

（三）新时代青少年思想道德教育的基本遵循

习近平新时代中国特色社会主义思想，是当代中国的马克思主

① 《习近平在北京市八一学校考察时强调　全面贯彻落实党的教育方针　努力把我国基础教育越办越好》，《人民日报》2016年9月10日。

义，是马克思主义中国化的最新成果，在治国理政实践中，提出了与中国实际相结合的路线和策略。系统的理论体系，为青少年思想道德教育提供了指导。

1. 加强党对青少年思想道德教育的领导

切实加强和改进党的领导，是做好青少年思想道德教育的根本保证。中国共产党自成立之日起，便高度重视对青少年的思想政治与道德引领，号召其勇立时代潮头、秉承民族责任，以坚定的理想信念、过硬的道德品质、崇高的人格境界，矢志不移听党话、跟党走。基于新时代、新任务、新使命，习近平总书记反复强调，青少年是党和国家事业的生力军，全党要高度关注、关心和关爱青年，“做青年朋友的知心人、青年工作的热心人、青年群众的引路人。”[①]在以习近平同志为核心的党中央坚强领导与正确部署下，新时代青少年思想道德教育不断获得新发展、取得新成就。

（1）明确正确的政治方向

习近平总书记强调，必须把坚持党的绝对领导与坚定的政治方向作为青少年思想道德教育的最高遵循，将党的教育方针贯彻到青少年工作的各方面，落实到青少年成长全过程。应及时跟进国内外意识形态斗争的新情况，强化党的宣传舆论工作，用党的先进思想、科学理论武装青少年，用党的人民情怀、崇高价值感染青少年，增强党在青少年群体中的领导力、号召力与吸引力，为青少年树立政治理想信念、培育思想道德品质举旗定向。

---

① 中共中央文献研究室编：《习近平关于青少年和共青团工作论述摘编》，中央文献出版社 2017 年版，第 108 页。

（2）**强化马克思主义理论引领**

习近平总书记指出："要坚持不懈传播马克思主义科学理论，抓好马克思主义理论教育，为学生一生成长奠定科学的思想基础。"[①] 马克思主义理论是青少年思想道德教育的理论根基，是青少年树立正确思想观念与价值取向的学理前提；马克思主义理论教育则是青少年思想道德教育的重中之重，发挥着引擎作用。要不断加强并优化对青少年的马克思主义理论教育，使其形成对科学理论的理性认知、情感认同，并在意识形态斗争日益激烈的当前，能够以实际行动捍卫马克思主义在我国各项事业发展中的根本指导地位，增强理论自信与行动自觉。

（3）**落实各级党委领导责任制**

习近平总书记强调："思想政治工作是学校各项工作的生命线，各级党委、各级教育主管部门、学校党组织都必须紧紧抓在手上。"[②] 各级党委、党组织应充分把握新时代青少年群体的新变化、新特点与新需求，总结以往在青少年思想道德教育中的优势与不足、经验与规律，关心并协助青少年解决思想与行为中的实际问题，促进其在学习、生活和事业上取得长足进步，为其全面发展、建功立业营造良好环境；各级党委、党组织应围绕青少年思想道德教育的课程设置与改革、教材编订与修改、学科与师资队伍建设、人才选拔与培养、教育理念及内容方法改革创新等多个方面，集聚各方优势资源，全力推动政策落实；加强党对共青团、学生社团、青少年志愿服务组织等的领导，优化党建、团建工作，严把党员、团员数量关与质量关，尤其注重其政治意识、理想信念与道德素质水平，发挥党员、团员与少先队

---

① 《习近平谈治国理政》第二卷，外文出版社 2017 年版，第 377 页。

② 《习近平在全国教育大会上强调　坚持中国特色社会主义教育发展道路　培养德智体美劳全面发展的社会主义建设者和接班人》，《人民日报》2018 年 9 月 11 日。

员在青少年中的示范作用。通过切实加强党对青少年工作的主体责任，为青少年思想道德教育保驾护航。

2. 高度重视青少年思想道德教育

习近平总书记指出："代表广大青年，赢得广大青年，依靠广大青年，是我们党不断从胜利走向胜利的重要保证。"[①] 青少年思想道德教育作为党的事业的有机组成部分，在立德铸魂、为党育人、为国育才上发挥着至关重要的作用，是党做好青年工作的关键抓手。切实加强和改进青少年思想道德教育，充分培养青少年、引领青少年、发动青少年是中国共产党一以贯之的光荣传统，更是特色优势。以习近平同志为核心的党中央基于新的时代方位，以更为坚决的态度、更为积极的姿态、更为开放的思路，把推进青少年思想道德教育创新发展置于更为突出的位置。

（1）**青少年思想道德教育意义重大**

一方面，青少年思想道德教育事关青少年自身的全面发展。"人无德不立"，思想道德品质在个体人格素质系统中居于首位，是青少年成长成才的灵魂与核心，决定其人生发展的广度、深度、厚度和高度。强化青少年思想道德教育，是促进青少年全面发展不可或缺的关键工程。另一方面，青少年思想道德教育助力中国梦顺利实现。习近平总书记强调：国家的未来属于青少年，"做好关心下一代工作，关系中华民族伟大复兴。"[②] 青少年思想道德教育，旨在引领青少年树

① 中共中央文献研究室编：《习近平关于青少年和共青团工作论述摘编》，中央文献出版社 2017 年版，第 3 页。

② 中共中央文献研究室编：《习近平关于青少年和共青团工作论述摘编》，中央文献出版社 2017 年版，第 6 页。

立集体主义、社会主义与爱国主义情怀，培植对人民的深厚情感、对社会的积极责任，养成良好的社会公德、职业道德、家庭美德、个人品德（简称“四德”）意识，以青春之我、奋斗之我，为实现中国梦添砖加瓦。最后，青少年思想道德教育促进全民族精神文明境界提升。习近平总书记指出，“一个民族的文明素养很大程度上体现在青年一代的道德水准和精神风貌上”①，青少年是继承发扬中国价值与中国精神的生力军，青少年思想道德教育则是赓续传承中华文明的实践桥梁与载体依托。为此，要引导青少年将锤炼自身高尚品德同提升全民族思想道德素质统一起来，以切实有效的思想道德教育作为培植民族文化自信的重要抓手。

(2) 多方合力助推青少年思想道德教育发展

习近平总书记强调，“思想政治工作决不是单纯一条线的工作，而应该是全方位的，无处不在、无时不在的，融入式、嵌入式、渗入式的，不能搞成两张皮”②，合力构建“三全育人”格局，家庭、学校、社会都要重视青少年思想道德教育，形成多方协同，产生联动效应。从社会公德、职业道德、家庭美德与个人品德培育多点着力，推动青少年思想道德素质的结构优化与全面发展。其中，学校是集中开展青少年思想道德教育的主阵地，要将课程教育教学同校园精神文明创建、学生社团活动以及学校环境建设等有机结合，实现理论学习、实践育人与日常管理相统一，激发青少年积极性，使其在耳濡目染中接受思想道德洗礼；家庭是青少年成长发展的第一课堂，在青少年良好习惯与品德养成中扮演基础性角色，家长要“重言传、重身教，教

---

① 《习近平谈治国理政》第一卷，外文出版社 2018 年版，第 52 页。

② 习近平：《论坚持党对一切工作的领导》，中央文献出版社 2019 年版，第 279 页。

知识、育品德，身体力行、耳濡目染，帮助孩子扣好人生的第一粒扣子，迈好人生的第一个台阶”①，通过打造良好家教家风，孕育青少年美好心灵，养成健全人格，立志成为党和国家的有用之才；社会为青少年思想道德教育提供多维场地与丰富素材，广泛调动社会资源，借助合宜的文化场所、实践基地与社会组织，最大限度为青少年思想道德教育提供丰富产品、优质服务与活动支持，在风清气正、健康向上的社会环境中，使青少年心灵得以滋养浸润。最终青少年思想道德教育要立足于自我教育，学校、家庭、社会共同激发青少年品德修为的内生动力，教育他们从自我做起，从点滴小事做起，“学会劳动、学会勤俭，学会感恩、学会助人，学会谦让、学会宽容，学会自省、学会自律”②，彰显高度的道德自觉。

3. 明确青少年思想道德教育的核心内容

习近平总书记立足高远站位，应承新时代党和国家对青少年思想道德素质提出的客观要求，回应青少年全面发展的内生需要，并结合时代发展的鲜明特征，对青少年思想道德教育的核心内容进行了新补充、新部署与新规划，为时代新人的培育指明了正确思路。

（1）中国梦教育

奋力实现中国梦是青年运动的时代主题，也是新时代青少年思想道德教育的崭新命题。习近平总书记在多个场合寄语青少年，生逢其时也重任在肩，要为实现国家富强、民族振兴、人民幸福的美好梦想而矢志

① 中共中央文献研究室编：《习近平关于青少年和共青团工作论述摘编》，中央文献出版社 2017 年版，第 40 页。

② 中共中央文献研究室编：《习近平关于青少年和共青团工作论述摘编》，中央文献出版社 2017 年版，第 27 页。

前行。青少年中国梦教育，一要侧重理论阐发，向广大青少年“讲清楚实现中华民族伟大复兴是中华民族近代以来最伟大的梦想，需要一代又一代人接续奋斗；讲清楚中国梦是国家的梦、民族的梦，也是每个中国人的梦”[①]，在巩固思想基础、广泛凝聚共识的基础上，强化青少年与时代同向同行的历史使命感与责任担当感，培植其奋力实现中国梦的主人翁意识。二要做到多维结合，将中国梦同理想信念教育、社会主义核心价值观教育融会贯通，为青少年实现中国梦提供精神支撑。将中国梦同爱国奋斗精神教育、劳动教育深度嵌入，为青少年实现中国梦提供实践平台。中国梦既是未来的，更是当下的，具有现实可行性，要教育引导青少年“树立起辛勤劳动、诚实劳动、创造性劳动的观念，不要养成贪吃懒做、好逸恶劳、游手好闲、投机取巧、坐享其成等错误观念”[②]，在一代又一代青少年前赴后继、艰苦奋斗、接续奋斗、永久奋斗中，埋头务实的点滴实践中，用智慧和勤劳创造美好未来。

（2）理想信念教育

坚定的理想信念是精神之钙，在人的思想道德体系中处于核心和灵魂地位，是引领青少年砥砺前行的方向标、驱动力。在世界百年未有之大变局的背景下，全球意识形态领域斗争呈现艰巨性、复杂性、长期性特征，价值观渗透更为隐蔽，西方敌对势力伺机加紧对我国民众尤其是青少年进行煽动、分化，对其理想信念构成侵袭，致使部分青少年出现思想滑坡、意志动摇、精神低迷等问题，对共产主义伟大目标与中国特色社会主义建设事业信心缺失、干劲不足，严重威胁青

① 中共中央文献研究室编：《习近平关于青少年和共青团工作论述摘编》，中央文献出版社 2017 年版，第 18 页。

② 中共中央文献研究室编：《习近平关于青少年和共青团工作论述摘编》，中央文献出版社 2017 年版，第 23 页。

少年全面发展与国家长治久安。对此，习近平总书记强调，要将理想信念教育作为青少年思想道德教育的“制高点”与“首要任务”。强化教育灌输，增强理论认同，引导青少年深入学习马克思主义基本理论、毛泽东思想与中国特色社会主义理论体系，厚实理论基础，将坚定的理想信念建立在科学认知之上；增强历史自觉，形成规律性认识，从社会主义理论与实践发展之中，从党带领人民探索中国特色社会主义伟大征程中，深化对人类社会发展逻辑与中国特色社会主义历史必然性的理解，从而树立为共产主义与中国特色社会主义事业而奋斗的恢宏理想、坚定信念、强大信心。有了这样的核心驱动力，才能投身实践锻造，淬炼过硬品质。为此，要引领青少年树立远大理想，在逐梦途中自强不息、谦逊务实，耐得住寂寞、抵得住诱惑、经得起检验。

（3）社会主义核心价值观教育

习近平总书记指出，社会主义核心价值观的本质就是一种德，“既是个人的德，也是一种大德，就是国家的德、社会的德。国无德不兴，人无德不立”①。社会主义核心价值观作为全体中国民众的共同价值追求，从立体层面集中展现了中国人民对美好未来的理解与憧憬，为中华儿女奋斗前行提供方向指引与精神支撑。习近平总书记将培育和践行社会主义核心价值观视作青少年思想道德教育的重要内容，多次把社会主义核心价值观形象比喻为“空气”和人生“第一粒扣子”，强调培育和践行社会主义核心价值观对青少年成长成才和国家前途命运至关重要。在教育目标与内容层面，引导青少年形成对社

① 中共中央文献研究室编：《十八大以来重要文献选编》（中），中央文献出版社 2016 年版，第 3 页。

会主义核心价值观的正确认知与全面理解，教会他们明白“什么是真善美，什么是假恶丑，什么是值得肯定和赞扬的，什么是必须反对和否定的”，自觉将社会主义核心价值观作为青少年道德判断与道德选择的根本标尺，在文化碰撞与利益冲突中保持清醒、定力的价值支撑。在原则、理路层面，强调对青少年的社会主义核心价值观教育要从小抓起，实现大中小学有机衔接，将其内容深度融入青少年学生教育教学与日常管理全过程；彰显阶段性、层次性、针对性特点，密切结合青少年实际，做到“记住要求、心有榜样、从小做起、接受帮助”①。在方法层面，通过强化教育引导、舆论宣传、文化熏陶、实践养成、制度保障，推动社会主义核心价值观入脑入心，使之成为青少年深切的情感依托，进而转化为一以贯之的良好行为习惯。

三、青少年思想道德教育的原则

青少年思想道德教育，在科学理论指导的同时还必须遵循和坚持继承与创新相结合、教育与管理相结合、理论与实践相结合的原则，坚持不懈地将之进行到底。

（一）继承与创新相结合的原则

青少年思想道德教育既要坚持继承中华民族优良道德传统，借鉴

① 中共中央文献研究室编：《习近平关于青少年和共青团工作论述摘编》，中央文献出版社 2017 年版，第 30 页。

世界各国青少年道德建设的先进经验，又要反映青少年新时代思想道德特点、体现时代精神。

坚持这一原则就要汲取传统道德体系中科学的有价值的成分。马克思主义认为，无产阶级对历史上优秀的道德遗产要批判地继承。中华民族有着悠久的文化历史，有着博大精深的优良道德传统。其中有着许多合理、进步的道德内容，值得我们继承和发扬。如在道德修养上，中国古代强调修身、齐家、治国、平天下，注重以德治国，认为“为政以德，譬如北辰，居其所而众星共之”①，“其身正，不令而行；其身不正，虽令不从”②；在人与人之间关系的处理上，传统道德注重修炼仁爱之心，因为“唯仁者能好人，能恶人”③。主张“仁者安仁，知者利仁”④，强调人与人之间要相互爱护、相互友好。阐释有道德修养的人总是时时处处关心、体谅、爱护、帮助他人，“仁”也会在惠及他人的同时最终惠及自我。在处理个人与国家的关系上，传统道德主张先天下之忧而忧、后天下之乐而乐，国而忘家、公而忘私，强调以国家民族利益为重，必要时不惜牺牲个人的利益而维护国家的利益。在人与自然关系协调上强调应该“生而不有，为而不恃，长而不宰”⑤，即世上万物不要据为己有，也不认为是自己的功劳，更不要去主宰它们。这些道德观念都是有益于国家、有益于社会、有益于大众的，也是有益于个人的。同时，古人所说的知耻、自律、改过、责己及贵和等等，诸多优秀道德遗产虽然存在着历史的局限性，但只要

---

① 齐冲天、齐小乎注译：《论语》，中州古籍出版社 2008 年版，第 44 页。
② 齐冲天、齐小乎注译：《论语》，中州古籍出版社 2008 年版，第 194 页。
③ 齐冲天、齐小乎注译：《论语》，中州古籍出版社 2008 年版，第 71 页。
④ 齐冲天、齐小乎注译：《论语》，中州古籍出版社 2008 年版，第 70 页。
⑤ 陈鼓应注释：《老子今注今译》，商务印书馆 2003 年版，第 108 页。

不食古不化，仍然值得我们总结、借鉴、继承。在青少年思想道德教育中，应该予以充分地重视，科学汲取。思想道德教育不能没有历史的继承，中华优秀传统道德和马克思主义道德理论是思想道德教育理论渊源中的一个重要内容。当然也应该清醒地认识到，我国的传统道德是以几千年来小农经济和封建专制为基础而形成的，它必然带有时代的烙印，其内容要求与社会主义现代化生活，与建设中国特色社会主义新要求是不完全相适应的，与新时代青少年的价值取向也不尽一致，对此必须扬弃。

坚持这一原则，还需特别注重继承并发扬中国共产党在长期革命斗争、建设与改革实践中所形成的光荣传统和伟大精神，勤俭节约、艰苦奋斗，毫不利己、专门利人，无私奉献、全心全意为人民服务等，都是建构青少年思想道德规范的宝贵精神财富。

坚持这一原则还应该大胆借鉴和吸收西方国家青少年思想道德教育的先进成果。例如，美国力图将青少年培养成为具有爱国精神、守法精神、健全人格，对国家有用、让人满意的社会大家庭中的一员，成为积极进取的公民。英国则强调让大学生了解个人、社区、国家及世界间的相互关系以及全部生活领域中的道德意义。法国则宣称德育是致力于使人成为法律的自由人，这是它的道德建设的目标。[①] 在经济、文化全球贯通的背景下，我国教育面临各种挑战，在青少年思想道德教育中这种跨越空间的学习和汲取，显得更为重要。

坚持这一原则，要在教育具体环节中不断创新。思想道德是一定社会、一定时代的产物，其内容反映当时社会经济生活的客观要

① 陈炳水:《道德立法：社会转型期道德建设的法律保障》，中国人民大学复印资料《伦理学》2001 年第 8 期。

求，并随着时代更迭而发生变化。今天青少年已置身于开放的环境下，他们的社会生活领域不断扩大，人际交往日益频繁复杂，交往方式日趋新奇多样，因而这一社会特殊群体的思想道德内容和要求必然会随之发展和创新。新时代的青少年思想道德教育，既要包含和继承过去行之有效的约定俗成的内容和方式，这是创新的基础和条件；又要创造和概括出为现实所需要的明确的思想道德要求，识时达务，这是它的生命力所在。譬如，当青少年还不知道互联网为何物时，没有上网的习惯和嗜好，当然也就没有必要对网络环境净化和对学生网络道德的规定，没有网络意识形态安全的新问题，亦没有网络素养培育的必要。但随着网络的发展和上网的盛行，人们对网络利弊了解得更加全面，尤其是对网络中不健康的、污秽的内容对自身发展危害的认识逐步加深，禁止青少年无节制地上网以及禁止网络中不健康的、污秽的东西，坚守网络主阵地，确保意识形态安全等网络思想道德规定应运而生。这无疑是青少年思想道德教育的创新，也是进步与发展的标识。没有继承的创新只会是空中楼阁，而缺乏创新的继承只会是沿袭。青少年思想道德教育要将继承与创新有机地结合起来，在继承的过程中不断创新，与时俱进。

（二）教育与管理相结合的原则

青少年思想道德教育就是要坚持思想道德教育与学校管理相结合，将之融入科学有效的管理之中，使教育与管理相得益彰。学校应当讲究价值追求和文化品位，其精神和文化品位是一种历史沉淀，核心是健全人格培育。青少年思想道德教育旨在培养和塑造他们的健全人格，必须寻求一种切实可行的有效途径，坚持和遵循这一原则就要注重对青少年的教育和引导。教育是学校的出发点和落脚点，也是学校履行社会责任的主要手段，通过全面系统的教育，让青少年充分认识思想道德对个人成长和成才的作用与导向，弄清新时代青少年在日常学习、生活中应该遵循什么样的思想体系和道德规范，在现实冲突中分清是非，把握方向，做一个有思想、有情怀、有道德的人。教育是重要的，但不是万能的。学校在对青少年进行必要的思想道德教育的同时，还要建立和完善相应制度，使思想要求和道德规范常态化、制度化、法规化，只有在体制机制健全完善的条件下，思想要求、道德规范才能充分发挥其调整和维系青少年新型社会关系的特殊作用，才能有效地促进他们内化于心、外化于行。思想道德的内化，总是要经过一个由他律到自律的过程，逐步把基本要求融于有关制度和法规之中，把青少年思想道德教育融入学校科学有效的管理，用法规制度保护健康守正的思想、美好高尚的道德，纠正或惩处悖逆思想、不道德行为，无疑是在新时代强化他律、促进自律的重要环节。

坚持这一原则，还要建立青少年思想道德科学评价体系。思想道德评价是指生活在一定社会环境中的人们，依据一定社会的思想要求、道德准则，通过社会舆论或个人心理活动对自身或他人已经发生的行为所作的价值判断，在人们的社会生活中起着价值导向的作用。建立青少年思想道德科学评价体系，旨在对他们的行为发挥显现的规范与导向作用，特别是在当前新旧利益调整引发的新旧观念冲突，各种思想文化交织激荡，青少年思想错综复杂，正确与错误、好与坏、是与非、善与恶评价标准模棱两可的情况下，这种作用就更为显著。学校迫切需要通过思想道德评价来帮助青少年认清应该坚持什么、赞成什么、反对什么、提倡什么、谴责什么、允许什么、禁止什么等。通过各种方式和途径的宣传，形成以有正确思想、讲道德规范为荣，以不讲原则、不讲道德为耻的扶正祛邪的强大的舆论氛围，使身体力行、释放正能量的人受到舆论的大力肯定和褒扬，而偏离规范甚至是违反政治原则的人受到批评和惩处，将青少年思想道德教育落到实处并推向深入。

当然，社会或社区、家庭对青少年也须坚持教育与管理相结合的原则，搭建和织密教育网络，形成强有力的教育合力，共同完结青少年思想道德教育之使命，促进他们健康成长、顺利成才。

（三）理论与实践相结合的原则

青少年思想道德教育，首要的是提高他们的思想道德认知并加以内化以及外化践行。任何人的思想认识都需要在一定理论的指导下，接受社会的影响，汲取外在环境营养，进行自我消化而最终形成。青少年思想道德素质是在他们实践活动的基础上，通过教育引导，激起他们自身内部思想矛盾斗争的形成、变化和发展，进而实现质的提升。新时代青少年思想道德教育，就要在正确理论指导下加强实践环节。坚持这一原则，就要有组织、有计划、有针对性地对青少年进行思想道德理论学习方面的教育、引导、规范，营造一种学习理论、充实思想的浓厚氛围，使之成为青少年的发展需要，激励其自觉主动学习马克思列宁主义、毛泽东思想、邓小平理论、“三个代表”重要思想、科学发展观和习近平新时代中国特色社会主义思想，以先进理论武装头脑，指导行为，促进思想道德思维的养成，逐步形成正确的“三观”，养成良好的思想道德素质。

理论在没有转化为行为习惯以前，并不能成为衡量思想意识和道德水平高低的标志。由知到行的转化只有形成习惯，并且与社会要求相一致，才表明一个人的思想定力、道德水准已经达到“从心所欲，不逾矩”的境界。理论对于构成任何一种完整的思想道德来说，都是不可缺少的认知基础。坚持这一原则，就要积极主动地引导青少年夯实理论根基，自觉自愿投身于实践。实践既是青少年认识自我、了解社会的方式，也是他们思想道德素质形成的平台与环节。依托于此，思想道德素质在青少年自身内部矛盾的推动下变化和发展。如果积极因素在他们身上占主导地位，他们的品质则会积极向上，否则就会背道而驰。青少年思想道德教育，就应该把力量放在促使他们内部思想品德方面的矛盾向积极方面转化。就学校教育而言，以“思政课”为主渠道，向他们灌输科学理论，赋予其科学理论指导，更重要的是引导他们积极投身社会实践，指导他们在实践中认识自然、社会、他人，认识并处理人与自我、人与自然、人与人、人与社会之间的各种关系，了解各种思想观点、道德准则，在相互激荡中剔除与选择，形成自己的立场、观点，提升道德品质，反过来又在实践中对思想道德素质进行检验，以一定标准区分高低良莠。离开理论指导进行青少年思想道德教育，就会偏离正确的方向和轨道。离开实践这个环节去研究和实施思想道德教育，去追求思想道德素质的形成，只能是纸上谈兵。因此必须坚持理论和实践相结合的原则，既要“论道”又要“行道”。

四、青少年思想道德教育的意义

青少年是祖国的未来、民族的希望，是中国立于世界民族之林的新兴力量。青少年身心健康并能顺利成长成才，事关国脉兴旺、国富民强与家庭和谐幸福，更事关个人的全面发展。信息时代各种思潮粉墨登场，把关注点、目标锁定青少年，直击青少年。因为青少年正处于思想多变阶段，再加上新时代国际国内大环境正在发生深刻而复杂的变化，各种社会现象纷繁复杂，他们的抵御能力和价值判断能力相对较弱，极易广受影响而迷茫。加强青少年的思想道德教育，帮助其树立正确的“三观”，促使其进行高尚的道德品质和坚定的政治素养锻炼，培养新一代“四有”新人，致力于社会主义现代化强国建设，具有极其重要的意义和价值，具体表现在对社会、家庭和个人三个层面。

（一）青少年思想道德教育的社会意义显而易见

首先是提升全民素质，构筑精神家园的需要。提升全民素质既是党对于理想社会孜孜不倦的追求，也是社会发展的目标和方向。党的十八大提出“两个一百年”奋斗目标，其中第一个百年奋斗目标已顺利实现，而第二个百年奋斗目标是到新中国成立100周年时，把我国建设成为富强民主文明和谐美丽的社会主义现代化强国，真正实现人与自然、人与社会、人与人安定有序、和谐共处的社会。青少年是实现这一目标的剧作者，也是剧中人。实现这一目标最重要的因素是人，历史是依靠不懈向上追求自己的理想的人书写的，而青少年是书写华章的中坚力量，他们的思想道德素质直接关系如何书写以及写成什么样的历史。青少年思想处在多变易变的阶段，他们的“三观”正处在形成和发展时期，也是良好道德品质形成的重要阶段，在这一阶段加强有效的引导和教育，能够提升青少年的思想道德素质，对新时代实现中华民族伟大复兴的中国梦具有实质性的意义。新时代是知识和信息高速发展变化的时代，青少年面临的国内外环境复杂多变，所面对的影响和冲击也是空前的，因此，他们中出现思想偏激、精神空虚、行为失范、道德责任感缺失等不良现象，直接制约他们的健康成长和顺利成才。对于作为国家未来和希望的青少年，何以使其呈现良好的精神面貌、积极进取的心态、高尚的道德品质，是我国目前亟待解决的现实问题。青少年思想道德教育的重要责任和目标任务在于改善青少年思想道德现状，提升整体素质，这不仅有利于个体素质的发展、人格品质的完善，更重要的是为祖国未来的繁荣发展、为社会主义现代化建设提供高素质的人才支撑和人力资源保障。因此，这是时代变迁、改革发展之课题，现实社会之需要。

其次是掌握意识形态主导权，增强国家软实力的现实需要。新时代所要求的大思维、大格局、大数据，给人类带来机遇的同时也提出了更加多样的挑战。就国内环境而言，我国正处于经济社会转型时期改革发展的攻坚阶段，经济快速发展和变革，对社会和个体的影响前所未有。就国外环境来看，西方霸权和强权政治正试图通过意识形态领域影响和侵蚀青少年的思想道德意识，世界范围内的各种思想文化和意识形态领域的激荡和斗争越来越强烈，如何在激烈竞争的思想领域斗争中，掌控意识形态主导权，是我国面临的挑战。国家之间的竞争是综合国力的竞争，是人才的竞争，是文化软实力的竞争，归根到底是人才的竞争，提升人才竞争力的核心便是聚焦于青少年思想道德素质的培育和养成。

2016 年 5 月，习近平总书记在全国哲学社会科学工作座谈会上的讲话中，基于“问题意识”，提出哲学社会科学研究面对的重大问题及解决的方案。“推动中华文明创造性转化、创新性发展，激活其生命力，让中华文明同各国人民创造的多彩文明一道，为人类提供正确精神指引。要围绕我国和世界发展面临的重大问题，着力提出能够体现中国立场、中国智慧、中国价值的理念、主张、方案。”① 青少年思想道德教育，要有明确的“问题意识”和“问题导向”，既要从青少年自身的思想特点出发，更要正确认识和深入把握中国特色和国际现状，帮助他们从复杂的国际竞争中认识时代责任和历史使命，提升思想道德素质和能力，使中国新一代以更加崇高的理想、更加饱满的热情、更加坚实的品质和健全的人格屹立于世界民族之林，是提升民族自豪感和自信心，掌握意识形态主导权，增强国家软实力的现实要求。

再次是健全青少年人格品质，促进全面发展的目标要求。习近平总书记非常关心青少年一代的教育和培养，关心青少年的成长和发展，要求广大党员、干部发挥模范带头作用，为青少年树立榜样，为青少年的思想道德建设提供有力的示范、引导作用。习近平总书记指出:“做好关心下一代工作，关系中华民族伟大复兴。……着力加强青少年思想道德建设，引导青少年树立和践行社会主义核心价值观，支持和帮助青少年成长成才，团结教育广大青少年听党话、跟党走。”② 青少年的思想道德教育，关系到青少年自身人格的完善、个人素质的全面发展，关系到中华民族的伟大复兴。

青少年正处于学习旺盛期、思维活跃期，他们的思维敏锐，对社会关注度强，对一些新生事物容易产生好奇心理，求新求异心切，易于接受新鲜事物，但分辨是非、善恶、美丑的能力还有所欠缺，对社会上的一些消极现象抵制力相对较弱。青少年的年龄特点和思想特

① 《习近平谈治国理政》第二卷，外文出版社 2017 年版，第 340 页。

② 《习近平就做好关心下一代工作作出重要指示强调　坚持服务青少年的正确方向　推动关心下一代事业更好发展》,《人民日报》2015 年 8 月 26 日。

点，决定他们的思想道德教育的现实性、必然性、必要性。青少年思想道德现状及教育现状也存在一些突出的矛盾和问题，社会对青少年的道德要求和青少年已有的道德水平之间还存在较大的矛盾与差距。提升青少年的思想道德素质，促进青少年全面发展，激励他们为建设中国特色社会主义现代化强国，最终实现共产主义而奋斗，现实而急迫。建立以青少年的素质全面发展为根本价值目标的全面育人观，是思想道德教育的根本目标。人的全面发展既是共产主义的理想目标，也是社会主义的本质要求。青少年思想道德教育，旨在通过教育引导青少年树立正确的“三观”、远大的理想，坚定共产主义信念，形成高尚的道德品质，健全他们的人格品质，促进各方面能力和素质的发展。青少年各方面素质的提升，人格个性的自由全面发展，也是促进社会发展和保证社会主义现代化建设的先决条件和内在基础。因此，青少年思想道德教育是以人为本的教育，是以青少年的素质发展为目标和方向的教育，对于他们形成良好的道德品质和健全的人格，对于社会的全面进步与发展，都具有十分重要的意义。

最后是提升青少年综合素质，壮大中国梦的精神支撑之需。无论是“雄关漫道真如铁”的过去，还是“人间正道是沧桑”的今天，抑或是“长风破浪会有时”的明天，中华民族始终有着民族复兴的梦想。中国梦既是国家的梦，也是人民的梦，是每个炎黄子孙的梦。个人依附国家而生存和发展，而每个个体的全面发展是一切人的全面发展的条件，因此个人和国家的命运是紧密相连的，国富则民强，个人的努力也为国家的发展增添一分动力。青少年是未来社会的建设者和中流砥柱，承担着中华民族伟大复兴的神圣使命，他们的思想境界、道德素养、能力品行如何，意味着能否成为推动社会发展的坚实力量。青少年一代理所当然是中华民族伟大复兴的中国梦的践行者，历史和现实都告诉我们："中国梦是历史的、现实的，也是未来的；是我们这一代的，更是青年一代的。中华民族伟大复兴的中国梦终将在一代代青年的接力奋斗中变为现实。"①

依据党中央的部署，到中国共产党成立100周年时要全面建成小康社会，到新中国成立100周年时要建成富强民主文明和谐美丽的社会主义现代化强国，"两个一百年"奋斗目标的实现主体是青少年，实现的前提和条件是青少年自身的综合素质和水平、能力和素养。时代和社会的发展，要求青少年勇于肩负起时代赋予的重任，把理想信念建立在对科学理论的理性认同上，建立在对历史规律的正确认识上，培育和践行社会主义核心价值观，始终持有积极的人生态度、拥有良好的道德品质、具备健康的生活情趣。坚定的政治方向、良好的道德品质、健全的身心素养是实现中国梦的关键。加强青少年思想道德教育，提升青少年思想道德素质，促进他们全面发展，从而成为促进人类社会发展，实现振兴中华、民族复兴、人民幸福以及社会和谐安康的伟大中国梦的精神支撑。

（二）青少年思想道德教育的家庭意义不言而喻

一是提升家庭幸福感的现实需要。幸福感是指人类基于自身的满足感与安全感而产生的一系列欣喜与愉悦的情绪。良好的家风、和谐的家庭氛围，是提升家庭每个成员的幸福感和家庭整体幸福感的重要因素。新时代的青少年生活在阳光里，沐浴在春风下，他们大多家庭条件优越，从小娇惯，缺少吃苦耐劳的精神，有些很少体

① 《习近平谈治国理政》第三卷，外文出版社2020年版，第54—55页。

谅父母，不懂得父母的艰辛，只是一味地索取，叛逆性较强，以自我为中心。父母因为溺爱孩子，缺少教育和引导，在这样的家庭氛围下，父母和子女之间无法有效地沟通和交流，家庭成员之间就很难形成关爱和谐的亲情关系，甚至出现极端行为表现，更难实现家庭幸福、社会和谐。

“中华民族传统家庭美德，铭记在中国人的心灵中，融入中国人的血脉中，是支撑中华民族生生不息、薪火相传的重要精神力量，是家庭文明建设的宝贵精神财富。”① 加强青少年思想道德教育，必将对青少年及其家庭带来积极作用，因而家庭不可缺位，教育青少年懂得感恩，懂得体谅父母的艰辛，懂得对家人谦虚礼让，懂得尊老爱幼、男女平等、家庭和睦、节俭持家、邻里团结。借力教育，使青少年学会从自我做起，去关心父母，关爱家人，孝顺父母。只有基于此，才能形成良性有爱的家庭氛围，才能构建良性互助的家庭环境，才能使家庭成员体验到幸福和快乐，体会到关爱和关心，使父母和子女在互相给予中感受彼此的爱，感受积极、幸福的力量。家庭是社会的单元，以家庭为载体的个人的幸福是社会和谐幸福的元素。加强青少年思想道德教育，培养青少年敬父母、懂感恩、尽孝道的家庭美德，形成良好的家风，是家庭和谐、人生幸福的有力保障，是人生终极追求的美好境界，也是实现社会和谐之根基。因此，新时代加强青少年思想道德教育，不仅仅是社会发展的现实需要，也是提升家庭幸福感、建设和谐家庭的重要意旨。

二是提升家庭整体素质的价值要义。习近平总书记指出，“家风好，就能家道兴盛、和顺美满；家风差，难免殃及子孙、贻害社会”，

---

① 《习近平谈治国理政》第二卷，外文出版社 2017 年版，第 353 页。

"广大家庭都要重言传、重身教，教知识、育品德，身体力行、耳濡目染，帮助孩子扣好人生的第一粒扣子，迈好人生的第一个台阶。"①精辟的阐释，指明了家教在青少年成长中的重要作用，揭示了其对家庭成员之间的代际良性影响以及对整个社会的意义。

对青少年的思想道德教育是一项事关民族道德素质水平的重要系统工程，其中，家庭教育居于至关重要的地位。家庭教育好，家庭成员整体素质就高，子女教育得好，延伸于外，社会整体风气才好。但家庭教育并不是孤立的，它应和学校教育、社会教育形成一个完整的教育体系。借助社会、学校、家庭三位一体的教育网络，提升青少年的整体素质，完善青少年个体人格，促进家庭关系的亲和，提升家庭成员的整体思想道德素质，使家风家教良性循环。

一个人的道德水平，受现实环境等多重因素影响，其中重要的是微观环境。家庭教育是青少年的"内圈"，家庭成员的素质也受每个个体素质的影响和熏陶。青少年思想道德素质的水平和现状直接反映其家庭成员的素质，他们之间互相影响、相辅相成。在良好的家庭氛围中，家庭成员相互濡染，整体思想道德素质得到提升和促进；反之，则家庭成员的整体素质降低。青少年思想道德教育，对家庭而言，事关家庭的幸福及家庭成员的整体素质的发展状况及其走向。青少年道德素质高，讲文明、懂礼貌、尊老爱幼，有着与家庭其他成员互敬互爱等良好的品行，会对家庭中的其他成员产生潜移默化的影响，对家庭成员的整体素质提升产生滚动效应，家庭氛围好，家风好，更进一步促进青少年自身和家庭其他成员的素质正向性发展。因此，加强青少年思想道德教育，有利于青少年自身素

① 《习近平谈治国理政》第二卷，外文出版社 2017 年版，第 355 页。

质的发展和家庭其他成员的素质提升耦合，从而形成良性互动的家庭成员素质联动发展。

三是弘扬家庭美德的内在需求。孝顺和感恩是中华民族传统美德的基本元素，是中国人道德品质形成的基础。所谓孝道文化，就是尊敬老人，关爱父母长辈，一般指社会要求子女对父母应尽的责任与义务，包括尊敬、关爱、赡养老人等等。新时代，青少年一代面临的现实环境和时局虽然已经发生了急剧的变化，思维方式独特，价值观念新颖，但中华民族传统美德的基本元素和根基不可或缺，这是几千年来中华文化渊源流长而积淀下来的体现民族文化底蕴的精神内质。

习近平总书记非常重视中华优秀传统文化的继承和发扬，非常注重家庭美德建设。他强调将“尊老爱幼、妻贤夫安，母慈子孝、兄友弟恭，耕读传家、勤俭持家，知书达礼、遵纪守法，家和万事兴等”[①]这些中华民族传统家庭美德，作为家庭文明建设的宝贵精神财富，将家庭美德建设上升到前所未有的高度。青少年思想道德教育之家庭美德教育，是以“尊老爱幼、男女平等、夫妻和睦、勤俭持家、邻里团结”为主要内容。家庭美德教育的意境在于传承和弘扬中华传统家庭、家教、家风中合理的内核，在于新时代背景下教育和引导青少年继承和发扬传统美德，在于教育青少年形成孝顺父母、敬重长辈、礼貌谦让，懂孝顺、懂感恩的道德情操。从家庭意义而言，为了家庭和谐幸福，中华民族的传统美德一代代传承和发扬下去，将赋予其时代内涵。这是和谐社会、和谐家庭的应有之义，也是青少年思想道德教育不可或缺的价值所在。

---

① 《习近平谈治国理政》第二卷，外文出版社 2017 年版，第 353 页。

（三）青少年思想道德教育的个体和群体意义彰明较著

其一，坚定理想信念，筑牢思想根基的现实之需。一个政党、一个国家、一个民族，只有确立了共同的理想信念，才会有强大的凝聚力和向心力。理想信念对于个人而言，是一个人的精神之钙，没有理想信念或理想信念不坚定，精神上就会“缺钙”，就会得“软骨病”。精神缺钙，则犹如没有灵魂和思想的躯壳。有的人因为理想信念的缺失，走上了违法犯罪的道路。官员的贪污腐败，商人的道德沦丧，唯利是图，见利忘义，诚信缺失，都是因为没有崇高的理想信念作为支撑，从而一再降低对自己的要求直至突破道德、法律底线，做出一些违纪违法、违背良心又害人害己的事情。

青少年是人生成长、个体道德意识、道德情感形成和发展的关键时期，思想活跃，自主意识强，渴望表达自我思想。但他们的思想意识和行为习惯还没有定型，非常容易受到外界环境的影响甚至左右。青少年的思想就像一个可以塑造的容器，可以盛装不同的内容。而装入什么，如何装入，思想道德教育不可小觑。当前，他们面临的国内外复杂形势和局面，随着经济体制的全面改革，经济全球化的全面推进，多元文化的涌入，各种社会思潮和价值观念以空前的规模和速度，多途径并进冲击。一旦腐朽、落后、不良的思想道德侵蚀青少年，植入他们的思想体系，影响乃至左右其行为习惯，那么对青少年的成长和发展将是毁灭性的灾难。青少年的思想道德教育是以马克思主义理论为指导，以理想信念教育为核心，以爱国主义教育为重点，帮助他们坚定理想信念，树立远大的理想，树立正确的“三观”，分辨各种思潮，从而以强大的思想意识和正确的价值判断抵御各种错误思潮，抵制外界不良环境的干扰。以此，可以帮助青少年从自身做起，纯正思想，守住道德的底线，抵制各种现实的诱惑，筑牢思想道德根基。可见，青少年思想道德教育对于青少年个人而言，是坚定理想信念，提升个体思想道德素养，铸造个人思想根基的现实之需。

其二，激发精神动力，形成高尚道德品质的现实之义。思想道德教育是教育者在把握教育规律和人的思想道德品质形成与发展规律的基础上，对受教育者进行思想道德教育，提高思想素质和道德品质，引导其树立正确的理想，确立共同的奋斗目标，形成强大而持久的精神动力，从而提高认识世界和改造世界的能力，在改造客观世界的同时改造主观世界。

“蜜蜂建筑蜂房的本领使人间的许多建筑师感到惭愧。但是，最蹩脚的建筑师从一开始就比最灵巧的蜜蜂高明的地方，是他在用蜂蜡建筑蜂房以前，已经在自己的头脑中把它建成了。”[①]有意识的能动的创造性思维和实践活动是人类的特性，是人区别于动物的根本标志。而人的主动性、积极性、创造性思维需要通过科学的理论武装，需要实践性思维的培植，才能形成和建立。“工人本来也不可能有社会民主主义的意识。这种意识只能从外面灌输进去”[②]，思想道德教育就在于激发人们的精神动力，使之树立理想信念，形成高尚的道德品质，从而为共产主义奋斗。这一教育应从青少年着手，并常抓不懈。

青少年的思想道德意识正处在形成和发展期，也处在由自为走向自觉的阶段，对青少年进行思想道德教育，用科学的理论武装他们的头脑，使他们掌握正确的理论，并将科学的理论变成行动的指南，从而形成高尚的道德品质，树立正确的“三观”，激发他们的精神动力，

① 《马克思恩格斯文集》第5卷，人民出版社2009年版，第208页。

② 《列宁专题文集　论无产阶级政党》，人民出版社2009年版，第76页。

激起他们学习和工作的积极性、主动性和创造性，提高他们认识世界和改造世界的能力和水平，树立为共产主义而奋斗的斗志，并付诸于日常的行为中，这是思想道德的目标要求，也是青少年自身成长成才的现实之义。

其三，健全个体人格，促进个人的全面发展的现实之维。马克思的实践唯物主义是从现实的个人出发，致力于促进人的全面而自由的发展。建立在自由个性基础上的人的全面发展贯穿马克思主义思想体系的始终，马克思、恩格斯描绘的共产主义社会是人的全面发展的社会，是每个个体能够得到全面发展的社会。

思想道德教育是以马克思主义为指导思想，最终目标是坚持人的全面发展观，促进个体的自由全面发展。按照人应有的本质，“以一种全面的方式，就是说，作为一个完整的人，占有自己的全面的本质。”① 马克思、恩格斯强调的全面发展，是人的自由个性的发展，是在自由自觉的劳动实践活动基础上的人的各方面能力和素质的发展，是针对资本主义社会的片面和畸形发展而言的，而教育是促进个体全面发展的有效手段。从实践看，教育同生产劳动相结合，“不仅是提高社会生产的一种方法，而且是造就全面发展的人的唯一方法。”② 青少年思想道德教育坚持全面发展观，实现青少年物质与精神、科技与人文、政治与道德、生理与心理、知识与能力等方面的全面发展，逐步成为“完整的人”。教育青少年丰富多方面的知识，完善各方面素质和能力，为社会的全面发展做好准备。因此，加强青少年思想道德教育，对青少年而言，是其自由全面发展的现实维度与实现路径。

① 《马克思恩格斯文集》第 1 卷，人民出版社 2009 年版，第 189 页。

② 《马克思恩格斯文集》第 9 卷，人民出版社 2009 年版，第 340 页。

第二章　新民主主义革命时期中国共产党之青少年思想道德教育

中国共产党成立之前，先进的知识分子苦苦探寻中华民族复兴之路。在艰难困苦的探求革命道路中，他们已经充分认识到青少年对于民族危亡的挽救、民族尊严的捍卫、民族沉沦的振兴所具有的积极作用和影响，以及他们在艰辛行进的国家政治、经济、思想、文化变革中的主体性力量。因而，他们十分重视对青少年的团结、引导，最大限度地激发青少年抗争的主观能动性。与此同时，作为能够快速接受新文化、新思想的青少年，迫切需要一个积极的、进步的先进组织敬仰、追随，带领自己前行。为此，先进的知识分子担当起青少年思想道德教育的重任，培养和教育青少年，经历暗无天日之时，仍负起民族振兴的责任，引领他们一步步走过崎岖之路。

五四运动之后，中国革命进入一个全新的历史阶段——新民主主义革命时期。这一时期，马克思主义在中国得以广泛传播，对中国的先进知识分子和普通民众产生了巨大影响。中国工人阶级渐次登上历史舞台，成为革命的主力军。中国革命的不断发展和工人阶级力量的不断壮大，催生了新型的无产阶级革命政党——中国共产党。中国共产党的诞生是近代中国社会经济政治发展的必然结果，是中国革命发展的客观需要，也是马克思主义同中国工人运动相结合的产物。有了中国共产党，就有了凝心聚力的组织，青少年就有了依靠。在中国共产党的领导下，广大人民群众积极投身于新民主主义革命的历史洪流中。这一漫长的历史时期，青少年一直是中国共产党关注的重要群体，十分注重激发他们尤其是以青年为主体的中坚力量。经过长期不懈的斗争，最终取得了反帝反封建的伟大胜利。

一、建党初期至国民革命时期党的青少年思想道德教育萌芽

中国共产党从筹建到成立伊始，便高度重视发挥青少年群体在革命中的作用，视他们为力量源泉。因而将对青少年的思想道德教育视作革命斗争的重要武器。对青少年的思想道德教育是一个长期过程，成为党开展革命和斗争的前提基础，在此过程中形成的理论与实践成果，总结出的弥足珍贵的基本经验，成为党带领人民群众克敌制胜的精神法宝。建党之后，党紧密围绕反帝反封建的中心任务，在广大青少年尤其是学生群体中大力开展共产主义理想信念和革命道德教育，宣传革命理论，武装头脑。

中国共产党百年青少年思想道德教育的理论与实践，是从党创建开始而逐步形成和发展起来的。党的成立不仅为中国共产党百年青少年思想道德教育奠定了组织基础，为其发展提供了群众基础，也培植了理论与实践土壤。从建党初期至国民革命时期，是党带领广大群众开展思想道德教育实践的探索时期，也是党的青少年思想

道德教育理论与实践的萌芽期。由于新生的党组织在中国革命前途与命运、道路与制度、理论与实践等方面尚未形成全面成熟的认识，政治辐射力、影响力、号召力相对薄弱，对全社会的全面掌控、引领作用发挥有限。在此期间，党紧密围绕反帝反封建的革命中心任务，围绕巩固和发展党的组织、扩大党的影响和促进马克思主义的广泛传播等具体任务，提出了民众思想道德教育的根本目标、基本原则、核心内容和方式方法，青少年思想道德教育尽在其中。聚焦青少年群体，特别是在广大青年党员干部、军队官兵、工农群众和学生中开展共产主义理想信念教育与宣传工作，紧紧围绕共产主义的远大理想信念、革命救国思想、争取人民解放意识、共产主义新道德等内容的教育，作出了积极有益的尝试。为了做实做细思想道德教育工作，党着手建立起思想道德教育宣传机构，组建专门的宣传教育工作队伍，积极实践、及时总结，初步形成了一定的理论与实践成果。为后来党的青少年思想道德教育摸索出一些经验，也为党领导的革命发展提供了精神动力。

（一）青少年思想道德教育的初步探索

这一时期，着力于理想信念教育，是党的青少年思想道德教育的抓手。理想信念是人类特有的精神现象，就其本质而言，它是人们对未来的向往和追求，是一个人的世界观和立场在奋斗目标上的集中体现，是确立人生价值取向的最高准则。在一定社会、一定阶级的道德系统中，理想信念居于最高层次，它在总体上统摄和决定整个思想道德体系的根本性质和发展方向，是其核心和灵魂，对个体、群体、社会乃至政党和国家的发展都具有重要的内驱动作用。

“革命的能力，发源于主义的信仰与群众的党的组织”①。没有理想信念教育，就不可能有主义的信仰，也就难以聚集革命内驱力。作为马克思主义政党，中国共产党自成立之日起，就把实现共产主义作为党的最高理想和最终目标，把解放几千年来被奴役受压迫的中国人民、联合世界无产阶级解放全人类作为自身的光荣使命。凭借理想信念的强大驱动和精神感召，党的群众基础、组织基础不断壮大，在自我建设中踔厉奋发、笃行不怠，带领广大群众在革命道路中砥砺前行，战胜了一个又一个困难，取得了一次又一次伟大胜利。然而，中国共产党人坚定的理想信念不是一朝一夕、一蹴而就的，而是在腥风血雨的革命历程中不断淬炼熔铸而成的。建党初期，为了实现自身的发展壮大，党面临的首要思想道德教育课题，就是用马克思主义先进理论武装广大党员、干部的头脑，还有包含关键群体之一的青少年，使其牢固树立共产主义远大理想，并借助于理想信念的强大力量宣传、动员人民群众，增强党的号召力、凝聚力，从而使群众在党的带领下为中国革命奋勇抗争。正是基于理想信念对党的自身发展和革命事业的重要意义，新生的党组织出台多项政策和纲领，保证马克思主义理想信念的宣传和教育工作顺利开展，既如强力支撑，托起青少年思想道德教育理论体系；又如启明星，点亮青少年思想道德教育实践的探索之路。

1. 共产主义理想信念教育纲领的初步制定与实施

1921 年 7 月，党的一大在上海召开，大会通过了党的第一个纲领和决议，明确实现共产主义的远大理想目标。一大纲领指出：“党

① 《恽代英全集》第七卷，人民出版社 2014 年版，第 209 页。

的根本政治目的是实行社会革命”，推翻资产阶级政权，承认无产阶级专政，消灭社会的阶级区分；消灭私有制，实现生产资料社会公有。① 为实现这一目标，党的决议中明确规定：“把工农劳动者和士兵组织起来，宣传共产主义，承认社会革命为我党的首要政策”②。对此，党尤为重视对青年群体的理想信念教育。1922 年 5 月，党在中国社会主义青年团第一次代表大会上，围绕青年革命理想信念教育进行了规定和部署。会议通过《中国社会主义青年团纲领》，明确社会主义青年团的性质，它是“中国青年无产阶级的组织，即为完全解放无产阶级而奋斗的组织”③。青年团的工作宗旨即对青年开展革命理想信念教育，其职责“一方面为改良青年工人、农人的生活状况而奋斗，并为青年妇女、青年学生的利益而奋斗；一方面养成青年革命的精神，使向为解放一般无产阶级而奋斗的路上走”④。在党的坚强领导下，青年团倡议并组织青少年编写通俗日报、月报及小册子，组织俱乐部、宣讲队、讲演会，通过社会教育和学校教育，对民众讲述中国社会现状，广泛宣传社会主义，丰富青年的科学知识，提高他们的社会觉悟，以有效“启发并养成青年无产阶级的政治觉悟及批评力”⑤。

① 中共中央文献研究室、中央档案馆编：《建党以来重要文献选编（1921—1949）》第一册，中央文献出版社 2011 年版，第 1 页。

② 中国社会科学院现代史研究室、中国革命博物馆党史研究室选编：《“一大”前后——中国共产党第一次代表大会前后资料选编》（一），人民出版社 1985 年版，第 9 页。

③ 中国社会科学院现代史研究室、中国革命博物馆党史研究室选编：《“一大”前后——中国共产党第一次代表大会前后资料选编》（一），人民出版社 1985 年版，第 31 页。

④ 中国社会科学院现代史研究室、中国革命博物馆党史研究室选编：《“一大”前后——中国共产党第一次代表大会前后资料选编》（一），人民出版社 1985 年版，第 31—32 页。

⑤ 中国社会科学院现代史研究室、中国革命博物馆党史研究室选编：《“一大”前后——中国共产党第一次代表大会前后资料选编》（一），人民出版社 1985 年版，第 33 页。

同年7月，党的二大召开，对在军队、乡村开展理想信念教育工作进行了进一步部署，提出“在军队中传播共产主义的理想，必须引起一种坚忍的系统的宣传与运动”①，“系统的合理的宣传，在乡村是必要的……应当使共产主义的工人常常与乡村相交接；假若拒绝这种工作，或委托这种工作于可疑的半改良派之手，那就等于抛弃无产阶级革命”②。这些纲领和指示，无疑为青少年思想道德教育特别是青年无产阶级的革命理想信念教育提供了基本的遵循。

2. 于思想论战中对青少年开展共产主义人生观教育

1923年至1924年，在中国思想界以张君劢、梁启超为代表的“玄学派”同以丁文江、胡适为代表的“科学派”展开了一场深刻的“科学与人生观”的大论战，即“科学与玄学”之争，亦称“人生观论战”。时任《学生杂志》编辑的共产党员杨贤江是论战者，亦投入大讨论中。论战中，他围绕“人生观”问题发表了自己的洞见。同时以《学生杂志》为主要阵地，积极开辟“通讯”与“问答”栏目，撰写大量文章，围绕青年学生修养健康、处世交友、婚姻恋爱、学习事业等主要问题与民族前途命运之关联等展开辩论，以此向学生宣传马克思主义，宣传科学的人生观，运用辩证唯物主义和历史唯物主义对青年学生进行“全人生指导”的全方位人生观教育，教育他们树立正确的人生观，引导其走革命道路。他多次阐述：青年期是人生观养成的关键时期，树立一种正确的人生观对青年个体乃至国家发展都至关

① 中共中央文献研究室、中央档案馆编：《建党以来重要文献选编（1921—1949）》第一册，中央文献出版社2011年版，第142页。

② 中共中央文献研究室、中央档案馆编：《建党以来重要文献选编（1921—1949）》第一册，中央文献出版社2011年版，第142—143页。

重要。因为，人生观是“对于人生的一种见解，即对于人生的意义与价值的一种看法”[①]。“我以为我们青年的人生观，应肯定人生而谋改善，以求人群普遍的幸福”[②]，由此敦促青年树立积极向上的人生志向和为解放全人类而贡献的共产主义人生目标。在具体的人生观教育引导方法上，他主张要对青年全面关心、全面教育，不仅要关注他们知识文化的学习，还应当对其生活中遇到的实际问题进行有针对性的指导和解答，从而使其德智体多方面得到发展，继而成为“中国社会改进上适用的人才”，成为“圆满”的人。杨贤江被视作是近代以来中国最早运用辩证唯物主义和历史唯物主义人生观教育青少年的马克思主义理论家、教育家，他关于对青少年进行“全人生指导”的教育思想，在近代中国思想史上占据举足轻重的地位。“人生观论战”，有力地促进了共产主义人生观的传播、宣传、教育，对广大民众尤其是青少年群体产生了深远影响。同时，邓中夏、恽代英等先进共产党人，以《中国青年》杂志为阵地，也时刻关注青少年，探求和思索如何将他们引上革命的人生道路。

3. 探索培育为党工作的青年无产阶级宣传队伍

这一时期，为推动共产主义在群众尤其是青年中的传播，彰显影响力，党积极培养青年学生，组建青年宣传队伍。1922 年，党在《中国社会主义青年团第一次全国代表大会文件》《关于少年运动问题的决议案》中指出：社会主义的青年应组织俱乐部、宣讲团、讲演会，利用集会演讲、发行出版物及小册子等方式去“宣传社会主义于大多

① 任钟印编：《杨贤江全集》第四卷，河南教育出版社 1995 年版，第 743 页。

② 中央教育科学研究所、厦门大学编：《杨贤江教育文集》，教育科学出版社 1982 年版，第 634 页。

数青年无产阶级”①，培养青年无产阶级正确的思想意识，提高其政治觉悟。中国社会主义青年团是“中国少年运动的先锋，他不但要在共产主义与少年国际领导之下为了少年劳动者经济和文化利益而奋斗”，还要“联络中国一切被压迫的少年们的革命势力在一条民主革命的联合战线上，引导他们做打倒帝国主义和封建势力的奋斗”。②可见，党强调共产主义青年团要积极承担起对广大群众，尤其对青年群体开展革命宣传教育的光荣使命。同时，党在强化青年理想信念教育的同时，鼓励青年的革命践行，发挥他们在无产阶级革命事业中的引领和生力军作用，鼓励其密切联系工农群众，积极选派宣传员到乡村和工厂开展宣传工作，通过“设立劳动补习学校”“平民义务学校”，邀请工人参加“游艺会、体育运动会和政治讨论”，以“戏剧演说”等方式深入工人、农民之中开展宣传教育，对他们灌输政治常识，激发其政治兴趣。在宣传教育中，采取多种方式揭露帝国主义侵略阴谋，促进工人阶级、农民早日觉悟而实现团结。发动青少年深入乡村，与农民打成一片，适时对农民开展宣传教育。恽代英在《农村运动》中指出：假期回乡的学生们与乡村的小学教师——最便于做农村运动。③党积极发动寒暑假期间回乡的青年学生走向百姓之中，深入农村开展调查研究和宣传教育活动，真正了解农村村民的生产与生活状况和实际需求，组织讲演队、新剧团，开办农民学校、组织贫农农会，运用适当的方法发放宣传材料，采用巧妙灵活的形式，结合农村反对地

① 中共中央文献研究室、中央档案馆编：《建党以来重要文献选编（1921—1949）》第一册，中央文献出版社2011年版，第75页。

② 中共中央文献研究室、中央档案馆编：《建党以来重要文献选编（1921—1949）》第一册，中央文献出版社2011年版，第158页。

③ 中共中央文献研究室、中央档案馆编：《建党以来重要文献选编（1921—1949）》第二册，中央文献出版社2011年版，第89页。

主、乡绅及减租减息的运动以充分唤醒农民的革命斗争意识。此外，“乡村小学教师是农村中天然的指导者”[①]“我们尤当注重于初级师范的学生，他们大半是将来农村小学的教师”[②]，因而，党积极争取乡村青年教师加入到农村宣传工作中来。由于善于充分挖掘各地区及组织潜在的青年宣传人力资源，调动积极因素，从建党初期至国民革命时期已初步建立起了一支种类齐全、能力突出的宣传队伍，培养起能够胜任宣传工作的人才后备军。

（二）在加强和改进宣传工作中提升青少年思想道德教育效果

党的宣传教育必须具体、客观、有效，因为“抽象的宣传，不能造成一个群众的党”[③]。由于革命环境的艰难性、革命任务的艰巨性和革命形势的复杂性，党自始至终都重视加强和改进青少年思想道德教育宣传、指导的方式方法，注重与客观存在相结合，与对象实际状况相结合，着力于教育引导，以不断凸显宣传教育内容、形式的针对性和有效性，重视方式方法的灵活变通，极大提升了党在青少年中的宣传、教育工作的有效性与影响力，凝聚成为党的青少年宣传思想工作的传统优势。

“最先进的工人完全了解，他们阶级的未来，从而也是人类的未

① 中共中央文献研究室、中央档案馆编：《建党以来重要文献选编（1921—1949）》第三册，中央文献出版社2011年版，第306页。

② 中共中央文献研究室、中央档案馆编：《建党以来重要文献选编（1921—1949）》第二册，中央文献出版社2011年版，第203页。

③ 中共中央文献研究室编：《毛泽东年谱（1893—1949）（修订本）》上册，中央文献出版社2013年版，第150页。

来，完全取决于正在成长的工人一代的教育。”① 为了未来，党在成立初期，思想道德教育聚焦于青少年，着手在全国各地创建青少年组织，开展青少年工作，重视对青少年的共产主义理想信念宣传教育，发挥青少年在革命中的先锋作用，带领民众共同走向明天。

《中国共产党中央局通告——关于建立与发展党团工会组织及宣传工作等》规定：“全国社会主义青年团必须在明年七月以前超过二千团员。”② 发展团员，实现这一目标，离不开各地各级党组织以及社会主义青年团组织对广大青年进行持续有力的宣传教育。该文件成为党最早的一部有关青年工作的政策性文献，意味着党的青年工作正式起步。而 1922 年 5 月，在广州顺利召开的中国社会主义青年团第一次全国代表大会，标志着信仰马克思主义的无产阶级青年团——中国社会主义青年团正式宣告成立，并对青年团在政治、经济、文化，尤其是教育上的纲领、章程进行了详细规定，为青年团的发展和党的青年工作有效开展提供了组织保障和制度支撑，也为青少年思想道德教育提供了遵循。之后，党在《关于少年运动问题的决议案》中，对社会主义青年团和中国共产党的关系进行了辩证分析，明确了彼此之间的职责，强调社会主义青年团在政治上接受中国共产党的绝对领导，而在一切经济和教育利益实现等其他方面，应是一个独立团体。1925 年，中国共产主义青年团第三次全国代表大会通过决议：正式以“共产主义青年团”代替过去的“社会主义青年团”，明确举起共产主义的伟大旗帜，昭示青少年思想道德教育的根本性质。

国民革命运动时期，面对复杂的革命形势，为了更好吸引全社

① 《马克思恩格斯全集》第 16 卷，人民出版社 1964 年版，第 217 页。

② 中共中央文献研究室、中央档案馆编：《建党以来重要文献选编（1921—1949）》第一册，中央文献出版社 2011 年版，第 47 页。

会广大青年参与无产阶级革命事业，党逐渐把青年工作的重点由知识青年向广大工农青年转移，加快了共青团与工农相结合的步伐，将马克思列宁主义传播到广大工农群众之中，引导工农青年自觉投身革命运动，加入到轰轰烈烈的国民革命洪流。在对青年的宣传教育方面，1922 年《关于教育运动的决议案》强调：青年要为争取教育权利而努力从事识字教育和阶级争斗的教育运动，以摆脱因愚昧无知而被资本家压迫的生存境遇。“唤起青年工人为争得教育权利而奋斗，并努力从事于识字教育和阶级争斗的教育运动，普遍的启发一般青年工人的阶级觉悟和争斗能力”①；开展普遍义务教育和免除学费运动，以便为贫困学生争取受教育机会，依凭阶级教育“引起全国贫穷学生对于现社会的愤恨和觉悟”②。1923 年党的三大通过《青年运动决议案》，再次强调了青年运动的重要性，指出社会主义青年团的重要职责是组织教育青年，宣传出版物要注意结合青年的实际生活状况及其要求，内容上在对青年学生进行普遍文化宣传教育的同时，还要加强共产主义的宣传教育，使其具备马克思主义立场，并动员青年自觉投身于反对帝国主义、反对军阀的国民革命运动中去。基于此，党继续加强对青年刊物和宣传媒体的建设，除了对《新青年》进行与时俱进的整顿之外，还于 1923 年创办团中央机关刊物《中国青年》，主要向青年“介绍一些活动的方法”，即学习做事的方法，指导其品性才学。“介绍一些强健伟人的事绩与言论，亦要用种种可以警惕青年的材料”，从而帮助青年养成良好的行为品性并克服

① 中共中央文献研究室、中央档案馆编：《建党以来重要文献选编（1921—1949）》第一册，中央文献出版社 2011 年版，第 82 页。

② 中共中央文献研究室、中央档案馆编：《建党以来重要文献选编（1921—1949）》第一册，中央文献出版社 2011 年版，第 83 页。

陋习。[①]《中国青年》杂志培育和影响了国民革命时期的整整一代青年，成为他们不可或缺的精神食粮之源。1924年6月，《中国青年》杂志刊发萧楚女《革命中学生应持的态度》一文，呼吁青少年学生到民间去接触劳苦大众，关注社会实际问题，密切联系群众，“切实地以民众为中心”[②]，从而使其知晓“信仰他们所望的好生活，只有革命能够给他”“革命的中心，要是民众所真正需要的东西”[③]，培养青少年服务人民群众的责任担当。

1925年1月，《中国青年》杂志第六十二期发表张太雷《中国革命运动和中国的学生》一文，结合革命形势，对青少年教育宣传工作进行了系统而深刻的阐释。文章陈述：对青年学生宣传教育的第一步就是加强对他们的思想引导，扫除其头脑中的旧社会观念，主动学习西方先进文明，“我们要给中国青年学生一种世界的科学的人生观，要使他们知道世界是整个的，是进步的”[④]。与此同时，更要通过“继续的有系统的宣传”，教育学生警惕西方资产阶级的自由主义，“以免青年脱离了旧思想又走入了个人主义的无政府主义”，坚决抵制帝国主义通过宗教对学生进行资产阶级意识形态的宣传和渗透。只有这样，才能“把青年的一切旧思想和迷信都打破了，才能把我们的革命主义灌输给他们”[⑤]，使广

① 中共中央文献研究室、中央档案馆编：《建党以来重要文献选编（1921—1949）》第一册，中央文献出版社2011年版，第329—330页。

② 中共中央文献研究室、中央档案馆编：《建党以来重要文献选编（1921—1949）》第二册，中央文献出版社2011年版，第84页。

③ 中共中央文献研究室、中央档案馆编：《建党以来重要文献选编（1921—1949）》第二册，中央文献出版社2011年版，第82页。

④ 中共中央文献研究室、中央档案馆编：《建党以来重要文献选编（1921—1949）》第二册，中央文献出版社2011年版，第201—202页。

⑤ 中共中央文献研究室、中央档案馆编：《建党以来重要文献选编（1921—1949）》第二册，中央文献出版社2011年版，第202页。

大青年站在共产主义的革命旗帜下。通过正面的理论宣传和实践教育、反面思想观点的全面介绍，增强学生分辨是非的能力，提高马克思主义理论水平，进而引导其树立共产主义信仰。“只有以各种他们能见得到的事实，来证明我们的主义，才能使他们明白我们的主义。”[①]不断激发青年学生内在所固有的先进性与革命性特质，引导其参与到国民革命运动中。在此过程中，党还积极鼓励并引导学生建立自己的群众组织——学生会。学生会作为最接近学生的组织机关，积极发动学生主办会报，除了刊登“政治的批评和关系思想理论文章之外，尤应注重于学生日常的生活……极力鼓励和引诱学生在会报发表意见，这是领导学生参加学生会活动的最好步骤”[②]。此外，通过举行演讲、体育运动、俱乐部、音乐会、戏剧团演出等丰富多彩的活动形式加强对学生的宣传，激发学生积极性，使得他们紧密团结在学生会组织之下。

“现在的中国学生应不惜本身的牺牲去为民众利益而奋斗，务须将民族革命的负担放在自己的肩上，要用这样的勇敢和毅力去执行革命的工作。”[③]党对青少年的宣传思想工作始终秉承以劳苦大众为中心的核心旨归，以培育担当民族独立解放的先进革命者和强大生力军为根本落脚点。从建党初期至国民革命时期，有党的高度重视，经过不断的理论探索和实践尝试，通过改革和创新而打造的切实有力的思想政治工作和宣传教育，青少年思想道德教育在内容和方法等方面得到改进，逐步形成了一定的影响。由此，培养了一批具有

① 中共中央文献研究室、中央档案馆编：《建党以来重要文献选编（1921—1949）》第二册，中央文献出版社 2011 年版，第 202 页。

② 中共中央文献研究室、中央档案馆编：《建党以来重要文献选编（1921—1949）》第二册，中央文献出版社 2011 年版，第 203—204 页。

③ 中共中央文献研究室、中央档案馆编：《建党以来重要文献选编（1921—1949）》第二册，中央文献出版社 2011 年版，第 401 页。

坚定的共产主义理想信念、高度的民族担当感与使命感、深厚的人民情怀的进步青少年，成为后来促进中国革命取得不断胜利的强大先锋力量。

（三）教育引导青少年自觉抵制资本主义文化侵略与意识形态渗透

中国共产党自成立之日起，就把维护和实现人民群众的根本利益作为自身奋斗的光荣使命，以保障和满足人民群众的根本利益为价值尺度。与资产阶级民主派所宣扬的“自由、平等、博爱”等虚伪的民权口号不同的是，成立初期的党真正从中国具体实际出发，正视并深刻反思半殖民地半封建社会制度下广大民众不平等、不自由的悲惨生存状况及主要原因，揭露了帝国主义、封建主义和官僚军阀对民众基本的生存权、发展权与人格尊严权的残酷践踏，积极响应民众最热切的期盼和呼声，带领人民群众高举“从前做牛马，现在要做人”的伦理道德旗帜，致力于帮助民众摆脱人身依附，谋求自由解放，构建人人平等的道德体系，并真正以革命的手段将之付诸于实践。因循着反帝反封建的民主革命任务，党在构建马克思主义新型道德体系和道德教育体系的过程中，在对内积极破除愚昧落后的封建宗法伦理道德的同时，对外坚决抵制西方腐朽思想文化侵蚀与意识形态渗透，关注和维护青少年的切身权益，确保民族的根本利益。

1. 反对资本主义意识形态侵袭，加强对青少年科学世界观教育

1922 年，党在中国社会主义青年团第一次全国代表大会上强调，

应“使一般贫苦青年得受初步的科学教育”“取消宗教关系、地方关系及一切不平等的待遇”，号召共青团组织协同其他青年团体“反抗各种迷惑青年阻损青年思想进步之政治或宗教运动”。① 明确把反对资本主义宗教宣传，加强对青年的科学世界观教育作为党重要的文化任务。1923 年，中国共产党制定《教育宣传问题决议案》，在文化宣传内容方面，对如何抵制西方资本主义意识形态进行了较为详细的规定，指出：纯粹西方资产阶级文化是个人主义、伪慈善主义，要宣传科学的共产主义，激励民众为全人类互助而斗争；反对基督教的教义及其组织；反对个人主义，倡导民众树立健全的唯物主义的宇宙观及社会观、“集体主义”的人生观。这为党在意识形态领域抵抗西方资本主义入侵，制定了初步的原则纲领。基于此，青少年思想道德教育则集中于反对资本主义意识形态侵袭，加强科学世界观引导。

2. 辩证吸收西方文明，倡导树立正确的文化观念

这一时期，围绕如何对待和处理中西文化的关系问题，张太雷和恽代英分别撰文《中国革命运动和中国的学生》《反对帝国主义的文化侵略》，较早地就如何对待西方文明进行了系统深刻的阐释。他们的观点主要集中在两个方面：第一，倡导全球性文化视野，强调世界文化整体性原则，主张东西方文化和谐共处。因为“世界文化是整个的”②，属于全人类的。为此，“我们要给中国青年学生一种

① 中共中央文献研究室、中央档案馆编：《建党以来重要文献选编（1921—1949）》第一册，中央文献出版社 2011 年版，第 75 页。

② 中共中央文献研究室、中央档案馆编：《建党以来重要文献选编（1921—1949）》第二册，中央文献出版社 2011 年版，第 201 页。

世界的科学的人生观，要使他们知道世界是整个的，是进步的”①。通过宣传教育，加强对学生的思想引领，引导他们学习西方先进文明，不断清除自身的旧社会观念。第二，保持清醒认识，警惕帝国主义文化渗透。张太雷和恽代英深刻洞察和揭露了帝国主义对中国实施文化侵略的根本实质、具体表现、主要原因及其对中国带来的严重影响，揭穿帝国主义通过支持教会传教事业、利用庚子赔款条约收买留学生等行径，对中国进行文化渗透，以达到软化驯服民众反抗心理、消解民族精神之目的。由此，反对文化侵略是不容懈怠、刻不容缓的事情。要教育学生警惕西方资产阶级自由主义，坚决抵制帝国主义通过宗教对学生进行西方资产阶级价值观念的宣传和渗透。因为“基督教的宣传，在中国青年学生中是最危险的东西”②，必须保持清醒头脑和坚定立场加以抵制。对此，恽代英在文章中较为系统地提出了对待帝国主义文化应秉持的基本态度：一是反对侵略绝不是盲目敌视欧美文化，在秉承反对帝国主义软化驯服中国民众的基础上取其精华、去其糟粕，学习其中合理的、先进的、有价值的内容，并为我所用。二是正确看待和处理基督教与帝国主义的关系，警惕基督教披着传输教育的外衣实则成为帝国主义欺骗和奴役中国民众的工具的事实。三是坚持文化独立自主，反对帝国主义在中国开办、经营的任何文化产业。在对待外来文化的态度上，主张保持独立、开放、包容的文化心态，这对后来党的对外文化政策及其对青少年的教育引导产生了重要影响，确立了基本方

① 中共中央文献研究室、中央档案馆编：《建党以来重要文献选编（1921—1949）》第二册，中央文献出版社2011年版，第201—202页。

② 中共中央文献研究室、中央档案馆编：《建党以来重要文献选编（1921—1949）》第二册，中央文献出版社2011年版，第202页。

向，也为青少年如何辩证吸收西方文明、树立正确的文化观念，树立了导向标。

二、土地革命战争时期党的青少年思想道德教育兴起

土地革命战争时期，党根据革命斗争具体形势的变化，通过系列举措，进一步改进并丰富思想道德教育内容与方法，并在实践中校验。在此时期，初步形成了思想道德教育体系，为青少年思想道德教育提供理论根据。

（一）培养崇高的共产主义信仰和坚定的理想信念

大革命失败后，中国革命陷入低潮，处于白色恐怖和血雨腥风之中。为了走出困境，挽救革命于危难中，红军在以毛泽东同志为主要代表的中国共产党人的带领下转战井冈山，开启了建立农村革命根据地的伟大尝试。但面对残酷的政治斗争形势和军事上的失败，党和红军内部出现“红旗到底能打多久”的严重思想困惑，革命悲观主义情绪滋生，不少人的理想信念发生动摇，有的甚至叛变了革命。为此，加强对广大党员干部和军队青年官兵的理想信念教育，坚定其革命信仰，提振其革命信心，成为党亟待解决的重要思想问题。

1931 年，朱德在《怎样创造铁的红军》中，围绕如何建立起一支“铁的红军”发表了比较全面的论述：“铁的红军”必须首先具备铁一般坚定的理想信念和政治觉悟，“在政治上有了这样坚定的信念，就是把握着不可抵抗的无形的武器，在精神上建立了铁的红军的基

础，自然可以战胜革命过程中的任何困难，经得住任何剧烈的斗争，愈斗愈奋去取得最后的胜利”①。为了锻造铁的红军，在军队就得配备强有力的政治委员。在军队政治委员的选择上，要着重保证其理想信念的坚定性，“各级政治委员，要由最忠实、最勇敢、最坚决、最有阶级觉悟的共产党员来充当，要尽量提拔和培养最好的工人干部做政治委员”。因为只有这样，“才能巩固红军中无产阶级的正确领导，红军才能成为铁的红军”②。以理想信念教育，提升红军阶级觉悟和斗争自觉。教育中严禁运用简单粗暴的方法，要用有温度、有力度、有深度的方式，“红军的纪律绝不依靠打骂来维持，而是建筑在无产阶级的团结上面，用自我批评的精神、教育的精神，互相督促和勉励，达到自觉遵守纪律”③。通过加强红军理想信念教育，培养他们的共产主义信仰，提升其政治觉悟，以便在艰苦奋斗中铸就钢铁意志，真正成为“铁的红军”。

1934 年 2 月，面对敌人的多次“围剿”，如何凝聚力量突围，王稼祥在中国红军第一次全国政治工作会议上的报告中，对坚定红军的理想信念和政治信仰，以保证军事斗争的胜利，提出了自己的见解。他指出要加强对红军的理想信念教育，“使每一个战士成为为苏维埃中国而斗争的战士，反帝斗争的战士，为民族革命战争的战士，为社会主义斗争的战士”④。对此，在教育内容上，他强调要用马克思列宁主义理论和党的基本常识教育战士，教育者要“经常说中国共产党的作用，提高战士对党的信仰”。教育中对战士宣传社会主义、土地革命、

① 《朱德选集》，人民出版社 1983 年版，第 4 页。
② 《朱德选集》，人民出版社 1983 年版，第 3 页。
③ 《朱德选集》，人民出版社 1983 年版，第 5 页。
④ 《王稼祥选集》，人民出版社 1989 年版，第 97 页。

苏维埃革命和国际主义，要求所印制的读本紧扣教育内容，“红军读本，第一着重讲红军，第二是苏维埃，第三是国际主义”，培养战士对社会主义和党的坚定信念，从而使其成为“很好的战士、苏维埃公民和国际主义者”[①]。并从具体原则和方法上，对如何做好红军战士的政治工作进行了详细阐述。为了落实中央精神，提升党员干部的政治觉悟，苏区十分重视干部的政治教育和革命教育，设立了红军大学、苏维埃大学、马克思共产主义大学以及党领导下的众多干部教育学校，进行系统、全面、规范的教育。红军战士中青年占有较大比重，其中也有少数少年，青少年思想道德教育可见一斑。为了培养革命事业的可靠接班人，在青少年教育上，除了要求他们学习政治常识、时事形势外，尤为重视以马克思列宁主义、毛泽东思想为核心内容的理想信念教育，还让其参加各种活动，力求理论与实践有机结合，践履知行合一。

（二）《古田会议决议》标志着思想道德教育体系的初步形成

党的思想道德教育方针、政策，在及时总结经验的基础上，针对实际问题加以制定、调整、转化，确保思想道德教育形成体系并行之有效。这是一个逐步探索的过程，也是党的青少年思想道德教育体系初步形成的过程。

《古田会议决议》推动党的思想道德教育制度化和规范化，系统阐释教育内容与方法，解决具体问题。就方式方法而言，在士兵政治训练方面，提出了上政治课；在士兵管理方面，要求早晚点名清查；

① 《王稼祥选集》，人民出版社 1989 年版，第 98 页。

在与士兵沟通方面，主张集合讲话，个别谈话，游艺；在对待士兵方式上，改善待遇，做好新兵、青年士兵、俘虏兵特殊教育等。分别围绕这些方法列举了更为细致的具体措施，如关于教授好政治课这一问题，归纳了“十大教授法”，即启发式（废止注入式）、由近及远、由浅入深、说话通俗化（新名词要释俗）、说话要明白、说话要有趣味、以姿势助说话、后次复习前次的概念、要提纲、干部班要用讨论式。① 特别要求面对面进行个别谈话，对谈话对象、谈话全过程进行了规定，“谈话前须调查谈话对象的心理及环境”“谈话时须站在同志的地位，用诚恳的态度和他说话”“谈话后须记录谈话的要点及其影响”。② 可见，对于青年战士如何有效进行思想道德教育，规定全面、具体、详尽，作为范例对整体青少年思想道德教育发挥导向作用。至此，党的青少年思想道德教育基本体系初步形成。

（三）遵义会议清除“左”倾教条主义影响，匡正思想道德教育轨道

在红军第五次反“围剿”失败和长征初期严重受挫的情况下，为了纠正王明“左”倾教条主义在党内的错误指导，党于 1935 年 1 月召开了遵义会议。会议清算了“左”倾教条主义并有效遏制了其蔓延态势，开始确立了以毛泽东同志为主要代表的马克思主义正确路线在党中央的领导地位，事实上确立了毛泽东在党中央和红军中的领导地位，于危难关头挽救了党的革命事业，也使得长期因“左”倾教条主

① 《毛泽东文集》第一卷，人民出版社 1993 年版，第 104—105 页。
② 《毛泽东文集》第一卷，人民出版社 1993 年版，第 106 页。

义影响而受到削弱的党的思想道德教育工作走向正轨。

遵义会议后，为进一步消除党内错误思想，确保革命顺利进行，党的思想道德教育的重点则是围绕如何宣传遵义会议精神，帮助广大士兵、群众树立革命必胜的坚定信心等。一方面，党和军队针对战士的思想疑惑，召开各种会议，采取多种方法解释和传达遵义会议精神，力求肃清错误影响，极大地鼓舞了军队士气。广大干部、官兵对于会议确立以毛泽东同志为核心的党的第一代中央领导集体感到精神振奋，更加坚定了革命胜利的信心与决心，悲观、消极情绪得到明显控制。另一方面，遵义会议的召开恢复了党的民主集中制的组织原则和实事求是的优良作风。遵义会议从党的组织原则上肯定人民利益的至上性和集体领导的必要性，要求各部迅速恢复和建立党对军事工作的集体领导，在团以上单位健全民主集中制，保证“党指挥枪”原则得以贯彻落实，这为党在军队思想道德教育的顺利展开提供了组织保障，使得军队中对青年官兵的思想道德教育能够顺利有效推进。

同时，加强对红军长征的宣传工作和道德教育。遵义会议之后，党中央、中央军委、总政治部专门就加强行军作战中的宣传鼓动及思想政治工作发布了大量指示、命令、通知、公告和决定，提出：“在政治工作上一切须适应目前运动战的需要，以保证每一个战斗任务的完成。”①“解释与鼓动的工作单靠一两次会议是不够的，要利用各种机会各种方法，特别是行军时的政治工作，针对红军战士的情绪、疑问与不了解，进行不断的解释与教育。”② 在具体宣传教育内容上，遵

① 中共中央文献研究室、中央档案馆编：《建党以来重要文献选编（1921—1949）》第十二册，中央文献出版社 2011 年版，第 65 页。

② 中国人民解放军政治学院政治工作教研室：《军队政治工作历史资料》（3），中国人民解放军战士出版社 1982 年版，第 263 页。

义会议之后，总政治部要求广大政治工作干部进行阶级友爱、团结互助教育，从生活、精神上给予士兵关注和照顾。强化对红军战士的革命英雄主义教育，激发其在艰苦条件下乐观进取和吃苦耐劳的斗争精神。此外，注重榜样示范教育，积极宣传长征途中涌现的一大批英雄人物的英勇事迹，借助先进模范教育，不断鼓舞士气。通过系列举措，清除“左”倾教条主义影响，匡正思想道德教育轨道，提振军心士气，保证红军长征最终走向胜利。

正是通过不断重视并加强对军队官兵、党员干部和人民群众的理想信念教育，党铸就了一支政治坚定、纪律严明、意志坚强和军事技能过硬的革命队伍。这支队伍不怕困难、敢于斗争、无畏牺牲。在长征途中，面对物质条件极度匮乏、自然条件异常恶劣、国民党军队围追堵截的险恶环境，英雄的红军战士一路血战，击退上百万穷凶极恶的追兵阻敌，征服空气稀薄的冰山雪岭，穿越渺无人烟的沼泽草地，纵横十余省，跋涉二万五千里长征路。在此过程中，先进的中国共产党人心中有坚定的理想信念，不为官、不为钱，只为革命和斗争。为了心中崇高的理想信念，不怕艰苦、不怕坐牢，慷慨赴死、从容就义，并不断地与机会主义、教条主义等各种错误思想作斗争，真正做到了为共产主义信仰而奋斗、献身。广大根据地军民在党的坚强领导下信奉“星星之火，可以燎原”，坚信中国革命必然胜利，不断战胜各种艰难困苦，前仆后继，勇往直前，一次次成功击退敌人进攻，瓦解了敌人的斗志，突破敌人一道道封锁线，最终取得了长征的伟大胜利。正如埃德加·斯诺所言：“不能不承认他们的长征是军事史上伟大的业绩之一。在亚洲，只有蒙古人曾经超过它……与此相比，汉尼拔经过阿尔卑斯山的行军看上去像一场假日远足。另外一个比较有意思的比较是拿破仑从莫斯科的溃败，但当时他的大军已完全溃不成军，军心涣散。”① 之所以能够取得军事史上伟大的业绩，是因为有“千千万万青年人的经久不衰的热情、始终如一的希望、令人惊诧的革命乐观情绪，像一把烈焰，贯穿着这一切”②。由此可见，崇高的共产主义信仰和坚定的理想信念以及由此产生的百折不挠的革命意志，是中国共产党人战胜一切艰难险阻、从胜利走向胜利的强大力量源泉。“理想信念之火一经点燃，就永远不会熄灭。在中央苏区和长征途中，党和红军就是依靠坚定的理想信念和坚强的革命意志取胜，创造了奇迹。”③ 为崇高的共产主义理想信念而舍生忘死、不懈奋斗，成为中国共产党区别于其他政党的独特的价值取向、精神密码、胜利法宝，成为青少年思想道德教育的宝贵资源，对其产生深远影响，同时彰显党的青少年思想道德教育的明显成效。

三、抗日战争时期党的青少年思想道德教育在探索中前行

1937 年七七事变爆发，中日民族矛盾上升为中国社会主要矛盾，抗日救国成为全民族的主要任务。这一时期，党的青少年思想道德教育紧紧围绕抗日救国、反对帝国主义侵略这一根本性的时代主题，立足爱国主义、为民众服务的根本价值取向，在策略上通过加强对广大

① ［美］埃德加·斯诺：《红星照耀中国》（青少版），董乐山译，人民文学出版社 2016 年版，第 165 页。

② ［美］埃德加·斯诺：《红星照耀中国》（青少版），董乐山译，人民文学出版社 2016 年版，第 151 页。

③ 《革命理想高于天，习近平赴江西考察这些话深入人心》，2019 年 5 月 23 日，见 http：//cpc.people.com.cn/n1/2019/0523/c164113—31099791.html。

党员干部、民众的思想道德教育，激发大众的强烈民族危机感与使命感，从而积极建构抗日民族统一战线，团结一切可以团结的力量，以争取抗日战争的伟大胜利。在此过程中形成了一系列重要理论成果，为党的思想道德教育指明了正确的发展方向。党的思想道德教育逐步形成制度，以具体化、规范化与科学化为尺度，青少年思想道德教育内在于此。

（一）干部思想道德教育的引领

抗日战争时期，党主要集中于干部教育，在干部学校的思想道德教育方面进行了较为成功的探索。随着抗日根据地的迅速开辟和敌后抗日游击战争的深入开展，有经验的党员干部因大批牺牲而出现严重缺口，干部队伍整体素质不高，在数量和质量上出现断层，不能很好地运用马克思主义立场、观点与方法分析和解决中国革命的突出问题，无法更好地适应抗战需要。基于此，毛泽东指出："没有多数才德兼备的领导干部，是不能完成其历史任务的。""政治路线确定之后，干部就是决定的因素。因此，有计划地培养大批的新干部，就是我们的战斗任务。"[①] 针对严峻形势，党迅速转变教育方针，于1942年发布《中共中央关于在职干部教育的决定》，明确提出了"干部教育第一"的方针，把干部教育提高到党的路线的高度，并专门成立了干部教育部，领导全党的干部教育工作，培养具有适应抗战要求的党的干部，进而提高全党的党性修养。

这一时期，为响应毛泽东"每个根据地都要尽可能地开办大规模

① 《毛泽东选集》第二卷，人民出版社1991年版，第526页。

的干部学校，越大越多越好”[①] 的号召，党在延安革命根据地创建了众多干部学校，如中央党校、抗日军政大学、马列学院等，对广大党员干部进行系统培训，内容主要包括马克思列宁主义理论教育、思想政治意识教育、组织纪律教育、道德品质教育，特别是党的抗日路线、方针和政策教育，强调教育的有效性。教育过程中讲究实事求是，反对形式主义，以树立党员干部辩证唯物主义和历史唯物主义的世界观、人生观、价值观为宗旨，提高他们运用马克思主义的立场、观点和方法分析和解决问题的能力。围绕这些基本内容，党中央对党员干部的学习课程进行了部署和规定。1940 年，《中共中央书记处关于干部学习的指示》提出：全党干部要学习马克思列宁主义理论及其在中国的具体运用。在具体课程设置方面分层级进行，开设中国近代革命史、中国革命与中国共产党、游击战争、社会科学常识等初级课程；联共党史、马克思列宁主义等中级课程；政治经济学、历史唯物论与辩证唯物论、近代世界革命史等高级课程。还有时事政治课程，要求从中国、日本、国际事物三个方面做经常研究。对于不同干部的不同情况，有针对性地选择学习科目。中央局、中央分局、区党委应设法翻印中央出版的关于上述各课程的教科书与参考材料，同时编辑各种适合于下级党部用的教材与提纲。党中央还要求抓紧对各级干部进行阶级教育和策略教育，“把这种策略教育列入干部教育的正式课程，作为成绩考成的重要标准。”[②] 通过课程的全方位部署，确定思想道德教育内容。延安时期，思想道德教育尤其是党员干部教育获得了较大发展，逐步走上了系统化、正规化的进展轨道，并取得了较为明

① 《毛泽东选集》第二卷，人民出版社 1991 年版，第 769 页。

② 中共中央文献研究室、中央档案馆编：《建党以来重要文献选编（1921—1949）》第十七册，中央文献出版社 2011 年版，第 394 页。

显的教育效果，培养了一大批信仰坚定、德才兼备的优秀党员干部。有了党员干部思想道德教育的引领，这一时期，党还在普通高校紧紧围绕抗日救国的时代重心开展思想道德教育，对广大青年学生进行马克思主义理论教育、抗日民族统一战线教育、独立自主原则教育等，为抗日战争的胜利和党的革命事业的深入发展输送了大批党政、军事干部和各类专业人才。

（二）学校教育改革的推动

党在抓牢干部学校教育的同时，还对普通学校进行教育改革，聚焦学制、课程、管理等问题，凸显教育的应时性、针对性、目的性。要求“改订学制，废除不急需与不必要的课程，改变管理制度，以教授战争所必需之课程及发扬学生的学习积极性为原则。……办理义务的小学教育，以民族精神教育新后代”①。党中央对中小学教育予以改造、调整和补充，使其不再被地主、富农所把持，而是为广大人民群众服务。提出中小学要向农民子女开放，接收他们入学，让他们接受必需的教育，使中小学教育逐步普及，更大程度地面向普通民众家庭。与此同时，对成人进行基础性文化知识教育。对于经济文化贫困落后的边区群众，党认识到让大多数文盲脱离生产去学习文化是不现实的，必须结合他们的实情，采取他们能够接受的方法。因此，党重力推行深入广泛的社会教育，组建各种补习学校，利用群众生产的闲暇时光开展识字运动，还有戏剧表演运动、歌咏运动、体育运动等民

① 中共中央文献研究室、中央档案馆编：《建党以来重要文献选编（1921—1949）》第十五册，中央文献出版社2011年版，第618—619页。

众喜闻乐见的活动，创办敌前敌后各种地方通俗报纸作为载体等，以丰富多彩的教育，向民众传授文化知识，又引导他们将所学的知识运用到各种活动中，形成良性互动。学校教育改革，通过学制、课程、管理等方面彻底改变，增强了教育的应时性、针对性，扩大了教育范围，奠定了思想道德教育的文化基础，为提高民众特别是青少年的思想道德觉悟创造了有利条件，推动了青少年思想道德教育前行。

四、解放战争时期党的青少年思想道德教育形成体系

抗日战争胜利后，中国革命步入新的历史时期。“在这个新的历史时期中，我全民族面前的重大任务是：巩固国内团结，保证国内和平，实现民主，改善民生，以便在和平民主团结的基础上，实现全国的统一，建设独立自由与富强的新中国”①。这是党对全民的号召，也是对国家建设的设计与憧憬，但这一美好擘画却遭遇国民党反动派的强力阻扰、极力摧毁。国民党反动派在美帝国主义的支持下公然发起内战，破坏国内和平局面，社会主要矛盾由中日民族矛盾演化成为中国人民和国民党反动派的矛盾。党的中心任务亦即主要围绕争取和平民主运动、自卫战争、夺取全国胜利而进行。在此过程中，党的思想道德教育不断适应新的时代课题，顺应时事变化发展的客观形势，在党内、军队和广大群众中进行了新的尝试，极为重视青少年的思想道德教育，呈现出新的特点。在此时期，党的青少年思想道德教育适时

① 中共中央文献研究室、中央档案馆编：《建党以来重要文献选编（1921—1949）》第二十二册，中央文献出版社 2011 年版，第 655 页。

整体进行内容和方式等方面的转换。

（一）教育内容与方法的调整改进

在新的历史条件下，面对新的矛盾，党对思想道德教育的内容和方法进行及时调整与改进，为解决问题奠定了思想基础。

为进一步提升党员理论水平，使其掌握用无产阶级世界观观察、分析和解决问题的能力，克服经验主义错误路线，党中央依托学校思想道德教育主要阵地和主渠道，向全党发出了马克思主义理论学习的号召。为此，党在解放区内大力创办各级各类党校，积极改造大学和专门学校，对广大党员、干部和工人群众开展有计划、有组织、系统的马克思主义理论教育，受教育者也包括为数较多的青少年。

1948 年 7 月，党中央正式决定在华北创办高级党校，以马列学院承担学员马克思主义理论教育，并在东北开设马列学院东北分院。马列学院的主要任务是为党系统培养具有马克思主义理论的领导干部和宣传干部，教育要求明确、详尽，教育设计具体、合理。单就授课计划及教育内容进行完整布局，含括每一个学期特定的教育教学内容，主要包括："第一学期：中外史地的普通常识，包括社会发展史、中国通史（着重近代史）、近代西方史、世界经济地理。第二学期：马克思列宁主义三个组成部分，即政治经济学、政治科学、哲学。第三学期：毛泽东思想与中共党史。为锻炼学生的政治与写作的能力，每学期均须规定文章作法与作文的功课，第三学期并进行专题研究。"[①] 关

① 中共中央文献研究室、中央档案馆编：《建党以来重要文献选编（1921—1949）》第二十五册，中央文献出版社 2011 年版，第 370 页。

于招生学员要求，规定："须要参加过实际工作（参加学生运动及其他政治运动在内）五年以上，在政治上思想上有相当的思考能力，政治正派，文化程度要能写文章或相当于高中毕业以上的水平。党龄不拘，候补党员亦可。"① 所有学员须经过考试方能录取，党中央特别批准的高级干部则不受此限。在解放华北、东北之后，党中央决定合并部分高校，成立华北大学、东北大学，举办短期政治训练班，旨在为解放区培养各方面的建设干部，训练并争取知识青年与旧知识分子；对于收复城市的部分高校，在坚持其原有办学方针的基础上，根据党的需要进行必要的改良。此外，党在解放区还持续创办了多个初级和中级党校、大学以及专门学校，精心培养和训练大批各种干部，形成了相对完备的对党员干部进行马列主义教育的学校系统，有规模、有组织地加强对党员干部的理论培训，不断提升其马克思主义修养。从教育改进的整体设计，到具体详尽的培训规定，再到招收学员的条件要求，既是全局性的，又是突出重点的。由此可以看出，这一过程既在进行扎实有序的青少年思想道德教育内容和方式的调整，也为多维度开展青少年思想道德教育创造条件、积淀经验。

（二）教育工作思路和策略不断更新

在此时期，时局动荡，矛盾复杂，社会问题盘根错节，给党提出了一个个课题。破题中抽丝剥茧、层层递进，思路与策略因时而变、因事而立，青少年思想道德教育亦是如此。

---

① 中共中央文献研究室、中央档案馆编：《建党以来重要文献选编（1921—1949）》第二十五册，中央文献出版社 2011 年版，第 370 页。

1. 思想道德教育工作持续强化

在即将取得全国胜利而党又面临十分艰巨的建设任务和严峻的国际形势下，为更好地加强党对青年运动的领导，组织和发动青年的先锋力量，发挥青年对于争取新民主主义革命胜利、建设新中国的重要作用，1949 年 1 月中共中央正式决议，建立全国统一的青年群众的积极分子组织——中国新民主主义青年团，以更好地引领青年运动的方向。

同年 4 月 12 日，任弼时在中国新民主主义青年团第一次全国代表大会上作政治报告，报告指出："在新民主主义青年团中，应当有系统地进行生动实际的马克思列宁主义教育，使每个团员具有坚定的辩证唯物主义的革命人生观和为人民服务的观点，懂得社会发展的规律，并自觉地按照这种规律而去奋斗。"① 报告还对青年团在城市、农村、军队、学校等不同部门、不同职业群体中的工作进行了较为全面而又有重点的部署：青年团应顺应党的工作重心由农村转向城市的变化，在不放松农村青年工作的原则下，把青年工作的主要阵地放到城市各企业的青年工人的工作中去，其主要目的是"提高青年工人的生产积极性，并作为遵守劳动纪律、节省生产原料的模范者"②。总之，青年团的总体目标"在于团结和教育青年一代，在于领导青年学习建设新民主主义中国的各种理论与实际"。要通过学习系统的马克思列宁主义，学习马克思列宁主义在中国革命实践

---

① 中共中央文献研究室、中央档案馆编：《建党以来重要文献选编（1921—1949）》第二十六册，中央文献出版社 2011 年版，第 271 页。

② 中共中央文献研究室、中央档案馆编：《建党以来重要文献选编（1921—1949）》第二十六册，中央文献出版社 2011 年版，第 272 页。

中创造性运用的毛泽东思想，学习科学、技术知识，提高青年团员及其他青年的思想政治文化水平。同时，还要学习并掌握马克思列宁主义在各种具体工作中的实际运用。这次会议明确了青年团的基本任务是："领导并鼓舞全体青年团员及广大青年……为中国新民主主义的革命事业，培养出千千万万有高度政治觉悟又有坚强的实际工作能力的优秀的革命后备军，源源不断地补充到各种工作岗位去，推动革命事业前进，建设起确实比旧社会不知道要好多少倍的新民主主义社会，并且准备将来进入社会主义的社会。"[①] 借力思想道德教育，让青少年对这一基本任务知晓、铭记，按照党的要求自我锻造成优秀革命后备军。

加强党对新民主主义青年团的正确领导，以确保中国青年运动的正确方向。一方面，新民主主义青年团的领导干部及全体团员，必须明确而深刻地认识到接受党的领导的必要性，坚决执行和服从党的一切方针、政策、决议，学习马克思列宁主义理论和共产党的作风，保证全体团员及其他青年对于党的完全信任，进而普遍接受党的领导。另一方面，各级党委加强对青年运动的领导职责，把青年工作放在重要位置上，给予必要的关心和帮助。党在加强对青年团的领导时，又应当注意尊重青年团在组织上应有的独立性，不在组织事务上过多干涉青年团的工作。在党的坚强领导下，新民主主义青年团作为中国青年群众的领导核心，有力地推动了青年运动的发展。

1949 年 5 月，廖承志在中华全国青年第一次代表大会上作了《中国人民解放军战争中的青年运动与今后中国青年的基本任务》的报

① 中共中央文献研究室、中央档案馆编：《建党以来重要文献选编（1921—1949）》第二十六册，中央文献出版社 2011 年版，第 274 页。

告，高度肯定了五四运动以来，中国广大进步青年对于党的革命事业所作的重要贡献，传承了党的光荣传统。在新民主主义革命即将取得胜利、新中国伟大事业即将起步这一新的历史阶段，对广大青年明确提出了基本要求：一是在政治上拥护人民民主革命的彻底完成，拥护人民民主的新国家。“中国青年一方面需要积极参加消灭反动派残余的斗争，另一方面需要积极参加建设新中国的事业。为了建设新中国，应当在青年中间普遍地提倡新的爱国主义。”[①]这种爱国主义精神的基本内容是：广大青年须以无限的忠诚热爱新中国，并积极投身于新的国家经济、政治、军事、文化的建设，积极加强和改善人民的权利和地位，巩固国防事业，保证国家领土、主权、利益、荣誉的神圣不可侵犯，爱护国家一切公共财富，尊重和遵守人民政府所制定的革命秩序和法律制度，敢于向危害国家的利益及生存现实条件的一切敌人作坚决的斗争，借以保障国家建设的各项事业顺利进行并能蒸蒸日上。二是加强生产建设工作，青年在任何生产岗位都要采取积极态度，向着有利于重建、恢复和发展生产的方向努力。在生产过程中要大力提倡艰苦奋斗、勤俭朴素的作风，节衣缩食、克勤克俭，以便积累经济建设所必需的资本。三是努力学习新民主主义理论和科学文化知识。“中国的一切爱国青年都应当努力学习新中国的创造者和领袖毛泽东，学习毛泽东的忠于国家民族和人民利益的原则精神，学习毛泽东的艰苦奋斗为人民服务的革命精神，学习毛泽东的实事求是的科学精神。”[②]青年在学习科学文化知识、提升思想道德素质之外，还要

① 中共中央文献研究室、中央档案馆编：《建党以来重要文献选编（1921—1949）》第二十六册，中央文献出版社 2011 年版，第 376 页。

② 中共中央文献研究室、中央档案馆编：《建党以来重要文献选编（1921—1949）》第二十六册，中央文献出版社 2011 年版，第 378 页。

具备一定的文化水平和必要的生产知识，努力钻研现代科学知识和技术，为更好地服务国家的生产建设储备必要的专门知识。基于这一任务，党广泛开展青年普及教育运动，以快速提升青年文化程度，强化思想道德教育。

2. 引领学生开展民主爱国运动

解放战争时期，党除了在前线与国民党军队进行武装斗争外，还在国统区开辟了反对国民党反动派的“第二条战线”，即以青年学生为主，联合广大工人、农民、小资产阶级、民族资产阶级及其各阶层反蒋人士共同参与的和平民主爱国运动。党依凭“第二条战线”，在青年学生中积极开展理想信念教育和宣传鼓动工作，使其在民主爱国运动中发挥了先锋作用，领导广大群众掀起了反对美帝国主义和蒋介石反动派的爱国主义运动新高潮。

1945 年 11 月，昆明多所大学和中学的学生举行罢课、上街游行，要求立即停止内战，争取和平，建立民主的联合政府，切实保障人民的利益。在党的领导下，各地群众受青年的感召，纷纷掀起反对内战的爱国运动，彰显了在特殊时期党的号召力，扩大了党的广泛政治影响。1946 年，源起于美军在华实施侵略和强奸女大学生的卑劣行径，北京大学、清华大学等高校 5000 余名大学生举行抗议美军暴行的示威游行，在党的组织和领导下，青年学生喊出“美军退出中国”的口号，将斗争引向深入。随后，全国掀起了反美反蒋的广泛的民主爱国运动，各地声援学生爱国行动的群众力量日益壮大。1947 年 4 月，国统区爆发的严重经济危机快速波及教育领域。受严重经济危机的重创，广大高校教师和学生陷入经济困境，挣扎在饥饿线上无法正常工作与学习。针对时局的特殊性，周恩来提出："尤其是使人活不下去的财经危机，人民既忍受不了……但总的趋势必然会继长增高，问题就要看我们领导的斗争策略如何，组织力量如何"①。正确预判时局，明确提出应对策略。党在认真分析形势的基础上，提出推动新的学生运动高潮的基本方针，即从生活斗争的客观现实中出发，寻找突破点，将引导国统区青年学生争取切身利益的斗争，与反帝、反封建、推翻国民党反动统治的政治斗争紧密结合起来，激发学生斗志，激起学生共产主义政治觉悟。于是，广大青年学生纷纷高呼"反饥饿""反内战""反迫害"等口号，将政治斗争与自身求学、生活、就业等切身利益诉求相统一，在斗争中实现了由谋求个人当前经济利益向谋求整体长远政治利益的转变，由谋求自身自由、解放向为全民族、为广大无产阶级谋利益、谋解放而奋斗的思想转变，从此一步步走上革命道路，其中一部分人成为坚定的共产主义战士。在青年学生的影响下，民族工商业者、知识分子等民主进步人士纷纷加入，一道开展广泛的民主爱国运动。党在国统区借助这一热潮，广泛进行民族爱国主义的宣传教育，由学生群体深入到工人、店员、城市贫民、工商业家、自由职业者乃至华侨中去，扩大了党的政治影响面和影响力。乘着这个好势头，党还对一些存有错误思想、对帝国主义和国民党反动派心存幻想的知识分子及民主派人士进行说服、争取、教育与团结的工作，从而使其站到人民的一方来。"许多曾经是自由主义者或民主个人主义者的人们，在美国帝国主义者及其走狗国民党反动派面前站起来了"②，最终成为革命的重要力量。可见，解放战争时期，党在国统

① 《周恩来选集》上卷，人民出版社 1980 年版，第 268 页。

② 《毛泽东选集》第四卷，人民出版社 1991 年版，第 1495 页。

区引领学生开展民主爱国运动，对全国民众的爱国运动起到促进、辐射作用，成为对青少年乃至全体民众进行爱国主义和理想信念教育的有益尝试，积累了较为丰富的经验，进一步筑牢了青少年思想道德教育的理论与实践根基。

第三章　社会主义革命和建设时期中国共产党之青少年思想道德教育

新中国的成立，标志着中国共产党由领导人民为夺取政权而奋斗的革命党转变为领导人民进行国家建设的执政党，也标志着党正式开启在全国范围内开展思想道德教育的新时期，党的青少年思想道德教育发展步入新阶段。“充分运用执政党掌握的上层建筑和意识形态力量，发挥思想政治教育的优势，扩大马克思主义在中国的宣传普及，使党的指导思想上升为国家主流意识形态，同时构建适应新中国经济、政治形势和思想文化需要的思想政治教育制度，为新兴社会制度的巩固和发展提供强大的思想保证、精神动力和舆论支持”[①]。由此，可以洞见党的青少年思想道德教育此期的基本走向和发展态势。

一、社会主义革命时期党的青少年思想道德教育发展的新起点

为有效清除残存在人民群众头脑中的落后思想、提升其科学文化

① 王树荫：《中国共产党思想政治教育史》，中国人民大学出版社 2016 年版，第 129 页。

知识和道德水平，振奋民众建设新中国的精气神，党亟待对教育文化领域展开整顿，以建立起新中国的新型教育体系与教育制度，重点放在思想道德教育方面。

（一）建立学校青少年思想道德教育制度

新中国成立初期，在意识形态领域，马克思主义成为主流意识形态，帝国主义、封建主义和官僚资本主义在政治上的反动统治虽被成功推翻，但其观念余毒和影响依旧存在。彻底清除帝国主义、封建主义和官僚资本主义的思想文化残余，成为党的青少年思想道德教育的一项长期且艰巨的任务。与此同时，新中国成立初期，民众思想道德素质和科学文化水平普遍低下。长期反动统治的政治压迫和精神奴役，造成国人愚昧无知，加剧了由于空前巨大的社会变革转型而引起的思想动荡和心理恐慌，助长了社会生活中各种反动宣传和政治谣言的流传与蔓延，造成了人们思想和社会生产生活秩序的严重混乱，反映出新生的人民政权建立初期社会意识形态领域杂乱无序和亟待整顿的状况。

1949年，《中国人民政治协商会议共同纲领》规定："有计划有步骤地改革旧的教育制度、教育内容和教学法""以提高人民文化水平、培养国家建设人才、肃清封建的、买办的、法西斯主义的思想、发展为人民服务的思想为主要任务"[①] 作为文化教育政策。在提倡"爱祖国、爱人民、爱劳动、爱科学、爱护公共财物"（简称"五爱"）的思想道德

① 中共中央文献研究室编：《建国以来重要文献选编》第一册，中央文献出版社1992年版，第11页。

教育方针政策的基础上，继承老解放区的思想道德教育传统，吸收苏联的思想道德教育经验，逐步创建了以马克思主义为指导的新中国思想道德教育理论和实践体系，也为对旧思想道德改造指明了正确方向。

1949 年 12 月，第一次全国教育工作会议召开，明确新中国的教育是为巩固与发展人民民主专政，为革命斗争和建设服务的根本任务。强调借助苏联教育建设的先进经验，发展我国新民主主义教育，并对旧的教育制度、学校课程、教材、教学方法、师资队伍等进行有计划有步骤的彻底的改革。①1951 年 11 月 30 日，中共中央发出《关于在学校中进行思想改造和组织清理工作的指示》，要求在思想上、政治上和组织上清除学校中的反动遗迹，使全国学校都逐步掌握在党的领导之下。党准备有领导、有计划、有步骤地于一至两年内，在所有大中小学教职员和高中以上的学生中，普遍地进行初步的思想改造工作；在大中小学教职员和专科以上（大学一年级）学生中，组织忠诚老实交清历史的运动。该指示规定，学校教职员和高中以上学生的思想改造是一项长期的工作，主要目的和方法是树立为人民服务的观点，用批评与自我批评的方式，进行自我教育和自我改造，抛弃原来反动的或错误的阶级立场，并在此基础上进行组织清理。之后，党在国民教育领域通过接收整顿各级各类学校，坚决取缔国民党反动派党团特务组织，废除训导制度及反动政治课程，通过开展有效的思想改造与组织清理工作，为后来建立政治工作组织机构，开设马克思列宁主义政治理论课程，确立党在学校的青少年思想道德教育制度，奠定思想与组织基础。

---

① 何东昌编:《中华人民共和国重要教育文献（1949—1975)》，海南出版社 1998 年版，第 6 页。

（二）创设与完善学校思想道德教育体系

新中国成立后至1956年，是我国教育事业的起步阶段。其间，党积极领导开启教育改革探索的新征程，陆续召开了全国教育工作会议、全国高等教育工作会议、中小学教育工作会议等，积极敦促和加强教育改革，对旧式学校教育进行了循序渐进的调整，逐渐建立起以学校党委为领导，以学校行政为主力，以政治理论课为主渠道，组织青年团、学生会积极参与、分工协作的学校青少年思想道德教育的新体系、新制度与新机制。

1. 明确学校思想道德教育的任务与要求

（1）以爱国主义教育为首要任务

1951年7月，中华全国学生第十五届代表大会在北京举行。大会决议指出，当前中国学生运动的主要任务是：在全国同学中努力普及与加深爱国主义的思想教育；团结全国同学在爱国主义的思想基础上，努力提升知识水平；积极开展学校中的体育和文化、娱乐活动，努力改进全国学生的健康状况；加强各级学生联合会和各校学生会的工作，各级学生联合会和各校学生会应该在各级教育行政部门的指导下，与青年团组织密切配合，协同工作，以便有效地帮助学生开展政治思想和文化科学知识的学习，并改善他们的健康状况。不久，教育部发出指示强调：当前思想道德教育以肃清封建、买办、法西斯主义思想，加强爱国思想为首要任务，并用民主批评的方法，适当地改造民族资产阶级和小资产阶级的思想，培养学生全心全意为人民服务的革命的人生观。并要求各大行政区教育部门分别召开暑期高等学校政治课讨论会，明确课程的方针任务、交流教学经验，研讨教学内容与方法。

（2）以培养“三好”学生为基本目标

1953 年 6 月，毛泽东在接见中国新民主主义青年团第二次全国代表大会主席团时的讲话中指出，党和团的领导机关都要学会领导团的工作，善于围绕党的中心任务，照顾青年特点，组织和教育广大青年群众。[①] 毛泽东反复强调，青年是长身体的黄金期，如果对青年长身体不重视，那很危险。所以，学习工作要抓紧，睡眠休息娱乐也要抓紧。总之，要使学生“身体好，学习好，工作好”[②]（即“三好”）。青年团工作要充分注意照顾青年的特点，往“三好”方向开展工作，使青年健康成长。自此，培养“三好”学生成为共青团工作的基本方向，各级学校也将“创三好”活动作为学生教育培养的中心工作和广大学生奋斗的基本目标，成为学校思想道德教育的重要内容。同年 10 月，党中央发出《关于加强党对青年团的领导给各级党委的指示》，进一步对如何培养“三好”学生提出具体要求。在学习方面，要特别重视对青年的教育和充分满足青年的学习要求，引导青年学习马克思列宁主义和党的方针政策，学习科学技术、文化知识以及各种业务知识，培养其成为国家有用的建设人才。在工作方面，要善于鼓励和帮助青年努力钻研新事物，激发青年积极性与创造性，引导他们把追求新事物的崇高理想与实事求是的作风结合起来，培养其成为国家建设事业中的先进工作者和革新家。但要使青年身心健旺地进行坚韧的学习和参加国家建设的劳动，党和青年团必须经常照顾青年长身体的特点，充分满足青年在休息与文化、娱乐、体育活动等方面的要

---

① 中共中央文献研究室编：《建国以来重要文献选编》第四册，中央文献出版社 1993 年版，第 271 页。

② 中共中央文献研究室编：《建国以来重要文献选编》第四册，中央文献出版社 1993 年版，第 273 页。

求，以健康的身心更好地参与到学习和国家建设的劳动中去。

（3）**以引领学生全面发展为基本要求**

围绕促进学生全面发展这一基本任务，党对中小学、高等院校思想道德教育进行了有针对、有分别的部署。1952年，教育部颁发试行《小学暂行规程（草案）》和《中学暂行规程（草案）》。《小学暂行规程（草案）》规定，小学实施智育、德育、体育、美育全面发展的教育，使儿童具有基本的科学、社会知识；具有爱国思想、国民公德和诚实、勇敢、团结、互助、遵守纪律等优良品质；具有强健的身体、活泼愉悦的心情等。①《中学暂行规程（草案）》规定，中学教育的任务，是用马克思列宁主义的理论与中国革命实践相结合的毛泽东思想和普通文化知识教育青年一代，对其实施智育、德育、体育等全面发展的教育，主要目标包括：获取现代科学知识和技能，养成科学的世界观；发展学生为祖国效忠、为人民服务的思想，养成爱祖国、爱人民、爱劳动、爱科学、爱护公共财物的国民公德和刚毅勇敢、自觉遵守纪律的优良品质；培养学生体育卫生的智能与习惯，养成强健体格等。②

1954年，《中央人民政府政务院关于改进和发展中学教育的指示》进一步指出："政治思想教育，应根据学生现存的思想情况，继续努力培养'爱祖国、爱人民、爱劳动、爱科学、爱护公共财物'的国民公德，并注意培养集体主义精神，自觉的纪律，及坚韧、勇敢、谦逊、诚实、节俭、朴素等品质。"③文件规定，中学教育的目的是以社

① 何东昌编：《中华人民共和国重要教育文献（1949—1975）》，海南出版社1998年版，第142页。

② 何东昌编：《中华人民共和国重要教育文献（1949—1975）》，海南出版社1998年版，第139页。

③ 中共中央文献研究室编：《建国以来重要文献选编》第五册，中央文献出版社1993年版，第197页。

会主义思想教育学生，培养他们成为社会主义社会全面发展的成员，为国家建设输送一批具有一定政治觉悟、文化素养和健康体质的新生力量。其中尤其突出了要更加重视学生的全面发展：既要加强思想道德教育，又要重视系统的科学知识的教学，同时还要注意体育卫生教育。并规定思想道德教育的任务是“树立社会主义的政治方向，培养辩证唯物论世界观的基础和共产主义的道德”①。为此，党在中学里巩固和加强工人阶级思想的领导地位，增强社会主义思想，彻底批判资产阶级思想和继续肃清封建的、买办的、法西斯主义的思想残余。重点加强爱国主义教育、劳动教育和自觉纪律教育。在爱国主义教育方面，培养学生热爱祖国和献身社会主义建设的激情，加强国家观念，巩固以国家利益为重的集体主义观念培养教育。与此同时，注意培养国际主义精神。在劳动教育方面，培养学生的社会主义劳动观，以劳动为荣，热爱劳动，能够自觉积极参与劳动，摒弃轻视体力劳动、轻视工农劳动者的错误思想。在纪律教育方面，要培养学生学习的自觉性与积极性，自觉地遵守学校、社会规则和国家法律，尊敬教师，爱护公共财物，维护公共秩序，重视集体利益，并自觉克服纪律松弛的倾向。此间，青少年思想道德教育内容更丰富更全面。

1956 年 5 月，高等教育部颁发试行《中华人民共和国高等学校章程草案》，规定高等学校的基本任务是：适应国家的社会主义建设的需要，培养具有一定马克思列宁主义水平和实际工作所必需的基本知识；掌握科学和技术的最新成就和理论联系实际的能力；并且身体健康、忠实于祖国、忠实于社会主义事业和准备随时保卫祖国的高级专门人

① 中共中央文献研究室编：《建国以来重要文献选编》第五册，中央文献出版社 1993 年版，第 197 页。

才。毛泽东于 1957 年在最高国务会议上提出："我们的教育方针，应该使受教育者在德育、智育、体育几方面都得到发展，成为有社会主义觉悟的有文化的劳动者。"①强调"三育并重"，并将"德育"置于首位。从这一时期党和国家出台并实施一系列加强与改进学校德育的文件及政策中可以看出，党的育人目标在强调人的全面发展的同时，开始发生重要的转变，即明确"德育第一"原则，指出社会主义教育首先培养的是有德性的人，"德"要高于"智"和"体"，并引领其他素质的发展，"评判学生学习成绩的时候，应当把学生的政治觉悟放在重要的地位，并且应当以学生的实际行动来衡量学生的政治觉悟的程度"②。在受教育者具体素质方面，既强调发展的全面性，又突出以德为先的基本要求，以德育入手引领青少年的全面发展，更加凸显思想道德素质在青少年综合素质结构中的关键地位，这就为促进各级各类学校思想道德教育指明了正确方向，对其发展产生了深远影响，并为培育全面发展的社会主义事业合格建设者和可靠接班人奠定了基础。

2. 充实学校思想道德教育课师资队伍

新中国成立初期，学校师资队伍数量严重不足、质量普遍不高等问题十分突出，给青少年思想道德教育的顺利开展带来阻碍。要充分发挥政治理论课在青少年的马克思主义世界观、人生观、价值观教育以及共产主义道德教育中的作用，确保稳定的教学质量和良好的教学效果，师资队伍建设是关键。在 1949 年第一次全国教育工作会议上，党便提出改进北京师范大学和各地区大学中的师范学院或教育学院、

① 《毛泽东文集》第七卷，人民出版社 1999 年版，第 226 页。

② 中共中央文献研究室编：《建国以来重要文献选编》第十一册，中央文献出版社 1995 年版，第 491 页。

改进各地师范教育、加强教员在职轮训和在职学习等具体任务，从而培养出有一定数量和有职称梯级的师资队伍。1951 年 9 月，为培养专业的师资队伍，教育部决定从各校抽调一部分“辩证唯物论与历史唯物论”的教师集中研修半年，以提升师资水平与技能。1952 年，全国高等、中等学校经过结合“三反”运动的思想改造和组织清理，肃清封建买办法西斯思想、批判资产阶级思想之后，急需加强对广大师生开展马克思列宁主义理论教育，树立其共产主义的坚定信仰与信念。而提高政治理论课程的教学水平，则是学校思想建设工作的中心环节。过去由于普遍缺少优质的政治理论课师资，学校该类课程教育教学效果不够理想。1952 年 9 月 1 日，中共中央颁发《关于培养高等、中等学校马克思列宁主义理论师资的指示》，开始在全国范围内有计划地、系统地、大规模地开展马克思列宁主义理论师资的培养工作。在中央和地方选取条件适当的高校创办马克思列宁主义研究班，在高校助教和高年级学生中选拔优秀党员、团员，担任政治理论课助教或助理，指导他们结合工作实际，系统学习马克思主义理论与教育教学理论，从而逐渐为高等、中等学校培养一批新的政治理论课师资队伍；设立政治教育系或政治教育专修科，培养中等学校的政治理论课师资，使青少年思想道德教育的有效进行有了人力资源保障。

1955 年，高等教育部召开的高等工业学校、综合性大学校（院）长座谈会，对改进和加强大学生政治思想工作进行了全面部署。针对政治理论课师资量少质差、缺乏有效领导的基本现状，高等教育部拟定了加强师资培养训练的工作计划，通过适当增加综合大学文、史、哲系科的招生名额，以拓展未来师资队伍的来源；扩大中国人民大学马列主义研究班办学规模，并选拔比较优秀的教师进入其中或到其他有苏联专家的学校进修，以提高在职教师的素质。同时，要求各学校注意加强在职师资的培养，组织没有参加过系统学习的政治理论课教师参加比较系统的学习，已经系统学习过的教师制订个人进修计划，要求学校领导和教研组对他们的进修给予具体帮助，为他们到工厂农村参观考察、听取有关报告、阅读相关文件创造条件，提供便利，以促进政治理论课教师逐步提高思想水平和业务水平。同时提出了“教师对学生全面负责的思想”，即所有教师“都应在教学中对学生进行政治思想教育，不应该只注重传授业务技术知识，还应该结合业务技术知识的教育随时进行政治思想教育和道德品质教育”①。新中国成立之初，经过不断扩大和整顿教师队伍，加强思想道德教育师资队伍的培养、建设与管理，党逐渐建立起了一支理想信念坚定、理论水平精深、教育教学能力过硬，专兼结合的政治理论课优秀师资队伍，为青少年思想道德教育的有效开展和社会主义合格建设者与可靠接班人的培育奠定了人才基础。

3. 着力于大学生思想道德教育

(1) 完善大学生思想道德教育课程体系

1949年10月，华北人民政府高等教育委员会规定，专科以上开设“辩证唯物论与历史唯物论（包括社会发展史)”“新民主主义论(包括近代中国革命运动史)”“政治经济学”②。同年11月，教育部在华北19所高校负责人会议上明确规定，课程改革的中心是加强政治课学习，确立了政治理论课在高校思想政治工作中的重要地位。1951

① 教育部社会科学司组编：《普通高校思想政治理论课文献选编（1949—2008)》，中国人民大学出版社2008年版，第22页。

② 教育部社会科学司组编：《普通高校思想政治理论课文献选编（1949—2008)》，中国人民大学出版社2008年版，第2页。

年，高等教育部指出：华北区各高等学校两年来开设的几门政治理论课程，“是改造学生的思想，树立科学的世界观，革命的人生观和全心全意为人民服务的最基本的课程”“着重于讲授系统的马克思列宁主义、毛泽东思想”①，并由华北区逐渐推向全国高校。1952年，教育部《关于全国高等学校马克思列宁主义、毛泽东思想课程的指示》重申：在坚持开设原有课程基础上，从1953年起增开“马列主义基础”。至此，课程体系基本搭建，同时对这些课程开设学期、课时时数等作了明确要求，使对大学生进行系统全面的马克思主义世界观教育落到实处。1956年，教育部规定：高校政治理论课教学分阶段推进，“一年级开设马列主义基础课”“二年级开设中国革命史”“三年级开设政治经济学”“四年级开设辩证唯物主义与历史唯物主义”②。教育部陆续出台系列方案，对高校政治理论课的开课门数、开课顺序、教学大纲的编订与修改、授课方式与学时比例、考试考查、师资调配等具体的课程实施问题进行了详细部署，教育课程系统化、全覆盖。这一时期，高校初步建立起较为系统的政治理论课课程体系。同时，在党中央的高度重视和大力推进下，课程体系得以不断健全和完备，为青少年思想道德教育作了顶层设计和高端规划。

（2）**制定高校思想道德教育工作制度**

1952年9月2日，中共中央转发教育部党组《关于在高等学校试行政治工作制度的报告》，决定在有条件的高等学校设立政治辅导处，配备政治辅导员，专门负责学校师生员工的思想政治教育，并逐

① 教育部社会科学司组编：《普通高校思想政治理论课文献选编（1949—2008）》，中国人民大学出版社2008年版，第9页。

② 教育部社会科学司组编：《普通高校思想政治理论课文献选编（1949—2008）》，中国人民大学出版社2008年版，第27页。

步在全国高校推广普及。其中，政治辅导处的任务是：组织推动全体教职员工的政治理论学习与社会活动；协助教务处指导马克思列宁主义理论课程的教育教学；充分掌握全体师生的政治思想状况。规定政治辅导员与学生的配比为 1∶300，专门落实政治辅导处的各项具体任务。政治辅导处与辅导员制度的设立，标志着党领导下的专职政工机构和人员的学校思想政治工作制度的全面建立，政治辅导处正式成为担任高校思想政治工作的专门机构，为高校立德树人发挥了重要作用，为青少年思想道德教育专业化确立了保障，奠定了基础。

（三）改进和优化思想道德教育方法

1949 年 12 月，教育部副部长钱俊瑞在第一次全国教育工作会议上，对于如何有效开展政治思想教育提出了要求。他强调：理论学习必须密切结合学生的思想实际，即把理论学习作为改造思想的武器，把改造思想作为理论学习的直接目的；必须抓住重点，解决主要的思想问题。课程以少而精为原则，思想改造的基本点在确立革命的人生观；发扬自由思考，善于民主启发，正确运用批评与自我批评；对不同的对象，发掘其本身思想中的正确或比较正确的成分，通过其自己的力量，表里相应地、逐步提高地克服错误思想，巩固与提高正确的思想；政治理论学习应当与自己参加劳动生产、群众斗争以及参观解放军驻地或工厂等活动结合起来，才能收到明显的成效。[①] 可见，其中多为原则、方法上的要求。此外，对学生的良好思想行为应予以表

① 何东昌编：《中华人民共和国重要教育文献（1949—1975）》，海南出版社 1998 年版，第 9 页。

扬鼓励。对于错误的思想行为，则不能听之任之、放任自流，亦不能采用简单的、粗暴的方式方法予以处理，而应通过启发诱导、步步深入，必要时可进行适当批评甚至合理惩戒以助其纠偏，但要坚决防止惩办主义倾向。

1. 立足学校，探索复合式教育方法

新中国成立初期，党不断把寻求理论教育与实践教育、显性教育与隐性教育相结合的教育方法作为加强和改进青少年思想道德教育的着力点。1950 年 10 月，教育部对新中国成立一年来大学生政治思想教育基本状况进行及时总结，指出存在的问题，在教学方法等方面有针对性地提供改进思路。结合国内外形势，规定了高等学校思想道德教育的“三个重点”（即进行反帝教育、土改教育、“五爱”教育）和“三项规定”（即不采取思想总结、思想检查、整风、坦白反省、斗争大会的方式；欢迎教职员工自愿参加，不要规定或勉强；在教会学校注意不要刺激人们的宗教情感）。同时，教育部还附发了《关于高等学校政治课教学方针、组织与方法的几项原则》，其中确定：在教育过程中，要按照学生的觉悟程度逐步提高，克服有意拖延不愿改造的思想，还要注意防止方法粗暴急于求成的偏向；要求“贯彻群众路线的教学方法”“根据理论与实际一致的教学方法，启发学生分析自己的思想，搜集、整理、研究各种问题”“多用自学与集体讨论的方法”“酌量配合实际行动（不宜太多），如参加劳动生产、群众斗争及社会活动等，使感性认识与理性知识相印证”[①]。高等学校应根据具

① 教育部社会科学司组编：《普通高校思想政治理论课文献选编（1949—2008）》，中国人民大学出版社 2008 年版，第 8 页。

体情况，成立政治课教学委员会（或教学研究指导组）。除课堂理论教育之外，积极开辟思想道德教育的广泛阵地，通过树立和宣传先进典型，号召大学生向当时涌现出的一大批如时传祥、雷锋、焦裕禄等劳动模范学习，树立献身祖国与服务人民的人生理想；加强时政宣传与革命传统教育，鼓励大学生参与劳动生产、政治与社会改革运动、社会主义教育运动、政策宣讲活动、党团与班级工作等，从而在实践锻造中更加坚定共产主义理想信念。

在中学德育课教学中，党强调要配合课堂教学，适当组织学生做一些力所能及的有教育意义的体力劳动。在教学方法上，采取课堂教学与课外活动相结合、说服教育的基本方法，正面积极地以社会主义思想来武装学生。教师要加强学习，提高思想理论与教育教学水平，运用辩证唯物论和历史唯物论的观点以及理论与实际相联系的方法讲学，并在课堂教学中注意贯彻政治思想教育，克服理论脱离实际的教条主义和形式主义弊病。

最为关键的是加强党对学校思想道德教育的领导。1955 年，中共中央宣传部《关于学校教育工作座谈会的报告》要求加强党委对学校教育工作的领导，积极建立和健全党委管理学校教育的工作机构。在学校积极宣传辩证唯物主义思想，批判资产阶级唯心主义思想；健全人事制度，做好全体师生员工的政治审查，确保学校思想政治工作在思想上、政治上、组织上得到应有的改进，以促进教学质量的提高。

此时，党在学校中的思想道德教育获得新的发展，马克思主义理论教育成为其主要理论之源，初步创立了社会主义思想道德教育理论体系，建立了新型的学校德育工作制度，积累了众多有益经验，培养了一代具有坚定的政治方向和理想信念，全心全意为人民服务和无私奉献精神的德智体全面发展的社会主义接班人，对巩固新生的政权、鼓舞人民革命与建设热情，起到了重要作用。

2. 依靠团组织，围绕具体内容有针对性地采用教育方法

此时期，党尤为重视对青少年进行共产主义和社会主义理想信念教育、道德教育的方式方法的针对性。1955 年 9 月，中共中央批转青年团中央书记处《关于开展培养青年共产主义道德、抵制资产阶级思想侵蚀的工作的总结报告》给各地党委的指示，充分肯定了青年团组织在党的领导下培养青少年共产主义道德、抵制资产阶级思想侵蚀的宣传教育工作所取得的成绩，引发全体社会成员对青少年思想道德教育的高度重视，充分肯定加强和改进青少年思想道德教育对于社会主义革命的重要性和必要性，要求对青少年的共产主义道德教育必须紧密结合阶级斗争实际进行，用其中生动鲜明的活人活事教育感化青少年，从而逐步培养其无产阶级的世界观，成为爱憎分明、立场坚定，对敌人无限憎恨、对劳动人民和共产党无限忠诚和热爱的战士。青年团组织应在巩固和发扬以往道德教育成果的基础上，改进工作作风，进一步密切和青年群众的联系，开展各项有益于培养教育青年的实际活动，从各方面改善对青年的思想道德教育。

自 1954 年 10 月起，在党的领导下，青年团组织在全国多个大中城市先后开展“培养青年共产主义道德、抵制资产阶级思想侵蚀”的宣传教育工作，并在全国产生了积极反响，社会各方面更加关注青少年的道德品质，关心他们的成长，通过多方举措切实加强对青少年的道德教育，把青少年群体的道德水平与社会主义建设水平有机联系起来，将道德素质的高低作为衡量人才的重要标准。经过集中教育宣传，营造了良好的社会氛围，广大青少年的道德觉悟不断提升，增强了对资产阶级落后思想侵蚀的警惕，并积极培养新的道德品质。“道

德教育激发了广大青年的政治热情，很多青年群众积极向团组织靠拢，要求参加团课学习，争取入团，他们在遵守劳动纪律、学习纪律等方面有了很大的改进”①，各地还出现了大量先进事迹。运用典型、联系实际、划清界限、积极引导，是这次对青少年进行教育的基本方法。通过正反典型的讲解和讨论，使得广大青少年具体、深刻地认识到资产阶级思想的丑恶本质，提高了警惕，在积极要求培养新的道德品质的基础上，又进一步向其宣传共产主义的道德标准，帮助他们认清新旧道德的本质区别。青年团组织全面总结此次集中宣传出现的问题与经验教训，指出培养青年的共产主义道德品质并非一朝一夕、一蹴而就，而是一项长期、复杂的斗争任务，强调思想道德教育的持续性与经常性，“那种把道德教育集中宣传的结束，当作道德教育的结束，认为经过一次集中宣传就可‘松口气’、‘万事大吉’的思想，显然是错误的。我们一定要把反对资产阶级思想侵蚀青年的斗争进行到底，把道德教育作为一项经常的教育任务，贯彻到各项实际斗争中去”②。

与此同时，党还对广大学生开展集体主义教育。过渡时期，通过学校思想道德教育，将集体主义教育纳入党的教育方针、政策中，从根本上保证集体主义教育的常态性和稳定性。新中国成立后的教育方针、政策都包含了对于集体主义教育的规定，加强对各级各类学校开展包括集体主义在内的政治思想教育。1954 年 4 月，政务院发布的《关于改进和发展中学教育的指示》强调，学校政治思想教育应根

① 中共中央文献研究室编：《建国以来重要文献选编》第七册，中央文献出版社 1993 年版，第 175 页。

② 中共中央文献研究室编：《建国以来重要文献选编》第七册，中央文献出版社 1993 年版，第 180—181 页。

据学生现有的思想情况，注意培养集体主义精神。[①]1954年，全国中学教育会议指出，对学生进行思想道德教育，“特别要加强爱国主义、劳动教育、集体主义教育和自觉的纪律教育”[②]，强调集体主义教育是对青少年的根本教育任务之一。这一时期，高等学校也非常注重对广大青年学生的集体主义教育，倡导建立集体主义的革命人生观，学会正确处理个人和集体的关系，把集体利益放在主导的地位，把个人利益放在从属的地位，实践“先公后私”的原则，批判个人主义观点，树立集体主义观念，培养全心全意为人民服务的精神。

新中国成立初期，党开展的集体主义教育所产生的精神魅力，对包括青少年在内的广大群众践行集体主义道德理想产生了巨大影响。在党的号召和集体主义精神引领下，无数社会主义劳动者为支援国家建设举家从大城市到边远山区工作，还有大量群众无偿参加了铺路、筑堤、建水库等义务性劳动。广大知识分子、科学工作者和青年学生纷纷到农村去，到边疆去，到祖国最需要的地方去奉献才智。新中国的建设者从集体主义原则出发，“舍小家为大家”，为祖国各项事业的建设和发展而不懈奋斗。

此间，党还集中对青年学生开展勤俭节约的优良传统教育。党明确青年思想道德教育任务，即动员青年积极参加增产节约、反对贪污浪费的斗争，参加肃清一切反革命分子的斗争，于斗争中提升青年的阶级觉悟和革命警惕性，培养热爱共产党、热爱工农、热爱劳动、遵守纪律、忠诚老实、艰苦朴素等优秀品质。并选取富有教育意义的好

① 何东昌编：《中华人民共和国重要教育文献（1949—1975）》，海南出版社1998年版，第306页。

② 何东昌编：《中华人民共和国重要教育文献（1949—1975）》，海南出版社1998年版，第317页。

坏典型对青少年进行教育，特别是在注意做好社会青年尤其是落后青年工作，大力开展群众业余的文化娱乐活动，满足青年日益高涨的文化生活的需要等方面进行了部署。加强对农村青年的道德教育，“从实际出发，结合以互助合作为中心的农业增产运动，提倡好风气，批判坏习惯。如：提倡勤劳生产，反对好逸恶劳；提倡合作互助，反对损害公共利益；提倡忠诚老实，反对欺诈偷盗；提倡尊重妇女、爱护儿童，反对轻视虐待；提倡正当的文娱活动，反对赌博行为，等等”①。1956 年 12 月，共青团中央宣传部发布《关于向青年进行革命传统教育的通知》，向青年进行革命传统教育，着重宣传艰苦朴素、勤俭建国和全心全意为人民服务的思想。在学生中提倡并发扬勤俭建国、艰苦朴素的作风，发扬党和人民艰苦奋斗的革命精神，正确地认识和对待目前的困难，这些多维举措极大地提升了青少年的思想道德素养。

二、全面建设社会主义时期党的青少年思想道德教育进程

1957 年到 1976 年，是中国共产党带领全国人民开始全面建设社会主义的历史时期。其间，党带领广大人民群众以极其饱满的精神状态和斗争激情投入到生产建设一线，取得了伟大的阶段性胜利。但由于对经济发展规律的基本情况认识不足，建设社会主义的经验不够，

① 中共中央文献研究室编：《建国以来重要文献选编》第七册，中央文献出版社 1993 年版，第 182—183 页。

出现急于求成的“左”倾错误，社会主义各项事业在全面发展的过程中遭受到不同程度的挫折。受此影响，党的青少年思想道德教育理论与实践的探索过程，也在总体上呈现出曲折发展的态势。

（一）《关于加强军队政治思想工作的决议》明确青年军人思想道德教育

1960 年 9 月至 10 月，中央军委扩大会议讨论通过《关于加强军队政治思想工作的决议》，并于同年 12 月予以执行。该决议对新中国成立以来军队政治工作经验进行了总结，提倡继承中国人民解放军的优良传统，对新形势下人民军队的政治工作进行了探索。

首先，重申政治思想工作是我军“生命线”的重要论断，阐明了新的历史时期军队政治思想工作的重要地位。决议指出，在军队司令部工作、后勤工作、军事训练、技术工作等所有工作中，政治工作应当置于领先地位。在军队，政治是统帅、是灵魂，政治工作当然是我军的生命线、是一切工作的根本保证。借助于政治工作发挥军人的积极性和创造性，一切工作便都可以做好，还要重视人的主观能动性的发挥，“人的因素第一，政治第一，思想工作第一，活的思想第一。这是我军政治思想工作的方向，也是整个军队建设的方向”[①]。其次，明确将毛泽东思想作为军队政治工作的指导思想。人民军队建设要高举毛泽东思想的旗帜，普遍而深入地学习、宣传毛泽东思想，并在其指引下，加强政治思想工作，认真进行思想教育。坚持和贯彻群

---

① 中共中央文献研究室编：《建国以来重要文献选编》第十三册，中央文献出版社 1996 年版，第 747 页。

众路线，发扬军队“三大民主”的优良作风。最后，改善教育管理方法，“一切干部都要用平等待人的精神对待战士，把战士当作阶级兄弟，善于用说服教育的办法，提高群众的自觉性、主动性和积极性，防止单纯用行政命令手段和强制方法去推行工作和处理问题。发动群众自己教育自己，提倡群众性的互助”①，从而形成干部爱护战士、战士尊重干部，彼此打成一片、同甘共苦的和谐局面。要大兴“三八作风”，即“坚定正确的政治方向，艰苦朴素的工作作风，灵活机动的战略战术；团结、紧张、严肃、活泼”②，以此作为军队一切行动的准则。坚持反复教育，启发自觉；干部带头，为人表率；经常培养，实际锻炼；抓住重点，边破边立。坚决反对贪图享受、无组织无纪律、自由主义等各种不良倾向，坚持党对军队的绝对领导。党在军队中的思想教育要坚持“活的思想”，密切联系实际，“以革命斗争现实生活中的问题为中心，进行马克思列宁主义教育，着重抓活的思想，抓实际的教育，是我军政治思想工作的优良传统”③，并提出了“活的思想”教育的具体内容与方法。要求政治工作必须扎根于连队，发挥连队党支部的核心领导和战斗堡垒作用。总之，因军队青年是主要群体，这些规定和要求具体落实于青年。此外，还专门对军队中的青年工作、加强干部队伍建设等方面进行了较为详细的部署。

受当时历史条件的限制和党的思想路线的偏差，决议在当时过于

① 中共中央文献研究室编：《建国以来重要文献选编》第十三册，中央文献出版社 1996 年版，第 755 页。

② 中共中央文献研究室编：《建国以来重要文献选编》第十三册，中央文献出版社 1996 年版，第 756 页。

③ 中共中央文献研究室编：《建国以来重要文献选编》第十三册，中央文献出版社 1996 年版，第 761 页。

强调人的主观能动性，突出“政治挂帅”，“左”倾色彩明显，并为“左”倾错误的进一步发展埋下了伏笔。但从客观实际而言，决议的贯彻执行，有助于加强军队政治思想工作和基层建设，它的基本精神也对地方各级党的组织、机关、学校、企业等部门做好思想政治工作提供了一定的借鉴。

（二）《高教六十条》系统规定了大学生思想道德教育

1961年，中共中央批准并颁布《教育部直属高等学校暂行工作条例（草案）》（简称《高教六十条》），对高等学校德育目标、任务和要求作了具体规定。《高教六十条》指出，高等学校要贯彻执行教育为无产阶级政治服务、教育同生产劳动相结合的方针，培养社会主义建设所需要的各种专门人才。高等学校的目标是培养具有爱国主义和国际主义精神，具有共产主义道德品质，拥护党的领导、拥护社会主义，愿为社会主义事业服务、为人民服务的社会主义建设者，并让他们通过对马克思列宁主义、毛泽东思想著作的学习和一定的生产劳动实际工作的锻炼，逐步树立无产阶级的阶级观点、劳动观点、群众观点、辩证唯物主义观点。该条例还规定，高校实行党委领导下的以校长为首的校务委员会负责制，充分发挥校长、校务委员会和各级行政组织的作用，努力改进党的领导方法和作风，切实加强大学生思想道德教育，进一步调整和改善党与知识分子的关系。高校德育制度得此契机而逐渐形成，并得以不断完善。

完善学校德育课程体系，打造社会主义教育坚实平台。1957年11月，中共中央宣传部发出关于设立社会主义教育课程的指示，“高等学校和中级以上的党校，现在都有必要设立社会主义教育的课程，以便改造知识分子的旧思想，提高学员的社会主义觉悟”①。教育部结合中学和师范院校的实际情况，试编了中学和师范院校社会主义教育的教材目录。1957年12月，教育部正式在高等学校开设社会主义教育课程，要求全体大学生必须无一例外参与学习，明确该课程以毛泽东《关于正确处理人民内部矛盾的问题》为中心教材，以马克思列宁主义经典著作、党的文件辅之，并列出学习书目清单。同时，还对课程学习方法和课时进行了规定。通过加强对各级各类学校社会主义教育课程的建设，党的青少年思想道德教育课程体系基本建立又不断完善，对培养一批具有马克思主义信仰、社会主义和共产主义理想信念、“又红又专”的社会主义新人发挥了重要作用。

（三）开展榜样教育，形成示范带动效应

这一时期，党的青少年思想道德教育在坚持理论教育教学的基础上，灵活运用多种形式，开展了丰富多彩的教育实践活动，取得了显著成效。尤其在全面建设社会主义过程中，各行各业涌现出一大批先进模范人物，如雷锋、“铁人”王进喜、王杰、欧阳海、焦裕禄、钱学森等，形成并诞生了自力更生、艰苦奋斗精神和雷锋精神、大庆精神、“两弹一星”精神等重要精神财富，是党的思想道德教育内核，也是青少年思想道德教育的重要思想资源。党积极挖掘并利用这些德育资源，结合社会主义建设的实际需要和任务目标，注重发挥榜样力量，开展学雷锋、学大庆、学人民解放军的榜样教育活动，对全体民众特别是

① 中央档案馆、中共中央文献研究室编：《中共中央文件选集（1949年10月—1966年5月）》第26册，人民出版社2013年版，第351页。

青少年进行英雄主义、集体主义、自力更生和艰苦奋斗精神教育。

蓬勃开展学雷锋活动，开辟对包括青少年在内的全体干部、群众进行共产主义道德教育的有效途径。出身于贫困农民家庭的雷锋，在党的栽培下获得了文化知识，参军入党，成为一名光荣的“五好”战士，并担任中国人民解放军工程兵某部运输连班长。雷锋时刻心怀党和人民，认真学习马克思列宁主义和毛泽东思想，胸怀共产主义理想信念。生活中勤俭朴素，自立自强，助人为乐，积极奉献，将自己有限的生命投入到无限的为人民服务中去。1962年，雷锋不幸因公殉职。对此，1963年2月7日，《人民日报》刊发长篇通讯《毛泽东的好战士——雷锋》，同时发表《雷锋日记摘抄》，以极大的感召力影响并感动了全国民众。之后，共青团中央发出指示，要求在全国青少年中广泛开展“学习雷锋”教育活动，着重学习其忠实于党和社会主义事业的无产阶级立场；自觉服从祖国需要，以人民利益为重，做一个“永不生锈的螺丝钉”，全心全意为人民服务的精神；关心同志、助人为乐，毫不利己、专门利人的共产主义风格；坚韧不拔、勇于克服困难的意志和克勤克俭、艰苦朴素的作风；坚持又红又专，下苦功夫，努力学习毛泽东著作，刻苦钻研业务技术，模范完成工作任务等伟大的品质。

同年3月，毛泽东起笔题词“向雷锋同志学习”。之后，刘少奇、周恩来、朱德、邓小平、陈云等中央领导同志先后题词，高度赞扬雷锋精神，号召民众学习雷锋“憎爱分明的阶级立场，言行一致的革命精神，公而忘私的共产主义风格，奋不顾身的无产阶级斗志”[①]。各地纷纷响应党中央号召，广泛深入开展灵活多样的宣传学习活动，形成

① 中共中央文献研究室编：《建国以来重要文献选编》第十六册，中央文献出版社1997年版，第188页。

学习雷锋的热潮。多家媒体报刊争相报道和宣传雷锋生平事迹、伟大精神以及学习雷锋精神的深远意义；各地开展写雷锋、画雷锋、演雷锋、唱雷锋活动；各类展览、报告会、座谈会、文艺演出等形式的活动层出不穷。雷锋迅速成为全党、全军和全国人民学习的好榜样，成为教育人、改造人、鼓舞人的一面光辉旗帜，雷锋精神是共产主义理想和中华民族传统美德的完美结合，所展现的毫不利己、专门利人的奉献精神，自我牺牲精神和全心全意为人民服务的精神，体现了党的根本宗旨和社会主义制度的根本性质，是党的青少年思想道德教育的重要精神资源。在我国经济处于困难和恢复时期，深入开展学雷锋活动，对党领导全国人民进行伟大斗争，战胜困难，具有十分重要的意义。在雷锋精神的感召下，广大群众尤其是青少年的爱国主义、社会主义思想得以发扬，见义勇为、助人为乐、勤俭节约、艰苦朴素的风气普遍增长，千千万万党员、干部和群众不畏艰难，为社会主义建设事业而不懈奋斗，广大青少年为社会主义建设刻苦攻读、不懈努力。

（四）思想道德教育在摸索中遭受重大挫折

1. 教育偏离实事求是路线

1956 年，党的八大通过的党章规定：中国共产党的任务，就是有计划地发展国民经济，尽可能迅速地实现国家工业化，有系统、有步骤地进行国民经济的技术改造，以逐步实现“四化”[①]（即工业现代

① 中共中央文献研究室编：《建国以来重要文献选编》第九册，中央文献出版社 1994 年版，第 315—316 页。

化、农业现代化、交通运输业现代化和国防现代化）。1958 年 5 月，党的八届二次会议通过了“鼓足干劲，力争上游，多快好省地建设社会主义”的总路线，一定程度上激发了民众建设社会主义的热情。但是随着思想领域内反右斗争的扩大化，以及“左”倾思想的产生和泛滥，造成符合中国客观实际的“有计划”“有系统”“有步骤”的国民经济建设节奏被打乱，代之以极端冒进，逐渐违背实事求是的思想路线。党的宣传教育片面强调“用最高的速度来发展我国的社会生产力”“速度是总路线的灵魂”“快，这是多快好省的中心环节”，盲目求快，急于求成，严重忽视了经济发展的客观规律，全国上下笼罩于非理性的狂热气氛中。随着“大跃进”和人民公社化运动走向高潮，以高指标、瞎指挥、浮夸风、“共产风”为主要标志的“左”倾错误极速滋长，党的青少年思想道德教育和宣传思想工作盲目夸大人的主观意志和精神的能动作用，高扬“人定胜天”“人有多大胆，地有多大产”，鼓吹一些诸如“跑步进入共产主义”“不怕做不到，就怕想不到”等唯心主义口号，严重违背了马克思主义关于物质决定意识的唯物主义原理，实事求是路线被曲解或肢解，造成了人们思想盲目与混乱的局面，党的青少年思想道德教育受影响更为严重。

2. 教育沾染阶级斗争色彩

随着 1957 年反右斗争的扩大化，政治、革命和批判开始占据主导地位，党的青少年思想道德教育凸显阶级斗争色彩。在领导体制上，“踢开党委闹革命”，否定党对社会主义事业和教育的领导权；在教育方针上，宣扬“斗争哲学”，鼓吹“革命大批判”，要求“时时、事事、处处批”；在形式方法上，采取“大鸣、大放、大辩论、大字报”等运动形式，广泛宣传大跃进、大丰收、大胜利，造成群情兴奋、干劲冲天等癫狂局面。青少年思想道德教育，片面强调政治对思想的作用，把思想问题当作政治问题、阶级斗争问题，将人民内部矛盾当作敌我矛盾，并用大批判和斗争的方式处理；强调以单纯政治运动取代经常性价值观教育，忽视价值观念培育的连续性、科学性，突出阶级性和革命性；忽视个体思想政治品德的差异性，强调整齐划一，抛弃方法的辩证唯物主义理论基础。此时期，党的青少年思想道德教育逐渐背离唯物辩证法的基本原理，极大冲击和破坏了教育体系和全社会的价值认同基础。在意识形态领域，“对一些文艺作品、学术观点和文艺界学术界的一些代表人物进行了错误的、过火的政治批判，在对待知识分子问题、教育科学文化问题上发生了愈来愈严重的‘左’的偏差，并且在后来发展成为‘文化大革命’的导火线”①。

3. 教育内容和方式被异化

“文革”时期，受“左”倾错误思想影响，大搞政治运动开始作为党的思想道德教育的中心任务，德育强调“政治挂帅”，突出政治色彩，将政治表现等同于道德品质，政治教育取代道德教育，德育沦为阶级斗争的工具，党的青少年思想道德教育开始卷入“以阶级斗争为纲”的错误轨道而遭受重大挫折。具体而言，教育目标转变为以阶级斗争、反修防修为目标，反对科学知识、反对传统文化和外来先进思想道德等内容教育引导，违背马克思主义一切从实际出发、实事求是的唯物主义基本原则和立场。在批判修正主义的口号下，对许

① 中共中央文献研究室编：《三中全会以来重要文献选编》（下），人民出版社 1982 年版，第 807 页。

多正确的理论进行错误批判，将许多社会主义原则当作资本主义或修正主义批判，全盘否定中国传统文化。在教育方法上，坚持“批、斗、改”，大搞“扣帽子、抓辫子、打棍子”，政治运动、大批判逐步取代平等式的说服教育，教育方法简单粗暴，脱离实事求是的方法指导；在教育原则上，强调个人崇拜，形成盲目狂热的错误价值导向；在个体与群体的关系处理上，教育倾向于重视集体、轻视个人主体性，出现“国家的事再小也是大事，个人的事再大也是小事”“大河无水小河干，大河有水小河满”“人活着就是为了让别人生活得更好”等口号；在如何对待义与利的关系方面，重义轻利，淡化利益观念，片面强调人的精神属性。“争模范，夺红旗，不要修正主义的物质刺激”成为当时的典型话语。在“文革”中，义与利的关系被推向极端，其代表性口号是“宁要社会主义的草，不要资本主义的苗”。正因为如此，学校教育教学遭到全面破坏甚至停止，工农兵、工宣队进驻学校，以参与劳动和社会政治运动作为学校思想道德教育的重要形式甚至是唯一形式，学生停课闹革命、投身阶级斗争成为常态。过分强调运动和实践的作用，轻视思想政治理论知识传输。过分强调革命性，忽视学生专业知识技能培养，形成了“高贵者越愚蠢，低贱者最聪明”的错误观念①。一大批知识分子和领导干部被打倒，思想道德教育队伍遭到迫害和冲击，出现严重紧缺，致使一代人的专业知识匮乏，思想混乱，“三观”受到严重冲击而偏离轨道，国民整体科学文化水平和道德素质急剧下滑，影响了民众尤其是青少年的全面发展。

---

① 佘双好：《新中国70年思想政治教育模式发展的内在理路》，《南京师大学报》（社会科学版）2019年第4期。

“文革”时期，受“左”倾错误思想路线的干扰，党的青少年思想道德教育不仅没有发挥其应有的优势与作用，反而在一定程度上限制了青少年的成长与发展，也阻碍了社会的发展进步，严重影响了党的思想道德教育在人民群众中的威信。

第四章　改革开放和社会主义现代化建设新时期中国共产党之青少年思想道德教育

改革开放后，党的思想道德教育环境发生了重大转变，整体工作在拨乱反正中逐渐得以恢复。随着经济体制和经济结构的改变、利益关系的调整，人们的思想意识和价值观念出现了多元化现象，如何顺应这些客观发展着的实际，有效解决人们的思想道德问题，建立起改革开放新时期具有中国特色社会主义的思想道德教育成为党的重要课题。党的十一届三中全会以来，党对思想道德教育进行了重新定位并多次强调改革，在充分继承和发展传统优势与革命经验的同时，结合改革开放和社会主义现代化建设的实际需要，以面向现代化、面向世界、面向未来的视野和时代意识，确立起全新的青少年思想道德教育目标和内容体系。在党的领导和全社会共同努力之下，青少年思想道德教育重新启程并获得了新的发展。

一、“文革”结束后党的青少年思想道德教育重建

“文革”时期，学校教育遭遇全线停止，青少年思想道德教育课

程被劳动课和政治运动所取代而陷入畸形境地。“文革”结束后，党的青少年思想道德教育也进入拨乱反正阶段。

（一）思想道德教育指导路线重回正轨

实事求是是马克思主义的基本精神和毛泽东思想的精髓，也是长期以来中国共产党不断发展前进的正确思想路线和优良传统。“文革”时期，实事求是思想路线的严重偏离，致使党包括思想道德教育在内的一切工作遭遇“左”倾思想的侵袭。“文革”结束后的一段时间里，“左”倾错误思想依旧统治着人们的头脑，党和国家极少数领导人依然固守“两个凡是”的方针，严重干扰着党在各条工作战线上的拨乱反正。为彻底冲破这一错误思想的束缚，从根本上否定“两个凡是”，以邓小平同志为核心的党的第二代中央领导集体积极开展党的思想建设，大力倡导解放思想，恢复实事求是的优良作风，也将其运用于青少年思想道德教育，党的青少年思想道德教育路线回归正轨。

（二）学校思想道德教育课程逐渐恢复

1978 年 4 月，全国教育工作会议召开，邓小平围绕尽快恢复和发展教育事业提出了宝贵意见。他批驳了“四人帮”不切实际片面强调“德育”，严重忽视智育的错误倾向，强调要在坚持正确政治方向的基础上提升学校教育质量，提高学生科学文化水平，更好为社会主义现代化建设服务；学校应大力加强革命秩序和革命纪律教育，培育具有社会主义觉悟的新人。“革命的理想，共产主义的品德，要从小开始培养”[①]，全社会“都来关心青少年思想政治的进步，把被‘四人帮’破坏了的优良革命传统恢复和发扬起来”[②]。党在青少年中大力提倡勤奋学习、遵守纪律、热爱劳动、助人为乐、艰苦奋斗、英勇对敌的革命风尚，将其培养成为忠于社会主义祖国、忠于无产阶级革命事业、忠于马克思列宁主义毛泽东思想的优秀人才，成为有较高政治觉悟和集体主义精神，有坚定革命理想和坚持实事求是、群众路线的工作作风，严守纪律，专心致志为人民服务的劳动者。此次会议将恢复正常的青少年思想道德教育正式提上议程。

同时，教育部办公厅《关于加强高等学校马列主义理论教育的意见》规定：要从思想认识上澄清“文化大革命”造成的路线是非、理论是非和思想是非，按照社会主义新型大学的要求切实加强马列主义理论教育，具体开设“辩证唯物主义和历史唯物主义”“政治经济学”“中国共产党党史”等专门课程，从具体化、系统化、规范化等方面为高校思想道德教育课程作了部署，标志着学校青少年思想道德教育课程恢复发展新序幕的正式开启。

二、改革开放时期党的青少年思想道德教育重焕生机

1978 年 12 月，党的十一届三中全会召开，“实现新中国成立以来党的历史上具有深远意义的伟大转折，开启了改革开放和社会主义现代化的伟大征程”[③]。中国共产党深刻反思和系统总结以往思想

① 《邓小平文选》第二卷，人民出版社 1994 年版，第 105 页。
② 《邓小平文选》第二卷，人民出版社 1994 年版，第 106 页。
③ 习近平：《在庆祝改革开放 40 周年大会上的讲话》，人民出版社 2018 年版，第 1—2 页。

道德教育的经验与失误，结合改革开放新的历史条件对党的这一工作进行全新部署，党的思想道德教育在改革开放的大潮中重焕活力与生机。

结合新时期教育面临的新形势与新任务，各级各类学校加强和改进思想道德教育，通过坚持四项基本原则教育、马克思列宁主义和毛泽东思想的基本理论教育、理想信念教育、共产主义道德教育、公民道德教育、劳动教育、纪律规范教育等，努力提升学生的政治觉悟与道德修养，牢固树立理想信念、法治观念，青少年思想道德教育的内容与目标具体且明确。

（一）突出思想道德教育重要地位

进入改革开放新时期，邓小平针对新形势与新任务，正式提出了培养“四有”新人的教育目标。1982年，《人民日报》刊发邓小平寄语“培养青年成为有理想、有道德、有文化、有纪律、有强健体魄的新一代”。1985年5月，党中央、国务院在北京召开了改革开放以来的第一次全国教育工作会议，邓小平发表了《把教育工作认真抓起来》的重要讲话。在讲话中，邓小平充分肯定毛泽东提出的教育方针，并多次论述社会主义教育的人才培养目标和规格问题，提出要培养“有理想、有道德、有文化、有纪律”的“四有”新人。其中，将“有理想、有道德”置于“四有”之首，足见思想道德教育的重要地位。自此，培育“四有”新人成为新时期青少年思想道德教育的根本任务与首要目标。1988年，中共中央出台《关于改革和加强中小学德育工作的通知》，高度肯定了中小学德育的特殊地位，指出在中小学教育中，德育“即思想品德和政治教育，对坚持学校的社会主义性质，促进学生德智体美全面发展，具有重要的作用”[①]。中小学教育阶段是对学生进行道德情操、心理品质和行为习惯养成教育的最佳时期，也是树立科学的世界观、人生观、价值观和形成正确的政治态度的重要奠基期。抓紧这一时期的思想道德教育工作，对青少年全面发展和人生走向具有重要的积极影响。1989 年，江泽民在庆祝中华人民共和国成立 40 周年大会上的讲话中指出："各级各类学校不仅要建立完备的文化知识传授体系，而且要把德育放在首位，确立正确的政治方向。"[②]明确将德育放在学校教育的首要地位，并为学校德育工作的发展指明了前进方向。在党和国家的高度重视下，学校德育不断适应改革开放的新形势与新要求而与时俱进，坚持不懈对青少年进行爱国主义、集体主义、社会主义和自力更生、艰苦奋斗的思想教育以及革命传统教育，在内容、形式等方面取得了突破性进展，为改革开放和社会主义现代化事业奠定了稳固的思想基础，注入了源源不断的人力财富。

（二）思想道德教育课程的系统建设与规范发展

改革开放之初，在党的领导下，学校坚持加强和创新思想道德教育课程建设，为青少年思想道德教育的有效实现构筑主渠道。

1. 高校思想道德教育课程系统建设与规范要求

1980 年 7 月，教育部印发《改进和加强高等学校马列主义课的

---

① 中共中央文献研究室编：《十三大以来重要文献选编》（上），人民出版社 1991 年版，第 362 页。

② 中共中央文献研究室编：《社会主义精神文明建设文献选编》，中央文献出版社 1996 年版，第 359 页。

试行办法》的通知，明确高校马列主义课的地位与任务，对教学方针、课程设置、学时、大纲与教材、教学制度、教学环节与教学方法、教学研究、教研室设立与任务、师资队伍建设等方面进行了全方位部署，对马列主义课程建设进行了有益探索和尝试。

1982年10月，教育部《关于在高等学校逐步开设共产主义思想品德课程的通知》指出，要将共产主义思想品德课作为大学生的必修课，培养学生真正成为“有革命理想、讲革命道德、守革命纪律、有文化的又红又专的人才”[①]，明确高校开设共产主义思想品德课对于培育社会主义新人的意义。自此，共产主义思想品德课在全国高校先后正式开设，成为大学生思想道德教育的主渠道。之后，教育部进行部署：共产主义思想品德课要对学生进行共产主义人生观和共产主义道德教育，有效回答学生有关人生、理想、道德等方面的问题，引导他们培养共产主义的人生观与道德品质，并从课程内容、教学原则、教学方法、师资队伍、教学机构等方面对加强和完善思想品德课建设作出具体规定。高校思想道德教育课程逐渐进入系统建设与规范发展的新阶段，相关学科建设随之启动，开始走向体系化、科学化的发展道路。1985年8月，中共中央颁发《关于改革学校思想品德和政治理论课程教学的通知》，要求各级学校贯彻执行理论联系实际的方针，以面向现代化、面向时代、面向未来为指导思想，对学校现有的思想品德和政治理论课的课程设置、教学内容和教学方法进行改革，根据青少年不同时期的发展特点，分别对小学、中学、大学本科及研究生阶段的思想品德课和政治理论课教学的主要内容和方法提出了具体要求。并

① 教育部思想政治工作司组编：《加强和改进大学生思想政治教育重要文献选编（1978—2014）》，知识产权出版社2015年版，第16页。

从1986年起，对高校进行政治理论课教学改革，逐渐开设“中国革命史”“中国社会主义建设”“马克思主义原理”“世界政治经济和国际关系”“法律基础课”等课程，不断完善课程体系，充实、丰富教学内容。

1987年，国家教育委员会颁布《关于高等学校思想教育课程建设的意见》，根据新时期对思想理论教育提出的要求和高校学生的实际情况，规定开设五门课程。其中“形势与政策”“法律基础”两门为必修课，“大学生思想修养”“人生哲理”“职业道德”三门课可以因校制宜有选择地开设，并分别对课程教学目的、要求、开设时间、学时进行了细致规定。随着改革开放的深入，西方敌对势力加紧对我国实施“和平演变”，各种社会思潮与非主流思想观念强势涌入。适逢此时，在国家建设导向上出现“一手硬一手软”的情形，重物质文明轻精神文明的现象比较明显。受之影响，高校也有对大学生重专业培养轻思想政治教育的倾向。部分大学生深受资产阶级自由化思潮的影响，缺乏正确的价值观念，组织纪律性涣散，个人主义严重，思想意识混乱，甚至对四项基本原则产生抵触。正如1987年中共中央发文所深刻阐述的：“近几年从中央到许多地方在政治思想战线上存在着软弱混乱现象，许多高等学校程度不同地削弱了党的思想政治工作。思想政治教育的内容、形式和方法也不适应新形势的要求。”①对此，邓小平一语中的：“我们最大的失误是在教育方面，思想政治工作薄弱了，教育发展不够。”②“对年轻娃娃、青年学生教育不够。”③这一时期，部分高校的学潮是问题的聚集而发，成为映射青少年思想道

① 教育部思想政治工作司组编：《加强和改进大学生思想政治教育重要文献选编（1978—2014）》，知识产权出版社2015年版，第70页。

② 《邓小平文选》第三卷，人民出版社1993年版，第290页。

③ 《邓小平文选》第三卷，人民出版社1993年版，第327页。

德教育弱化的窗口，他们的教育受到严峻考验。

针对这一时期高校思想政治工作薄弱、学生理想信念动摇等问题，党和国家的政策刚毅果决。1987 年 3 月，国家教育委员会颁发《关于在高等学校马克思主义理论课（公共课）教学中旗帜鲜明地坚持四项基本原则反对资产阶级自由化的通知》，要求高校以坚持四项基本原则、反对资产阶级自由化为重点。1989 年 7 月，江泽民与全国高等学校工作会议代表座谈时指出，高等学校要旗帜鲜明地反对资产阶级自由化、理直气壮地坚持四项基本原则；对青年学生加强思想政治教育，解决“究竟是社会主义好还是资本主义好”和“为什么在中国要坚持共产党领导”这两个根本问题。1991 年 8 月，国家教育委员会《关于加强和改进高等学校马克思主义理论教育的若干意见》强调，须将马克思主义理论教育放在高等学校教育的重要位置，“科学世界观、正确人生观、坚定的社会主义信念和远大共产主义理想的培养和树立，只有建立在科学的理论基础上，通过全面的和系统的马克思主义科学世界观和方法论的教育才可能实现”①。马克思主义理论课作为青少年思想道德教育的主要理论依凭，经过曲折后重新得以重视。

2. 中小学思想道德教育规定具体详尽

党高度重视加强和改进中小学思想道德教育课程教学，在总体布局的同时，对中小学思想道德教育规定具体而详尽，不断夯实青少年思想道德基础。1985 年，《中共中央关于进一步加强青少年教育预防青少年违法犯罪的通知》颁发，其中对加强青少年思想道德教育进行了

① 教育部思想政治工作司组编：《加强和改进大学生思想政治教育重要文献选编（1978—2014）》，知识产权出版社 2015 年版，第 113 页。

较为全面的规定。强调学校教育是青少年教育的决定性环节，通过加强和改善学校思想道德教育，以实际行动扭转学校重智育轻德育、唯分数与升学率的倾向，促进学生全面发展。指明学校要对青少年进行爱国主义、国际主义和革命传统教育，激发青少年的爱国热情和民族自尊心、自信心、自豪感，立志为振兴中华、实现“四化”而努力奋斗；进行形势政策教育，使青少年正确认识新时期的形势和任务，模范执行党的政策；进行共产主义人生观、婚姻观和职业道德教育，使青少年正确对待学习、劳动和生活之间的关系，并学会正确处理各种社会关系；进行系统的思想理论教育，使其逐步树立马克思主义的理想信念等。学校思想理论课要变灌输式、教条式的教学方法为生动活泼、理论联系实际、有针对性的教学方法。正视和遵循青少年不同年龄阶段的思想、智力、心理发展特点及认识规律，循序渐进，由浅入深，从具体到抽象，从现象到本质，统筹安排，使其在掌握现代科学文化知识的同时，具有正确的政治方向和为人民服务的献身精神；着力普及法律常识，使青少年养成遵纪守法的良好习惯。小学从低年级起就要结合思想品德课进行法制观念的启蒙教育，而小学高年级和中学、大学要开设不同层次的法制教育课。教育和司法行政等部门要尽快解决课程设置和编写教材等问题；积极开展健康有益的文体活动，丰富青少年的业余、课余生活。寓教育于各种形式的活动之中，切忌形式主义；整顿校风校纪，严格学校纪律，在青少年中营造良好风气。①

1986 年，国家教育委员会颁发《全日制小学思想品德课教学大纲》，在教学内容方面强调对小学生开展爱国主义教育、革命传统教

① 中共中央文献研究室编：《社会主义精神文明建设文献选编》，中央文献出版社 1996 年版，第 208—218 页。

育、集体主义教育、劳动教育和共产主义理想的启蒙教育；增加社会主义民主和法制观念的教育，意志、品格教育等内容，注重良好行为习惯和能力的培养。

1988年，中共中央出台《关于改革和加强中小学德育工作的通知》，从指导思想、基本任务、主要内容、方式方法等方面对加强改革开放新时期中小学德育工作进行了全面部署。规定中小学德育工作必须以马克思主义为根本指导，贯彻党在社会主义初级阶段的基本路线，遵循党关于社会主义精神文明建设的指导方针，坚持实事求是的思想路线。中小学德育工作的基本任务是，把全体学生培养成为有爱国精神、讲社会公德、有文明行为习惯、遵纪守法的优秀公民。在此基础上，引导他们逐步确立科学的世界观、人生观、价值观，并不断提高政治思想觉悟，立志成为坚定的共产主义者。在教育内容方面，以热爱祖国、爱人民、爱劳动、爱科学、爱社会主义为基本内容，做好爱国主义教育、集体主义教育、社会主义民主和遵纪守法教育、劳动教育、道德教育与良好心理品质培育等多个方面工作，并针对各个方面提出了具体要求。在方式方法方面，遵循青少年身心发展和成长规律，根据中小学生的群体特征设置有层次性和针对性的目标。强调思想道德教育的渗透性与全方位，坚持将其与科学文化知识传授有机融合，渗透、贯穿于各科教材和教学过程及学校各项活动中，寓于丰富多彩的社会实践之中，力求生动化和形象化；讲求故事性，尽可能为学生创造更多的实践机会，强化实践育人；注重教育方式的民主性和平等性，营造和谐轻松的教育氛围，发挥学生自我教育的积极性；研究改进学生操行评定办法，健全优秀学生评选和奖励制度；建立校长负责思想道德教育工作体制，加强队伍建设。强调全体教师和职工都是思想道德教育者，主张全员育人。此外，还从坚持党对学校德育工作的领导、全社会关心青少年成长等方面对促进中小学生思想道德教育改革创新给出了具体意见。党对青少年思想道德教育一体化的课程体系已基本建立，覆盖面广、针对性强。

（三）完善思想道德教育学科建设

学校思想道德教育的健康发展离不开强有力的学科支撑。改革开放以来，该项工作得以恢复和发展，在总结和吸取“文革”对教育战线的破坏及其深刻教训的基础上，正式开启了科学化的探索之路。1979 年 3 月，邓小平在理论工作务虚会上的讲话中指出：党的思想理论工作“决不是改头换面地抄袭旧书本所能完成的工作，而是要费尽革命思想家心血的崇高的创造性的科学工作”①。在党和国家的高度重视下，改革持续推进，作为思想道德教育学理支撑的马克思主义理论学科建设被提上重要议程，思想道德教育日益走向正规化、系统化与科学化。

1984 年 4 月，教育部颁布《关于在十二所院校设置思想政治教育专业的意见》，正式决定在南开大学、清华大学等 12 所院校首批增设思想政治教育专业（试点），培养大专生、本科生和第二学士生等各种层次的思想政治工作专门人才，并于同年 9 月正式招生。思想政治教育学科（专业）应运而生，为青少年思想道德教育培养了师资队伍、提供了专业渠道、构建了学科平台。1987 年 5 月，在《中共中央关于改进和加强高等学校思想政治工作的决定》中，对思想政治教育学科（专业）的概念进行了较为准确的概括：“是一门以马克思

① 《邓小平文选》第二卷，人民出版社 1994 年版，第 180 页。

主义理论为基础、综合性和实践性都比较强的科学，必须有专职人员作为骨干，并且要培养和造就一批思想政治教育的专家、教授和理论家。”[①]要求将一些品学兼优的教师和毕业生选拔到思想政治工作队伍中来，专职思想政治工作人员也要承担一定的教学任务，有关院校要认真办好思想政治教育专业，办好第二学士学位班，创造条件培养这方面的硕士和博士研究生，多层次地培养专业人才，为造就从事思想政治教育教学和科研专门人才开辟新路。1987 年 9 月，国家教育委员会印发《关于思想政治教育专业培养硕士研究生的实施意见》，决定从 1988 年正式开始招收该专业的硕士研究生，复旦大学、南开大学、武汉大学等 10 所高校成为首批招生单位，并对思想政治教育专业研究生培养目标、招生对象、课程设置、学年学制、培养办法等系列问题进行了规定和部署。1990 年，思想政治教育专业正式设立硕士点。这标志着改革开放以来，我国思想政治教育专业人才培养的层次性逐渐完善，学科在实现科学化道路上取得显著成绩，马克思主义理论学科建设呈现出跨越式发展的特征，为青少年思想道德教育搭建起坚实的学科平台，也为储存高层次人才队伍提供了保障。

三、社会主义现代化建设新时期党的青少年思想道德教育与时俱进

恩格斯指出：“人们自觉地或不自觉地，归根到底总是从他们阶

---

① 教育部思想政治工作司组编：《加强和改进大学生思想政治教育重要文献选编（1978—2014)》，知识产权出版社 2015 年版，第 73 页。

级地位所依据的实际关系中——从他们进行生产和交换的经济关系中，获得自己的伦理观念。”①改革开放以来，尤其是社会主义市场经济体制确立以来，部分民众的道德观念和行为准则，开始顺应新的经济生活而逐渐发生深刻变化，经济领域内的剧烈变革，对社会主义道德教育提出了新的更高的要求。同时也存在诸多不相容、不同步的道德“脱节”问题，对社会主义思想道德教育提出了新的更高挑战。这一时期，党中央围绕在发展社会主义市场经济中如何进行思想道德建设这一核心问题，作了进一步积极探索和有益尝试，凸显与时俱进的特性。

（一）思想道德教育体系的探索与确立

社会主义建设新时期，随着全球化的发展和社会主义市场经济体制的建立，党继续高举马克思列宁主义、毛泽东思想和邓小平理论的伟大旗帜，围绕社会主义道德建设这一主题进行了持续的理论与实践探索。党中央先后发布了《中共中央关于加强社会主义精神文明建设若干重要问题的决议》（1996年）、《公民道德建设实施纲要》（2001年）、《中共中央关于构建社会主义和谐社会若干重大问题的决定》（2006年）等直接涉及道德建设的重要文件。在历次党的代表大会报告中也都有关于道德建设的重要论述。这些重要文件、重要论述对市场经济条件下社会主义新型道德体系的架构和内容作出了基本界定。

为进一步改善学校思想道德教育，培育市场经济条件下德智体全面发展的建设者和接班人，中共中央先后发布一系列加强和改进学校

① 《马克思恩格斯文集》第9卷，人民出版社2009年版，第99页。

思想道德教育的文件，制定有力举措并付诸实施。1993 年，《中国教育改革和发展纲要》（以下简称《纲要》）明确了学校思想道德教育的根本任务，强调在改革开放实践中不断创造新办法、总结新经验，把这项工作提升至全新的水平。1994 年中共中央《关于进一步加强和改进学校德育工作的若干意见》、1995 年国家教育委员会《关于颁布施行〈中国普通高等学校德育大纲的通知〉》等文件，对学校思想道德教育中的系列具体问题进行了部署，有效提升了学校思想道德教育的实际效果。同时，确定了将马克思主义理论课和思想品德课（简称“两课”）教育教学作为高校思想道德教育主渠道的地位，并顺应形势的发展，改革课程的布局，及时更新充实教育教学内容，实现了马克思主义中国化最新理论成果进课堂、进教材、进学生头脑（以下简称“三进”）。2004 年，中共中央国务院《关于进一步加强和改进大学生思想政治教育的意见》（16 号文件）指出，“要按照充分体现当代马克思主义最新成果的要求，全面加强思想政治理论课的学科建设、课程建设、教材建设和教师队伍建设”①，学校思想道德教育在正确方针的指导下开启了全面发展的征途。

1. 以思想道德教育目标体系完善为导向

目标是导向，是具体工作的出发点和落脚点。思想道德教育目标体系本身是否科学完善，并适应发展变化着的时代需要，直接规定着内容、原则、方法的选取、确定与实施，进而影响效果。随着社会主义市场经济的逐步推进，改革深度与广度的拓展，社会发展的客观需

① 教育部思想政治工作司组编：《加强和改进大学生思想政治教育重要文献选编（1978—2014）》，知识产权出版社 2015 年版，第 266 页。

要亟待党和国家不断加强和改进青少年思想道德教育，适时调整并完善目标，以培育满足时代发展所需的优秀人才。这一时期，在党的高度重视与集中领导下，学校思想道德教育目标体系得以不断发展完善。

为有效应对社会主义市场经济背景下西方敌对势力加紧对我国实施“和平演变”的战略企图，维护国家意识形态安全，确保国家长治久安，党和国家领导人在多个场域的讲话中明确强调青少年是社会主义现代化建设的生力军，肩负承前启后的历史重任，党的青少年工作的总目标就是努力培养“四有”社会主义新人。因此，培育“四有”新人成为学校思想道德教育的重要目标。1993年，《纲要》明确提出：“以马列主义、毛泽东思想和建设有中国特色的社会主义理论教育学生，把坚定正确的政治方向摆在首位，培养有理想、有道德、有文化、有纪律的社会主义新人，是学校德育即思想政治和品德教育的根本任务。”①《纲要》针对我国在建立和发展社会主义市场经济过程中出现的新形势、新情况、新问题以及广大青少年思想变化的新特点，对学校青少年思想道德教育提出了新任务、新目标与新要求，强调要对青少年加强党的基本路线教育，爱国主义、集体主义和社会主义思想教育，近代史、现代史教育和国情教育，引导他们学习和掌握运用马克思主义的立场、观点、方法认识现实问题、分析现实矛盾，走与工农相结合、与实践相结合的成长道路，促进他们逐步树立科学的世界观和为人民服务的人生观，增强学生抵制资产阶级自由化和一切剥削阶级腐朽思想侵蚀的能力，坚定建设有中国特色的社会主义信念。在实施过程中，重视对学生进行中华优秀传统文化教育，对中小学生

① 教育部思想政治工作司组编：《加强和改进大学生思想政治教育重要文献选编（1978—2014）》，知识产权出版社2015年版，第127页。

还要注重文明行为的养成教育①。《纲要》的出台，为学校青少年思想道德教育目标体系的丰富和完善提供了新思路。

1994年，在全国宣传思想工作会议上，江泽民提出培养“四有”新人，是建设社会主义精神文明的根本目标。围绕这个目标，在人民群众特别是青少年中加强以爱国主义、集体主义、社会主义为核心内容的思想道德教育，开展艰苦奋斗、勤俭建国的教育，职业道德、社会公德的教育，基本国情的教育和普及法律基本知识教育。②1995年，国家教育委员会发布《中国普通高等学校德育大纲（试行）》，指出高等学校思想道德教育的目标是：“使学生热爱社会主义祖国，拥护党的领导和党的基本路线，确立献身于有中国特色社会主义事业的政治方向；努力学习马克思主义，逐步树立科学世界观、方法论，走与实践相结合、与工农相结合的道路；努力为人民服务，具有艰苦奋斗的精神和强烈的使命感、责任感；自觉地遵纪守法，具有良好的道德品质和健康的心理素质”③。高等学校青年学生思想道德教育目标的具体化、明确化，也为如何深入有效开展青少年思想道德教育确定了目标、方向。

之后，为顺应我国科教兴国、人才强国的战略需要，培养改革开放和现代化建设新形势下各行业高素质劳动者，党和国家开始逐渐将全面推进“素质教育”纳入学校青少年思想道德教育目标体系。1993年的《纲要》指出：“中小学要由‘应试教育’转向全面提高国

---

① 教育部思想政治工作司组编：《加强和改进大学生思想政治教育重要文献选编（1978—2014）》，知识产权出版社2015年版，第127页。

② 中共中央文献研究室编：《十四大以来重要文献选编》（上），人民出版社1996年版，第654页。

③ 教育部思想政治工作司组编：《加强和改进大学生思想政治教育重要文献选编（1978—2014）》，知识产权出版社2015年版，第155页。

民素质的轨道，面向全体学生，全面提高学生的思想道德、文化科学、劳动技能和身体心理素质，促进学生生动活泼地发展，办出各自的特色。”[①] 将全面提升国民素质与思想道德教育形成耦合。1999 年 6 月，中共中央、国务院发布《关于深化教育改革全面推进素质教育的决定》，正式提出实施素质教育，培养适应 21 世纪现代化建设需要的社会主义新人，把德育、智育、体育、美育等有机统一于教育活动的各个环节。在后来 2002 年北京师范大学建校 100 周年庆祝大会上，江泽民重申：21 世纪进行教育创新，根本的目的是要推进素质教育，全面提高教育质量。素质教育的基本要求是为实现“四有”新人目标，促进人的德智体美全面发展，其中“思想道德素质是最重要的素质”。实施“素质教育”与培育“四有”新人的目标一脉相承，是适应新世纪时代发展的客观需要，是造就面向现代化、面向世界、面向未来的德智体美全面发展的社会主义事业建设者和接班人的有力举措。这一系列政策的推出，立足于实现社会主义现代化建设战略目标，是培育和造就新的历史时期社会主义建设者和接班人这一高素质人才的基本要求，是改革开放以来党致力于制定全面、系统、科学化思想道德教育目标的积极探索和有益尝试，标志着社会主义市场经济条件下我国学校思想道德教育目标体系基本建构起来。

2. 以学校思想道德教育课程建设进一步规范作引领

目标的实现，措施的推行，对于青少年思想道德教育而言，都离不开课程建设。此时期，党和国家强调高校“两课”教学，要紧紧围

① 中共中央文献研究室编：《十四大以来重要文献选编》（上），人民出版社 1996 年版，第 65 页。

绕改革开放和社会主义现代化建设实际，对建立和发展社会主义市场经济等方面的问题及时进行研究、讲解，特别要重视社会主义市场经济条件下的学生思想政治素质和道德状况，针对青年学生中存在政治信仰迷茫、理想信念模糊、价值取向扭曲、诚信意识淡薄、社会责任感缺乏、艰苦奋斗精神淡化、团结协作观念较差、心理素质欠佳等问题采取有目的、有针对性的专门教育。在课程建设方面，积极推促马克思主义中国化最新理论成果“三进”，不断充实教育内容和改进教育方法，指导和帮助学生学会正确运用马克思主义的世界观与方法论来思考、应对现实问题，消除思想困惑。

1994 年 8 月 31 日，《中共中央关于进一步加强和改进学校德育工作的若干意见》指出：学校“两课”，是对学生进行系统的马克思主义理论教育和品德教育的主渠道和基本环节，要着重改革教学内容和教学方法。同年，中共中央明确指出，新时期要“以邓小平同志建设有中国特色社会主义理论作为学校马克思主义理论教育的中心内容”[①]。之后高校正式开设“邓小平理论概论”课程，系统讲授邓小平理论。1998 年 6 月，中共中央宣传部、教育部印发《关于普通高等学校“两课”课程设置的规定及其实施工作的意见》，对课程规范性建设作出了详尽规定。1999 年 9 月，中共中央《关于加强和改进思想政治工作的若干意见》强调，在新形势下，必须坚持以马克思列宁主义、毛泽东思想和邓小平理论为指导，坚持党的基本路线和基本方针。要以科学的理论武装人，以正确的舆论引导人，以高尚的精神塑造人，以优秀的作品鼓舞人，用马克思主义中国化的理论成果充实课

① 教育部思想政治工作司组编：《加强和改进大学生思想政治教育重要文献选编（1978—2014)》，知识产权出版社 2015 年版，第 145 页。

程内容，致力于培养“四有”建设者与接班人。

2001年，教育部规定，在“两课”教学中，“积极推进‘三个代表’重要思想进课堂、进教材、进学生头脑工作”①。2005年，中宣部、教育部发文：“开展科学发展观教育”“形成比较完善的学科体系和课程体系，编写出充分体现当代中国马克思主义最新成果的教材”②。高等学校思想政治理论课教学大纲和教材编写被纳入马克思主义理论研究和建设工程，保证教材的科学性、权威性、严肃性。2010年，《国家中长期教育改革和发展规划纲要（2010—2020年）》规定：深入推动中国特色社会主义理论体系进教材、进课堂、进头脑。马克思主义中国化最新成果“三进”，使大学生思想道德教育的内容体系获得极大的充实，其系统性、完备性、学理性得以有效提升。

为进一步落实教育部16号文件精神，加强高校“两课”课程建设，2005年《中共中央宣传部　教育部关于进一步加强和改进高等学校思想政治理论课的意见》实施方案（简称“05方案”）公布。在高校“思政课”课程部署上，规定在本科设置四门必修课，即“马克思主义基本原理”“毛泽东思想、邓小平理论和‘三个代表’重要思想概论”“中国近现代史纲要”“思想道德修养与法律基础”，同时开设“形势与政策”“当代世界经济与政治”等选修课，从课程基本内容、基本要求与时间安排、教材编写、教学研究、教师培训和学科建设等方面进行全面系统安排。与此同时，教育部《关于整体规划大中小学德育体系的意见》，明确了“德智体美，德育为先”的基本思路，

① 教育部思想政治工作司组编：《加强和改进大学生思想政治教育重要文献选编（1978—2014）》，知识产权出版社2015年版，第222页。

② 教育部思想政治工作司组编：《加强和改进大学生思想政治教育重要文献选编（1978—2014）》，知识产权出版社2015年版，第294页。

鲜明昭示了新时期学校思想道德教育的重要地位，较为系统、科学、完备地确定了大中小学各阶段的思想道德教育目标、内容及其相关的德育课程设置：小学开设以公民基本道德素质教育为主要内容的品德与生活、品德与社会类课程；中学开设以提高学生思想道德水平为主要内容的思想品德、思想政治类课程；大学开设“马克思主义基本原理”“毛泽东思想和中国特色社会主义理论体系概论”“中国近现代史纲要”“思想道德修养与法律基础”等课程，推动学校课程呈现出全方位、多层次的发展态势，引领新时期青少年思想道德教育体系的确立，保障党的教育理论与实践有效推进。

3. 以思想道德教育相关学科建设为依托

学校青少年思想道德教育的有效开展需要依托学科平台，深化理论研究，为其发展提供学理支撑。改革开放以来，党和国家高度重视相关学科建设，出台了系列文件并强力推进，在深化学科建设的同时搭建起坚实平台。自2004年起，由中宣部牵头的马克思主义理论研究和建设工程（以下简称“马工程”）正式启动，开启了马克思主义理论研究系统化、专业化发展的新征程。2005年，国务院学位委员会、教育部决定增设马克思主义理论一级学科，下设马克思主义基本原理、马克思主义发展史、马克思主义中国化研究、国外马克思主义研究、思想政治教育等5个二级学科。2006年，教育部批准北京大学、中国人民大学等21个马克思主义理论一级学科博士授权点，187个一级学科硕士授权点。① 布局科学、合理，马克思主义理论学科的地位稳固提升，使得党

① 张雷声：《马克思主义理论学科在改革开放中前行》，《思想理论教育导刊》2018年第10期。

的青少年思想道德教育拥有了强有力的学科依凭，奠定了广阔厚实的发展基石。2008年4月，在《关于马克思主义理论研究和建设工程实施以来的工作情况和今后五年工作设想的报告》中，中宣部从推进中国特色社会主义理论体系研究、马克思主义中国化理论成果普及、马克思主义经典著作编译和基本观点研究、构筑最新教材体系、加强队伍建设等方面，回顾了“马工程”启动后的基本情况，部署了未来五年工作的主要任务。“马工程”强化了大学生思想道德教育的理论研究和队伍建设的规程化，为其全面发展从品质上、走向上进行把控。

4. 以思想道德教育队伍建设作保障

思想道德教育队伍是教育实践的指导者、组织者与实施者，是保证社会主义办学方向，培养全面发展的社会主义建设者和接班人不可或缺的关键力量。加强队伍建设是保证和完善思想道德教育有效性的组织保证和人力保障。改革开放以来，党高度重视并加强队伍建设，始终致力于培养起一支具有马克思主义理论素养、政治坚定、道德高尚、教育技能高超、专兼结合、结构合理的高素质思想道德教育队伍。

2000年，教育部党组《关于进一步加强高等学校学生思想政治工作队伍建设的若干意见》指出，要坚持德才兼备和专兼结合的原则，选拔政治素质和思想作风好、学历高、组织管理能力强、善于做群众工作的教师或高年级党员学生担任学生思想政治工作人员。并分别针对专职、兼职思想政治工作人员的选拔、使用、管理、培养及其相关制度建设给出较为全面具体的意见。[①]2004年，16号文件对高

① 教育部思想政治工作司组编：《加强和改进大学生思想政治教育重要文献选编（1978—2014）》，知识产权出版社2015年版，第210—211页。

校思想政治工作队伍进行了较为全面的界定:“大学生思想政治教育工作队伍主体是学校党政干部和共青团干部,思想政治理论课和哲学社会科学课教师,辅导员和班主任。”①明确高校思想政治工作队伍主体责任,强化大学生思想政治工作队伍的选拔、培养和管理机制,按照政治强、业务精、纪律严、作风正的要求,坚持专兼结合的原则,研究并制定加强高校思想政治工作队伍建设的具体意见,吸引更多的优秀教师从事学生思想政治工作。之后,党和国家分别围绕不同的学校思想道德教育队伍群体,发布相关文件,采取相应举措,有区别、有层次、有针对性地加强思想道德教育队伍建设。

在辅导员、班主任队伍建设方面,2005 年教育部《关于加强高等学校辅导员、班主任队伍建设的意见》指出:“辅导员、班主任是高等学校教师队伍的重要组成部分,是高等学校从事德育工作,开展大学生思想政治教育的骨干力量,是大学生健康成长的指导者和引路人。”②专门对辅导员、班主任队伍的选聘配备、培养培训和政策保障等方面给出了具体意见,体现出党和国家对这支专职队伍建设的高度重视。2006 年,教育部在《普通高等学校辅导员队伍建设规定》中,明确辅导员队伍的重要地位与基本要求,指出辅导员作为大学生思想政治教育的骨干力量,具有教师和干部的多重身份,应努力成为大学生的人生导师和健康成长的知心朋友。从要求与职责、配备与选聘、培养与发展、管理与考核等方面对辅导员队伍建设予以规定,并于之后制定了《2006—2010 年普通高等学校辅导员培训计划》,加大对辅

① 教育部思想政治工作司组编:《加强和改进大学生思想政治教育重要文献选编(1978—2014)》,知识产权出版社 2015 年版,第 268 页。

② 教育部思想政治工作司组编:《加强和改进大学生思想政治教育重要文献选编(1978—2014)》,知识产权出版社 2015 年版,第 283 页。

导员的培训力度，提升辅导员思想政治素质与业务素质，努力造就一支优秀的辅导员队伍，确保大学生思想道德教育全视域、全方位和具体化、日常化。

“高校思想政治理论课教师是马克思主义理论和党的路线、方针、政策的宣讲者，社会主义核心价值体系的传播者”[①]。强化“思政课”教师队伍建设对进一步提升教学质量，增强教育教学的针对性、有效性、吸引力与感染力至关重要。这一时期，在党中央的高度重视和统一领导下，中共中央宣传部和教育部有计划、有组织地对高校“思政课”骨干教师，进行了马克思主义理论和党的路线、方针、政策以及“马工程”重点教材基本内容和精神的研修工作。面向普通高校“思政课”骨干教师、“思政课”教学部主任等重点对象，开展自学马克思主义原著和党的重要文件，围绕“思政课”新课程方案、重点教材等内容进行专题报告、专题研讨、专题交流示范、社会考察、研修总结，经过系统工作推进，“思政课”教学状况明显改善。2008 年，中共中央宣传部、教育部《关于进一步加强高等学校思想政治理论课教师队伍建设的意见》，要求全面提升“思政课”教师的思想政治素质和业务素质。建立健全教学科研组织机构，统一管理“思政课”教师，负责其教学、科研、社会服务和相关管理工作；负责马克思主义理论学科建设、人才培养和教学科研梯队建设等工作。选拔政治强、业务精、作风正、懂管理的学术带头人和骨干教师作为“思政课”教学研究组织负责人。切实做好“思政课”教师选聘配备、培养培训、学科教育、薪资待遇等方面工作，为教师队伍建设提供坚实的政策与

① 教育部思想政治工作司组编：《加强和改进大学生思想政治教育重要文献选编（1978—2014）》，知识产权出版社 2015 年版，第 355 页。

制度保障。

同时期，党和国家高度重视并加强师德师风建设，强化教师对青少年思想道德素质的引领。教师的思想政治素质和职业道德水平，直接关系到大中小学思想道德教育的状况和亿万青少年的健康成长，关系到国家的前途命运和民族的未来发展。2005 年，教育部颁发《关于进一步加强和改进师德建设的意见》，明确师德建设的总体要求和主要任务，指出全体教师要以热爱学生、教书育人为核心，以“学为人师、行为世范”为准则，以提高思想政治素质、职业理想和职业道德水平为重点，通过身体力行、师德教育与制度保障，不断提高师德水平，努力成为忠诚于人民教育事业、为人民服务、让人们满意的教师，为培养德智体美全面发展的社会主义建设者和接班人作出新贡献。并从强化师德教育、师德宣传、考核管理、制度建设等方面，对加强和改进师德建设提出具体要求和规定。

新时期的学校青少年思想道德教育，顺应了改革开放和社会主义市场经济发展的需要，有效应对并解决社会大变革的激流中青少年思想困惑、价值迷茫、理想信念动摇等问题，引领广大青少年自觉辨别、有力抵御西方不良社会思潮和错误价值观念的侵袭。

（二）思想道德教育的美学路径尝试

社会主义现代化建设新时期，人们的需求更加多样，遇到的矛盾也异常复杂，青少年群体尤为明显。为了增强青少年思想道德教育的成效，党一直在理论和实践层面探索新的方式，尝试新的路径，将思想道德教育与美学协同，寻求一种新路径。因为思想道德教育与审美教育在教育理念、教育目标等方面高度契合。无论是思想境界的提升还是行为习惯的养成，最高标准和尺度都是审美。

审美是指人类发现美、鉴赏美和创造美的实践活动，它是通过对客观现象的观察、感受，借助想象、联想、理解等形象思维来认识美的形式，揭示美的本质，辨别什么是美、什么是丑，从而使人产生憎恶、抑丑、扬美的心理过程。思想道德教育中的审美，是以提高人的思想道德素质为目的的审美，融感性与理性、思想性和艺术性于一体，既是教育者集思想、智慧、情感、意志于劳动创造，显示其本质力量的过程，又是教育中以形象性、怡人性、可赏性的教育内容，感染性、艺术性的教育方式，引导人们从审美的视角看待事物，培养和形成审美世界观，达到审美人生境界的过程。简言之，审美贯穿于思想道德教育始终，嵌入各个因素和环节。思想政治教育是中国共产党的优势和特色，从党组织筹备建立开始，卓有成效的教育就与审美不无关联。党成立后，一直保持这一优势和特色，组织内共产党员自觉锻炼意志，培养党性修养，提升精神境界，进行革命实践；社会中共产党人团结群众、引导群众，投身社会改造和建设的实践，取得了令世人瞩目的辉煌成就。中国共产党百年史，抒写了一部光辉史诗，其中不乏激越人心的宏篇，思想道德教育审美思想就是其中的浓墨重彩，新时期予以彰显，而青少年就是聚焦的主角。

1. 以马克思主义审美观为指导，彰显思想道德教育文化功能

审美观是人们对美丑的基本观点，是世界观的重要组成部分，对审美活动具有直接的指导作用。只有具有正确的审美观，人们才可能确立科学的审美标准，养成健康的审美情趣，培养崇高的审美理想，自觉地按照美的规律去改造主观世界和客观世界，否则就会美丑不分，甚至以丑为美。中国共产党是在马克思主义指导下诞生的，从成

立之日起，始终高举马克思主义伟大旗帜。对于思想道德教育中的审美，一以贯之坚持以马克思主义审美观为指导。马克思主义把对美的问题的研究建立在主客体辩证统一的基础上，认为“思想、观念、意识的生产最初是直接与人们的物质活动，与人们的物质交往，与现实生活的语言交织在一起的”①。强调审美意识与人类一切意识现象一样，一开始就是对客观事物或现象的能动反映，是社会存在的产物。从反映内容看，“意识在任何时候都只能是被意识到了的存在，而人们的存在就是他们的现实生活过程”②。审美意识作为对于审美对象的一种能动反映，“它的内容与特性归根结底取决于审美对象的存在和发展，决定于社会存在的一定发展状况和水平”③。从反映形式讲，“只是由于人的本质客观地展开的丰富性，主体的、人的感性的丰富性，如有音乐感的耳朵、能感受形式美的眼睛，总之，那些能成为人的享受的感觉，即确证自己是人的本质力量的感觉，才一部分发展起来，一部分产生出来”④。审美意识作为一种精神活动，既不是人的头脑中所固有的主观意识，不是人“内在感悟”的结果，也不是人的理念的显现，更不是人的动物性本能，而是社会实践的产物，是人独有的思想意识。

党摒弃各种唯心主义、机械唯物主义审美意识，以马克思主义审美观指导思想道德教育，将审美嵌入其中，彰显其文化功能。审美意在凸显人的个性，以人的精神的自由和对生命的解读为出发点和落脚点。思想道德教育中的审美，无论是目标、过程，抑或是结果，人的

① 《马克思恩格斯文集》第1卷，人民出版社2009年版，第524页。
② 《马克思恩格斯文集》第1卷，人民出版社2009年版，第525页。
③ 王朝闻主编：《美学概论》，人民出版社1981年版，第72页。
④ 《马克思恩格斯文集》第1卷，人民出版社2009年版，第191页。

精神的自由、心灵的无羁绊尽在不言中。正因为如此，所以“道德创建的历程，在历史文化生活中展开，在精神的自由想象与生命理解之中完成”[①]。尽管道德解释体系或道德原则的创建与实践，只是思想道德教育的一部分，但是，由此可见一斑。可见，思想道德教育不只是具有意识形态功能和价值，还具有文化功能和价值，彼此相辅相成。通常情形下，教育的意识形态功能是以文化功能为基础和前提的。事实上，受教育者尤其是青少年对政治理论、思想观念的认同，往往首先从对其文化功能的认同开始。在新中国成立之前，党从客观实际出发，着力文化建设，“建立印刷厂，出版书报，组织发行和输送的机关”[②]，发挥文化的引领作用和辐射作用，让人民群众在接受文化教育中实行思维方式和价值观念的蝶变。在思想道德教育中，对具体内容进行分解，化解在人民群众喜闻乐见的文化艺术形式中，引导人们从中领会精神、内化思想观念、感悟人生。“革命文化，在革命前，是革命的思想准备；在革命中，是革命总战线中的一条必要和重要的战线。而革命的文化工作者，就是这个文化战线上的各级指挥员。”[③]在特殊历史时期，党的青少年思想道德教育正是充分有效地发挥革命文化的作用，寓审美于其中，彰显提高素质、加强修养和提升境界的文化功能，成就优良传统和重要法宝，为新时期青少年思想道德教育探索文化功能奠定了基础。

2. 以人的全面发展为指向，显现思想道德教育审美价值

党成立之初，党的成员和人民群众为自由而奔波，为生计而劳作，

---

① 李咏吟：《审美与道德的本源》，上海人民出版社 2006 年版，第 149 页。

② 《毛泽东选集》第二卷，人民出版社 1991 年版，第 769 页。

③ 《毛泽东选集》第二卷，人民出版社 1991 年版，第 708 页。

少有享受正规教育，普遍缺乏文化知识，对复杂理论的理解、深奥道德的解读难以达到应有的要求，影响其思想接受以及内化和外化践行。正如毛泽东当时描述的：工农兵“不识字，无文化，所以他们迫切要求一个普遍的启蒙运动，迫切要求得到他们所急需的和容易接受的文化知识和文艺作品，去提高他们的斗争热情和胜利信心”①。党的成员和人民群众的“启蒙运动”，对他们既是文化知识欠缺的弥补，更是政治信念的巩固，以提高“斗争热情和胜利信心”，在复杂的局势中明辨方向，在腥风血雨中经受洗礼，在历经挫折中对胜利满怀希望。这一过程，不是简单的文化知识传输，而是实实在在的思想道德教育。我们知道，党的思想道德教育伴随着劳动创造，融入共产党人的理想、智慧、情感、信念、意志，体现了他们的本质力量。在教育中，通过形象性、宜人性和感染性打动人、震撼人，引导人追求真善美，并在追求中合理比较、科学鉴别、有效选择政治信念、道德规范、确立美丑观念，凸显其审美价值，练就人格，转变或提升人的精神境界。党在历史上的经验给新时期青少年思想道德教育重要启示。

思想道德教育的审美价值更明显地表现为：以人自身为最高目的，以人的全面发展为最高理想，以满足人本身的自由生命创造为最高尺度的价值。价值及其实现过程都以人的全面发展为指向，“各种干部，部队的战士，工厂的工人，农村的农民，他们识了字，就要看书、看报，不识字的，也要看戏、看画、唱歌、听音乐，他们就是我们文艺作品的接受者”②。这些在当时简单的艺术形式中，主题包含重要的政治思想、道德品质的教育内容，所以，“文艺作品的接受

① 《毛泽东选集》第三卷，人民出版社 1991 年版，第 862 页。

② 《毛泽东选集》第三卷，人民出版社 1991 年版，第 850 页。

者”也是思想道德教育接受者在教育中所进行的各项活动，通过塑造具体可感的情感形象、情景交融的意象，实施情感熏陶，以情怡人、以情感人、以情育人，达到情与美的交融，实现比较理想的效果。党在成立之初以及新中国成立前后，以强大的思想攻势，在国际上得到了共产主义运动的肯定，在国内赢得了人民群众的拥戴，其思想道德教育无疑是富有成效的。尤其是建国前后党立足于现实，十分有效地开展群众喜闻乐见的教育活动，尤其是主题演讲、“痛说革命家史”、“忆苦思甜”等方式，人们从中获得喜怒哀乐的情感体验，内心受到荡涤、冲刷，精神得到感化、熏陶，在美的享受中激越情感、提升境界。这样的方式给新时期思想道德教育全新借鉴“审美本能，是我们人人都有的。但感觉器官不常用或不会用，久而久之麻木了。一个人麻木，那人便成了没趣的人；一民族麻木，那民族便成了没趣的民族”①。新时期党深知把共产主义理想和社会主义政治思想、道德规范转化为人的认知、信念、意志，需要情感作为桥梁和动力，外化为行为习惯同样需要情感的调节和推动。磨炼人们的感觉器官，培养民族成为“有趣的民族”，就是要在开展思想道德教育过程中，把晓理和动情结合起来，高度重视情感的因素，挖掘和实现思想道德教育审美价值，由“通情”到“达理”，激发青少年对真理的向往和追求的巨大热情，感受理性之美、信仰之美。情理通达，激起他们求真、向善、爱美的信心和力量，筑牢马克思主义信仰之基，达到教育的目的。

“只有在客观上通过生产劳动等社会实践创造出美的对象，才可能在主观上相应地形成反映这一对象的特殊的能力和特殊的感受。”②

① 张品兴编：《梁启超全集》第七册，北京出版社 1999 年版，第 4018 页。

② 王朝闻主编：《美学概论》，人民出版社 1981 年版，第 78 页。

思想道德教育能够使教育者和受教育者共同受到感召，得到启迪，正是有赖于劳动创造出美的对象，主要是取材于自然、社会、艺术中的劳动创造，这种创造反过来形成教育者和受教育者的创造力。党在发展过程中创造的榜样教育法就是很好的例证。“将抽象的说理变成通过活生生的典型人物或事件来进行教育，从而激起人们思想情感的共鸣，引导人们学习、对照和仿效”①，具有形象、具体、生动的特点。“榜样的力量是无穷的。组织报告团，用现身说法的方法介绍先进模范人物的成长道路是一个好经验，是思想政治工作的一个好办法。”②无论是教育者还是受教育者，通过对审美客体的观照，对模范代表、英雄人物等这些情与美有机结合的事例形象，在感动的同时，作为人生参照反观自我，修炼自我，聚集一股力量，激发起感情的超越，在审美中对思想观念、政治理想、道德规范实现认同。榜样总是具有典型性特征，本身也拥有强烈的形象性、感染性、震撼性，给人感召并从中获得启发，这些都富含审美元素，具有审美价值。战争时期的英雄人物“他们创造了许多惊天动地、可歌可泣的英雄事迹。我们要很好地把这些事迹加以总结和发扬，用这些具体生动的事迹……进行爱国主义、革命英雄主义的教育”③。党在不同历史时期，总是能够根据革命形势和社会建设的实际需要，通过榜样教育，帮助广大干部群众特别是青少年树立人生标杆，是思想道德教育取得辉煌成果的有效法宝，新时期更是如此。可见，党的思想道德教育过程，正是以人的全面发展为指向和归宿，显现教育的审美价值的过程。

---

① 郑永廷主编：《思想政治教育方法论》，高等教育出版社 2010 年版，第 152 页。

② 中共中央政策研究室编：《江泽民论社会主义精神文明建设》，中央文献出版社 1999 年版，第 208 页。

③ 《朱德选集》，人民出版社 1983 年版，第 294 页。

3. 以理想信念教育为中心，展示思想道德教育审美特性

“过去我们党无论怎样弱小，无论遇到什么困难，一直有强大的战斗力，因为我们有马克思主义和共产主义的信念。有了共同的理想，也就有了铁的纪律。无论过去、现在和将来，这都是我们的真正优势。”①理想信念教育，始终是党的思想道德教育的中心议题。以理想信念教育为中心开展思想道德教育，党培养了一大批坚定的马克思主义者。在中国特色社会主义建设中，通过理想信念教育，绝大多数党员干部政治信念坚定、职业理想高远，并在岗位上恪尽职守、践行理想信念。在理想信念教育中，系统全面的科学理论固然重要，但是，丰富多彩的实践活动必不可少。彼此有机结合的革命文艺“是对于整个机器不可缺少的齿轮和螺丝钉，对于整个革命事业不可缺少的一部分”②。思想道德教育借助“革命文艺”，就是从中感受和体验社会美，领会和把握现实中、艺术里的崇高美，从曲折的民族斗争历程中汲取仁人志士的斗争精神和崇高品质，让历史穿越时空回归现实，让崇高精神品格成为不朽，带给人精神振奋、斗志昂扬。一方面，理想信念教育决定着思想道德教育的性质，是社会主义革命和建设顺利进行的可靠保证。革命和建设的艰巨任务和日益复杂的情况，使人们头脑中积聚的许多深层次的思想观念与认识问题不断诱发和表现出来，需要认真地去解决。这些问题的解决，要靠思想道德教育，重点是加强理想信念教育，内练定力，排除干扰，厘清思绪，统一行动，树立牢固精神支撑。正所谓“革命的文艺，应当根据实际生活创造出

---

① 《邓小平文选》第三卷，人民出版社 1993 年版，第 144 页。

② 《毛泽东选集》第三卷，人民出版社 1991 年版，第 866 页。

各种各样的人物来，帮助群众推动历史的前进，实现为政治服务的目的”①。另一方面，思想道德教育的重要功能就是从根本上振奋人们的精神，提高其思想境界，而理想信念教育的目标正是培养朝气蓬勃的精神风貌和状态，矢志不渝的政治理想和信念。“文学作品或艺术作品，就能使人民群众惊醒起来，感奋起来，推动人民群众走向团结和斗争，实行改造自己的环境。”②战争年代，中国共产党以“萌芽状态的文艺（墙报、壁画、民歌、民间故事等）”，通过简单的思想道德教育中的审美，使共产党员和革命群众有着坚定的理想信念，打败了日本侵略者、击垮了国民党，建立了人民大众当家作主的新中国。在社会主义建设的征程中，共产党人品读经典、智慧人生，融审美于思想道德教育中，坚定信心、昂扬斗志、引领时代，为新时期青少年思想道德教育作了精准的注解确立了新范式。

思想道德教育就是一个不断循环往复、无限发展的过程，一个过程的完结，就是一个新过程的开始。展示思想道德教育审美特性，使受教育者受到持久的反复的教育、感召、陶冶、磨炼，不断提高思想道德水平。在新的环境下，有的党政干部身上出现了一些不容忽视的问题，惰性的、消极的甚至是腐朽的东西逐渐滋生，严重侵蚀一些党员、干部的组织纪律性与作风纯洁性，影响着党的凝聚力、战斗力、号召力。由于缺乏理想信念，一些党的干部忘记了共产党员最基本的责任，丢弃了初心、使命，忘记了“党的利益高于一切”这一党员的思想和行动的最高准则，放松对自己的要求，好大喜功、见利忘义、见利争上，放肆、骄傲、官僚化，甚至一味地追求金钱和名利，追求

① 《周恩来选集》下卷，人民出版社 1984 年版，第 340 页。

② 《毛泽东选集》第三卷，人民出版社 1991 年版，第 861 页。

腐朽的生活方式，成为资产阶级的俘虏和应声虫，表现出丑陋性。为此，以理想信念教育为中心，展示思想道德教育审美特性，使党员干部在美丑鉴别中加强自我教育、自我监督、自我修养，成为心灵纯洁、品质高尚、行为优雅的人，为社会成员特别是青少年起到示范作用和榜样作用。

“审美活动与道德活动，作为人类生命活动中两种最本源的精神活动方式，必然有其内在的统一性，因为在本源的生命活动中，审美的活动必然要求符合道德的意愿，道德的意愿往往必须满足审美者的生命意志。”[①] 发掘思想道德教育的审美价值，展示其审美特性，从根本上把握思想道德教育发展的规律，增强方向性、针对性、艺术性和有效性，一直是党在思想道德教育中探索的课题。在此期间，以党关于思想道德教育审美的基本思想为指导，担当开启通向真善美的智慧之门，引领青少年放眼未来、舒展胸怀，不被鼠目寸光遮挡视界，不为蝇头之利而犹豫彷徨，不好高骛远，不眼高手低，活出精彩，不负韶华，不负青春，建构诗意栖息的精神家园，是青少年思想道德教育的题中应有之义。

① 李咏吟：《审美与道德的本源》，上海人民出版社 2006 年版，第 1 页。

第五章　中国特色社会主义新时代中国共产党之青少年思想道德教育

新时代作为一个崭新而重大的历史时期，昭示着党带领群众在实现国家富强、民族振兴和人民幸福的伟大征途中，既收获新成就、新发展，更意味着在新的历史起点上面临新任务、新挑战。党的十九大庄严宣告："中国特色社会主义进入新时代，我国社会主要矛盾已经转化为人民日益增长的美好生活需要和不平衡不充分的发展之间的矛盾。"①如何满足人民日益增长的美好生活需要，成为党和国家一切工作的根本出发点和落脚点。尤其是在精神文明领域，新时代人民对精神文化生活提出了更高的要求，渴求能有更加丰富、更有德性、更有尊严的精神生活。而青少年既是"美好生活"的见证者、享有者，又是"美好生活"的践行者、创造者，应有的样子就是"用青春的能动力和创造力激荡起民族复兴的澎湃春潮，用青春的智慧和汗水打拼出一个更加美好的中国"②。因此，如何在思想道德层面完善青少年的德性，提升他们的精神层次，引导其走向并拥有美好生活，为实现中华民族伟大复兴贡献青春，成为新时代党的青少年思想道德教育创新发

---

① 《习近平谈治国理政》第三卷，外文出版社 2020 年版，第 9 页。

② 《习近平谈治国理政》第四卷，外文出版社 2022 年版，第 273 页。

展的新任务、新要求与新内容。

一、新时代党的青少年思想道德教育的目标任务

新时代，着力于实现“两个一百年”奋斗目标。如今，站在第一个百年奋斗目标已然实现、第二个百年奋斗目标新征程已开启的节点，聚焦于“为谁培养人、培养什么人、怎样培养人”这一根本问题，以习近平同志为核心的党中央把教育提升到党之大计、国之大计的战略高度，强调思想道德教育居于首位，“育人的根本在于立德。全面贯彻党的教育方针，落实立德树人根本任务，培养德智体美劳全面发展的社会主义建设者和接班人”[①]是党在新时代青少年思想道德教育的旨归。思想道德教育者就要以此为遵循，在全面总结规律的基础之上，科学把握时代发展的新形势与新要求，诠释好党的青少年思想道德教育的新命题。

（一）培养担当民族复兴大任的时代新人

基于新时代，党对青少年思想道德教育方针、目标和任务进行了新部署、新规定，明确提出以立德树人为根本，“培养担当民族复兴大任的时代新人”与“培养德智体美劳全面发展的社会主义建设者和接班人”的全新目标。

① 习近平：《高举中国特色社会主义伟大旗帜　为全面建设社会主义现代化国家而团结奋斗——在中国共产党第二十次全国代表大会上的报告》，人民出版社2022年版，第34页。

1. 培养担当民族复兴大任的时代新人的基本要义

培养担当民族复兴大任的时代新人，是历史赋予的重大课题。新时代，面对新形势、新矛盾、新任务，党提出“培养担当民族复兴大任的时代新人”[①]的基本目标。广大青少年既是社会主义现代化建设的亲历者、见证人，更是社会主义事业的未来建设者与接班人，实现中华民族伟大复兴的中国梦和成就中国特色社会主义伟大事业，需要青少年一代具有高超的能力本领、深沉的家国情怀和强烈的使命担当，需要一代代德才兼备的青少年接力奋斗。因此，培养“有理想、有本领、有担当”的时代新人，构成新时代青少年思想道德教育的根本任务。它体现出新时代社会发展对人才素质的客观需求，是党对“四有”新人培养目标和理念的继承与发展。

新时代，培养担当民族复兴大任的时代新人的基本要义，在于“培养德智体美劳全面发展的社会主义建设者和接班人”，这是新时代教育现代化的基本方向，也是中国特色社会主义思想道德教育创新发展的根本遵循。从“教育为社会主义现代化建设服务、为人民服务，把立德树人作为教育的根本任务，培养德智体美全面发展的社会主义建设者和接班人”[②]到明确“有理想、有本领、有担当”的时代新人的培养要求，直至“全面贯彻党的教育方针，落实立德树人根本任务，发展素质教育，推进教育公平，培养德智体美全面发展的社会主义建设者和接班人”[③]，深刻诠释了培养时代新人的基本要义。2018年，习近平总书记在全国教育大会上对新时代教育方针和目标任务进

① 《习近平谈治国理政》第三卷，外文出版社 2020 年版，第 33 页。

② 《胡锦涛文选》第三卷，人民出版社 2016 年版，第 641 页。

③ 《习近平谈治国理政》第三卷，外文出版社 2020 年版，第 36 页。

行了完整阐述："在党的坚强领导下，全面贯彻党的教育方针，坚持马克思主义指导地位，坚持中国特色社会主义教育发展道路，坚持社会主义办学方向，立足基本国情，遵循教育规律，坚持改革创新，以凝聚人心、完善人格、开发人力、培育人才、造福人民为工作目标，培养德智体美劳全面发展的社会主义建设者和接班人，加快推进教育现代化、建设教育强国、办好人民满意的教育。"① 新时代，党对人才培养标准更加全面、明确、具体，对人才培养的方式途径更加科学、合理、多样。在坚持立德树人基本要求的基础上，强调以文化人、以美育人和劳动育人，全面提高人的思想水平、政治觉悟、道德品质、文化素养、身体素质。尤其是 2018 年全国教育大会的召开和 2020 年《关于全面加强新时代大中小学劳动教育的意见》《关于全面加强和改进新时代学校体育工作的意见》《关于全面加强和改进新时代学校美育工作的意见》，系统阐明培养德智体美劳全面发展的社会主义建设者和接班人，强调人才培养的"五要素"相互贯通、缺一不可。通过加强对青少年劳动品质、体育素质、审美素养等的高度重视和联动培育，使之成为新时代立德树人的重要手段，以实现对青少年树德、增智、强体、育美、任劳的综合价值，聚力青少年的全面发展。

2. 培养担当民族复兴大任的时代新人的途径

如何培养担当民族复兴大任的时代新人？这是当今国际话语背景下的一大问题。在与各国博弈的过程中，人才是核心要素。因此，参与国际竞争，人才培养是关键。人无德不立，做人做事第一位的

---

① 《习近平在全国教育大会上强调　坚持中国特色社会主义教育发展道路　培养德智体美劳全面发展的社会主义建设者和接班人》，《人民日报》2018 年 9 月 11 日。

是崇德修身，最根本的就是要把“德”放在综合素质的首要与核心地位，把育德作为培养时代新人的首要方面和新时代科教文化工作的关键环节。“育新人，就是要坚持立德树人、以文化人，建设社会主义精神文明、培育和践行社会主义核心价值观，提高人民思想觉悟、道德水准、文明素养”①。新时代青少年思想道德教育，就是要围绕提升他们的思想道德修养，特别要引领其树立社会主义共同理想和远大目标，通过教育引导、实践养成、制度保障等途径，为培养时代新人服务。而在具体举措上，习近平总书记在全国教育大会上总结出“六个下功夫”，为时代新人的培养指明了正确的思路，也是培养担当民族复兴大任的时代新人的基本着力点，尤其是以下几个方面更是必然选择。其一，要在理想信念、爱国主义情怀、品德修养上下功夫。在理想信念方面，教育引导青少年一代树立共产主义的远大理想和中国特色社会主义的共同理想，增强“四个自信”，牢固树立并肩负起中华民族伟大复兴的重任；在爱国主义情怀方面，将培植青少年爱国主义精神放在重要位置，教育引导他们爱党、爱国和爱社会主义，奉献国家，服务人民；在品德修养方面，依托有效形式，引导其自觉培育和践行社会主义核心价值观，并显示出应有的力量，脚踏实地修养好思想品德，致力于成为有大爱、大德、大情怀的时代新人。其二，要在增长知识能力和培养奋斗精神上下功夫。在增长知识能力方面，教育引导青少年珍惜学习时光，心无旁骛求真知、讲实学、悟真理，博学强知，厚实学识；在培养奋斗精神方面，教育引导青少年树立高远的人生志向，重历练、讲实干、勤奋斗、敢担当，不负韶华，于不懈奋斗中书写青春华章。其三，要在增强综合素质上下功夫。将身心健康

① 《习近平谈治国理政》第三卷，外文出版社 2020 年版，第 312 页。

置于基础和保障地位，加强体育锻炼，不断增强体质、陶冶情操、坚强意志。其四，全面加强和改进学校美育。坚持以美育人、以文化人，提高学生审美和人文素养，为广大青少年成长成才指明了正确的前进方向，也为新时代青少年思想道德教育创新提供了正确的方针、明确的指导。

（二）集中开展思想道德教育

1. 培育和践行社会主义核心价值观

党的十八大报告正式提出培育和践行社会主义核心价值观的重大任务，从国家、社会和个人三个层面的价值维度出发，明确“富强、民主、文明、和谐，自由、平等、公正、法治，爱国、敬业、诚信、友善”的社会主义核心价值观的基本内涵。[①]并将培育和践行社会主义核心价值观作为核心价值体系建设的重要内容。之后，全国兴起了学习、研究、宣传、培育和践行社会主义核心价值观的热潮。2013年12月，中共中央办公厅印发《关于培育和践行社会主义核心价值观的意见》，对核心价值体系和核心价值观的关系作了精准诠释。阐明社会主义核心价值观“是社会主义核心价值体系的内核，体现社会主义核心价值体系的根本性质和基本特征，反映社会主义核心价值体系的丰富内涵和实践要求，是社会主义核心价值体系的高度凝练和集中表达”[②]。该意见对培育和践行社会主义核心价值观的重要意义与指

---

① 中共中央文献研究室编：《十八大以来重要文献选编》（上），中央文献出版社2014年版，第25页。

② 《关于培育和践行社会主义核心价值观的意见》，人民出版社2013年版，第3页。

导思想作了充分阐述，要求把培育和践行社会主义核心价值观融入国民教育全过程，落实到经济发展和社会治理实践中，加强社会主义核心价值观宣传教育，开展涵养社会主义核心价值观的实践活动，加强党对培育和践行社会主义核心价值观的组织领导。2014 年，习近平总书记在全国文艺工作座谈会上强调，要加强社会主义核心价值观在全体社会民众中的宣传教育工作，“使之像空气一样无处不在、无时不有”①。党中央还制定出台《关于进一步把社会主义核心价值观融入法治建设的指导意见》等系列指导性文件，从组织、制度层面有力指导并推进了社会主义核心价值观的培育工作，助其常态化、制度化，使其不断深入人心。

围绕这一问题，党和国家将社会主义核心价值观作为新时代党的青少年思想道德教育的核心内容，从实践向度明确培育社会主义核心价值观的路径选择。习近平总书记多次发表重要讲话，强调培育和践行社会主义核心价值观，要从修德上下功夫，修德是基础。引导民众尤其是广大青少年守大德、明公德、讲私德，将实现国家富强、民族复兴和人民幸福同个人的前途命运有机统一，并以之作为崇德修身的基本目标。“广大青年要自觉践行社会主义核心价值观，不断养成高尚品格。要以国家富强、人民幸福为己任，胸怀理想、志存高远，投身中国特色社会主义伟大实践，并为之终生奋斗。”②为此，党中央围绕如何培育和践行社会主义核心价值观，从实践层面进行了相应的部署。要求社会主义核心价值观的培育要从小抓起，从学校抓起，坚持育人为本、德育为先，围绕立德树人的根本任务，把社会主义核心价

① 习近平：《在文艺工作座谈会上的讲话》，人民出版社 2015 年版，第 23 页。

② 习近平：《在知识分子、劳动模范、青年代表座谈会上的讲话》，人民出版社 2016 年版，第 11 页。

值观融入国民教育全过程，根植于基础教育、高等教育、职业技术教育、成人教育各领域、各阶段、各层次，落实到教育教学和管理服务各环节，覆盖到全部学校和全体学生，形成课堂教学、社会实践、校园文化多位一体的育人平台。对青少年社会主义核心价值观的培育，实现纵向上联通，横向上对接。同时，遵循青少年身心特点和成长规律，构建大中小学有效衔接的课程体系和教材体系，创新大中小学“思政课”教育教学相承接的内容体系，推动社会主义核心价值观进课堂、进教材、进学生头脑。完善学校、家庭、社会三结合的教育网络，通过相互协作，进行营造环境、巩固成果，形成家庭、社会与学校携手育人的强大合力。就方式上而言，“要润物细无声，运用各类文化形式，生动具体地表现社会主义核心价值观，用高质量高水平的作品形象地告诉人们什么是真善美，什么是假恶丑，什么是值得肯定和赞扬的，什么是必须反对和否定的”①，使青少年社会主义核心价值观的培育落地生根。

在教育引导的同时，党和国家还强调青少年加强自我教育，在思想道德践履中不断锤炼，增强自我修为。2013 年 5 月 4 日，习近平总书记在同各界优秀青年座谈时的讲话中强调：“广大青年要把正确的道德认知、自觉的道德养成、积极的道德实践紧密结合起来，自觉树立和践行社会主义核心价值观……倡导社会文明新风，带头学雷锋，积极参加志愿服务，主动承担社会责任，热诚关爱他人，多做扶贫济困、扶弱助残的实事好事，以实际行动促进社会进步。”②2019 年 4 月 30 日，习近平总书记在纪念五四运动 100 周年大会上的讲话

① 《习近平谈治国理政》第一卷，外文出版社 2018 年版，第 165 页。

② 《习近平谈治国理政》第一卷，外文出版社 2018 年版，第 52—53 页。

中进一步指出：“新时代中国青年要自觉树立和践行社会主义核心价值观，善于从中华民族传统美德中汲取道德滋养，从英雄人物和时代楷模的身上感受道德风范，从自身内省中提升道德修为，明大德、守公德、严私德，自觉抵制拜金主义、享乐主义、极端个人主义、历史虚无主义等错误思想，追求更有高度、更有境界、更有品位的人生，让清风正气、蓬勃朝气遍布全社会！”① 通过强有力的教育引导和自我教育，做实思想道德实践，强化思想道德修为，从而切实打牢思想道德根基，使青少年在人生道路上走得更正、走得更实、走得更远。

2. 抓牢理想信念教育

党对青少年理想信念教育常抓不懈，新时代将其作为核心内容。2017 年 12 月，在习近平总书记出席全国高校思想政治工作会议并发表重要讲话一周年之际，中宣部、中组部、教育部党组围绕如何准确把握党的十九大提出的新任务、新要求，在北京召开加强和改进高校思想政治工作经验交流座谈会，提出“推动‘六有’要求在大学生理想信念教育中立起来、化为实践”②（“六有”即习近平总书记在考察中国科学技术大学时强调“做有理想、有追求的大学生，做有担当、有作为的大学生，做有品质、有修养的大学生”）。2018 年，习近平总书记在全国教育大会上指出，推进新时代教育工作，首先要在“坚定理想信念上下功夫，教育引导学生树立共产主义远大理想和中国特

① 习近平：《在纪念五四运动 100 周年大会上的讲话》，人民出版社 2019 年版，第 11—12 页。

② 《不忘育人初心，牢记时代使命——加强和改进高校思想政治工作座谈会经验交流发言摘登》，《光明日报》2017 年 12 月 18 日。

色社会主义共同理想”①。新时代，理想信念教育在整个教育工作中的地位不可撼动。

在此基础上，结合青少年日常生活、心理、情感、文化等多方面需要，广泛开辟和创新方式，达成理论与实践的高度契合。如在学生理想信念教育实践活动中，借助开展校园精神文明创建活动，巩固校园文化建设，营造理想信念教育的文化氛围；开展各类党团活动，加强党团建设，改进学生社团工作，发挥学生党员、干部、团员在理想信念教育中的模范带头作用；强化中国精神的宣传教育，结合时代要求推促民族精神与时代精神的弘扬，激发学生为国奉献的理想和信念；广泛组织学生开展社会实践活动，探索参观考察、志愿者服务、暑期“三下乡”等多种实践方式联动的模式，指引他们在实践中坚定理想信念。特别是近些年，综合运用网络文化元素吸引学生的新载体和新途径应际而生。为此，加强网络阵地建设，利用校园官网、微博、微信公众号等载体对学生开展理想信念教育，运用技术手段强化校园网络监管，积极占领思想阵地，牢固把握网络理想信念教育话语权、主动权等成为新时代的新举措。随着理想信念教育的载体、途径与方式的日益丰富多样，理想信念教育的积极性与创造性显著提升，有效性显而易见。

强化理想信念教育的常态化与制度化建设。理想信念作为一种价值体系，其在人们头脑中确立并巩固，进而外化为人们的实际行动，是一个动态发展并渐次深入的长期的历史过程，需要根据外部环境与人们思想观念的变化而适时调整。因此，必须将理想信念教育作为基

① 《习近平在全国教育大会上强调　坚持中国特色社会主义教育发展道路　培养德智体美劳全面发展的社会主义建设者和接班人》，《人民日报》2018 年 9 月 11 日。

础性工程、战略性任务，实现常态化，并依凭强有力的制度体系加以保障。2019 年，党的十九届四中全会指出：“坚持和完善繁荣发展社会主义先进文化的制度，巩固全体人民团结奋斗的共同思想基础”，并将“推动理想信念教育常态化、制度化”作为其重要实现路径。新时代，在推进理想信念教育常态化与制度化实践路径方面，党持续对民众加强党史、新中国史、改革开放史、社会主义发展史教育，加强爱国主义、集体主义、社会主义教育，引导人们树立正确的历史观、民族观、国家观、文化观，不断增强中华民族的凝聚力和向心力，推动形成团结一心的精神纽带和自强不息的精神动力；加强和改进学校思想道德教育，建立“三全育人”体制机制，完善青少年理想信念教育齐抓共管机制；健全志愿服务体系，扩大理想信念教育的实践途径；健全党员干部理想信念教育长效机制，建立“不忘初心、牢记使命”的主题教育制度；加强制度理论研究和宣传教育，引导全党全社会充分认识中国特色社会主义制度的本质特征和优越性，坚定制度自信等。创造青少年理想信念教育的有利环境，把这一教育抓紧、抓实、抓牢。

3. 厚植爱国主义情怀

2019 年，中共中央、国务院颁发《新时代爱国主义教育实施纲要》，强调要坚持“三全育人”，在广大青少年中开展深入、持久、生动的爱国主义教育，让爱国主义精神牢牢扎根。聚焦关键群体，厚植青少年家国情怀。青少年是国家未来发展的动力，是中国特色社会主义事业的建设者与接班人，更是民族复兴的参与者与见证者。新时代，党和国家尤为重视加强青少年这一关键群体的爱国主义教育。不断创新党的青少年工作，加强学校爱国主义教育，增强学校、家庭、社会教育合力，坚持理论灌输与实践养成相结合、显性教育与隐性教育相统一，鼓励他们自觉将爱国主义内化于心、外化于行，坚定立场，时刻反思并努力奋斗，学习科学文化知识，锤炼过硬报国本领，提升综合素质，以国家主人翁的姿态和风采看待问题，关注时事，关心国家命运，为社会发展注入新鲜血液，为国家崛起贡献新兴力量。

厚植爱国主义情怀，学校加强相关课程建设，将爱国主义教育有机融入其中。发挥课堂教学主渠道作用，以问题为导向，坚守课程教学这 青少年思想道德教育主阵地，紧密围绕“立德树人”这一根本任务，将爱国主义精神培植贯穿于学校教育教学全过程，推动爱国主义教育“三进”。一是加强爱国主义教育主阵地建设。推动“思政课”改革创新，发挥学生主体作用，采取互动式、启发式、交流式教学，增强“思政课”的思想性、理论性和亲和力、针对性，在教育教学和潜移默化中，引导学生树立国家意识、增进爱国情感。二是在大中小学所有相关课程中有机融入爱国主义教育。在中小学将爱国主义教育内容融入语文、道德与法治、历史等学科教材编写和课程教学之中，同时开发体现爱国主义教育要求的系列课程、教学资源，实现“课程思政”与“思政课程”的联动，形成立体教育，产生复合效应，增强爱国主义教育的吸引力和感召力；在高校将爱国主义教育与哲学社会科学类课程有机结合，增加爱国主义教育内容的比重。加强大中小学爱国主义教育一体化建设，努力构建大中小学一体贯通、循序渐进的爱国主义教育体系。通过科学系统的课程教育，引导学生全面认识爱国主义精神内涵，正确认识当代青少年所肩负的历史责任和使命担当。

抓住关键时间节点和重大时机进行爱国主义教育。新时代，充分利用和发挥好传统节日、重大纪念日活动的爱国主义教育功能。如开展中国人民抗日战争暨世界反法西斯战争胜利70周年系列大型爱国活动大阅兵、新中国成立70周年国庆大阅兵、庆祝中国共产党成立100周年、庆祝中国共青团成立100周年系列活动，还有南京大屠杀死难者国家公祭日等重大纪念活动。党中央还善于巧妙利用执政过程中面临的重大挑战与考验，以此作为爱国主义教育的有利契机，及时对民众特别是青少年进行爱国主义引导。如2019年末至2020年初，党带领人民群众在抗击新冠肺炎重大疫情的阻击战、攻坚战中，以一堂生动的爱国主义教育课昭示全世界，更使广大群众尤其是青少年深切感受到中国特色社会主义制度的优越性、中国共产党全心全意为人民服务的价值立场。置于比较视野中，与国外相比，在中国方案中彰显出的中国智慧、中国价值和中国精神，使得青少年迸发的爱国主义激情无比振奋人心，亦深深镌刻于心。

着力实践引领，营造良好的爱国主义教育文化氛围。新时代，党和国家不断丰富爱国主义教育实践载体，建设了一批爱国主义教育基地和国防教育基地，开展红色传统教育，依托参观考察和实践体验，丰富拓展爱国主义教育社会实践领域，激发民众尤其是青少年的爱国热情、报国抱负。在学校层面发动党组织、共青团、少先队、学生会、学生社团等，把爱国主义教育内容融入党日团日、主题班会、班队会以及各类主题教育和军训、文化科技卫生“三下乡”、学雷锋志愿服务、创新创业、公益活动等实践之中，广泛开展文明校园创建活动和校园文化活动，凸显各类活动的爱国主义教育价值。组织大中小学生参观纪念馆、展览馆、博物馆、烈士陵园等，促进青少年学生更好地了解国情民情，强化责任担当。

（三）以“家庭美德”建设为抓手，推促思想道德教育

新时代，为不断提升民众的思想道德修养，中国共产党深入实施公民道德建设工程，“推进社会公德、职业道德、家庭美德、个人品德建设”①，以“四德”建设作为新时代公民道德建设的着力点，深化群众性精神文明创建活动，激励人们向上向善、孝老爱亲，忠于祖国、忠于人民。其中，家庭美德建设是基础。以习近平同志为核心的党中央前所未有地重视家庭美德建设，强调家庭、家教、家风在整个和谐社会建设中的特殊功能及其对于青少年成长成才的根基性作用。因此，青少年作为家庭美德建设的重要和关键群体，备受关注。

在家庭美德建设中，党中央高度重视抓住党员、干部这一关键少数，发挥党组织的引领、示范作用。2015 年，中共中央印发《中国共产党廉洁自律准则》，首次将“廉洁齐家”列为党员领导干部廉洁自律规范的重要内容之一，并作为干部德行考核的关键环节，把作风建设真正落实、落细。“要做到廉以修身、廉以持家，培育良好家风，教育督促亲属子女和身边工作人员走正道。”②党员、干部要在弘扬家庭美德中带好头、作好表率、教育好子女，告诫身边亲属，严格规范约束自身行为，提高道德修养，努力形成朴实的家风，为家庭成员乃至广大人民群众树立榜样示范。在家教方法方面，注重父母和家长的独特作用，坚持用言传身教、榜样激励、严教习积等方法开展家教活动。父母和家长要当好子女的第一任老师，把美好的价值理念和

① 《习近平谈治国理政》第三卷，外文出版社 2020 年版，第 34 页。

② 中共中央文献研究室编：《习近平关于全面从严治党论述摘编》，中央文献出版社 2016 年版，第 112 页。

道德观念传递给他们，帮助他们扣好人生的第一粒扣子，迈好人生的关键步子，上好人生的第一个台阶，养成美好心灵，健康成长、顺利成才，成为对国家和人民有用的人。“要弘扬中华民族传统家庭美德，倡导现代家庭文明观念，推动形成爱国爱家、相亲相爱、向上向善、共建共享的社会主义家庭文明新风尚，让美德在家庭中生根、在亲情中升华。通过多种方式，引导广大家庭重言传、重身教，教知识、育品德，以身作则、耳濡目染，用正确道德观念塑造孩子美好心灵”①。通过家庭美德教育，弘扬中华民族传统美德，倡导现代家庭文明观念，形成爱国爱家、相亲相爱、向上向善、和谐融洽的社会主义家庭文明新风尚，让青少年上好、学好、学透思想道德教育第一课，从中获得滋养。

二、新时代党的青少年思想道德教育的总体布局

新时代，党的青少年思想道德教育获得发展的大好机遇期而进入“春天”，党中央以强力举措持续推进，各级各类学校具体落实，使得绝大多数青少年基本认可、认同和重视思想道德教育，思想道德水平得以提升。顺应时代新形势与新要求，切实增强思想道德教育实效性，新时代党不断总结以往的经验教训，探索实践规律，加强改革创新，从指导思想、学科发展、课程体系完善、教育教学管理、教育队伍建设等方面持续发力。此时期，党的青少年思想道德教育理论与实践取得新进展。

① 《新时代公民道德建设实施纲要》，人民出版社 2019 年版，第 10—11 页。

（一）凸显思想道德教育理论的作用

1.用科学理论引领新时代青少年思想道德教育发展

“时代是思想之母，实践是理论之源。只要我们善于聆听时代声音，勇于坚持真理、修正错误，二十一世纪中国的马克思主义一定能够展现出更强大、更有说服力的真理力量！”①新时代，党在带领广大人民群众开创中国特色社会主义伟大事业的实践中，深切回应时代呼声，总结实践规律，坚持理论创新，形成了习近平新时代中国特色社会主义思想。党的十九大将其正式确立为我们党的指导思想并写入党章，第十三届全国人民代表大会通过的《中华人民共和国宪法修订案》，亦把习近平新时代中国特色社会主义思想载入宪法，实现了党和国家指导思想的与时俱进。

习近平新时代中国特色社会主义思想，是对党的十八大以来我们党理论创新成果的最新概括和表述，系统回答了新时代坚持和发展什么样的中国特色社会主义、怎样坚持和发展中国特色社会主义等重大问题，是当代中国马克思主义、二十一世纪马克思主义，是中华文化和中国精神的时代精华，实现了马克思主义中国化新的飞跃，为中国特色社会主义理论体系注入新的思想理论内涵。其中，在思想道德教育领域，习近平新时代中国特色社会主义思想围绕培养什么人、怎样培养人、为谁培养人这一根本问题，系统总结了我国教育事业发展的成就与经验，深刻分析了党的思想道德教育面临的新形势与新任务，是新时代党的青少年思想道德教育发展的基本价值遵循和行动指南，

---

① 《习近平谈治国理政》第三卷，外文出版社 2020 年版，第 21 页。

在内容与形式等层面为此一时期党的青少年思想道德教育创新发展注入了新的元素。

党的十八大以来，党的青少年思想道德教育内容始终以理论创新为引领，以“思政课”教育教学为主渠道，与党的理论探索同向同行，教育、宣传、传播党的最新理论是“思政课”教学的核心内容。新时代在党的坚强领导下，全国兴起了学习、宣传和研究习近平新时代中国特色社会主义思想的热潮。在青少年思想道德教育中，积极推进习近平新时代中国特色社会主义思想“三进”，用习近平新时代中国特色社会主义思想铸魂育人、立德树人，成为新时代党的思想道德教育的根本任务。至今，习近平新时代中国特色社会主义思想“三进”工作取得了明显进展，37 家全国重点马克思主义学院率先开设“习近平新时代中国特色社会主义思想概论”并在全国推广，成为高校思想政治理论必修课。亦在其他课程教学中贯彻习近平新时代中国特色社会主义思想。在教材建设方面，2018 年高校新版“思政课”教材投入使用，2021 年版再次适时更新内容，习近平新时代中国特色社会主义思想作为重要内容贯穿其中。2019 年，教育部在对思想道德教育工作的部署中强调：加强“思政课”教材建设，研制《习近平新时代中国特色社会主义思想进课程教材指导纲要》。编好、审好、用好《习近平总书记教育重要论述讲义》《习近平新时代中国特色社会主义思想学习纲要》，组织开展培训，做好宣传推广，并于 2023 年印发《习近平新时代中国特色社会主义思想学习纲要(2023 年版)》，将其纳入贯彻落实习近平新时代中国特色社会主义思想主题教育的学习计划之中。全面落实《关于做好高校思想政治理论课 2021 年版教材使用培训的通知》《全国大中小学教材建设规划（2019—2022 年)》，加强系统设计，于 2023 年编写并出版《习近平新时代中国特色社会主义思想概论》，成为第一部全面系统阐述习近平新时代中国特色社会主义思想的统编教材，全面推动习近平新时代中国特色社会主义思想进课程教材、进教学体系、进学生头脑，确立教材建设的“魂”，丰富教材育人的价值内涵和理论意蕴。2021年、2022年相继出版《新时代高校思想政治教育学原理》《新编思想政治教育学原理》等，教材的科学性、时代性、系统性显著提升。

2. 高度重视并完备马克思主义理论学科建设

马克思主义理论学科是党的青少年思想道德教育的学理依凭，也是衡量新时代其科学化发展的重要依据。2012年，国务院学位委员会在《关于进一步加强高校马克思主义理论学科建设的意见》中，将其规范化建设、服务“思政课”的功能和质量要求提升到新的高度。之后，高校着力建设一流马克思主义理论学科，在理论研究和创新基地打造、关键性教材编写与修订、重点马克思主义学院建设、学科带头人培育、学位点的系统建设等方面持续发力，完备马克思主义理论学科建设，也使其获得突飞猛进的发展，展示真理的力量。

新时代，马克思主义理论一级学科建设呈现出迅猛发展态势，不仅学科规模不断扩大，而且学科建设质量明显改进，学科体系也日益合理完备，导向作用愈发显现。在学科规模上，自2006年国务院学位委员会《关于下达第十批博士和硕士学位授权学科、专业的通知》发布以来，获批马克思主义理论一级学科博士点单位日益增多。截至2018年初，马克思主义理论一级学科博士授权点由最初的21个增长到80个，一级学科硕士授权点由187个发展到273个[①]。截至2020年，

① 张雷声：《马克思主义理论学科在改革开放中前行》，《思想理论教育导刊》2018年第10期。

一级学科博士授权点增加到85个，一级学科硕士授权点增至300多个，并进行了合理、科学布局。在学科体系方面，党的十八大以来，马克思主义理论学科体系不断丰富和完善，目前已形成所属的7个二级学科[①]，2022年9月，国务院学位委员会、教育部印发《研究生教育学科专业目录（2022年）》，正式将“中共党史党建学”增设为“法学”门类下新的一级学科，以此为基础，2024年发布的《研究生教育学科专业简介及其学位基本要求（试行版）》正式确定“中共党史党建一级学科设中共党史党建学理论、中国共产党历史、党的领导和党的建设、党务工作理论与实践等4个二级学科”为新时代青少年思想道德教育的有效开展建构了多维的学理依凭，夯实了新时代党的青少年思想道德教育的学科基础。在学院建设方面，依据《普通高校思想政治理论课建设体系创新计划》所提出的重点建设一批教学科研皆强的马克思主义学院，国家积极推进高校马克思主义学院建设。截至2019年底，先后分三批遴选包括北京大学、武汉大学等在内的37所全国重点马克思主义学院，出台《马克思主义理论一级学科学位授权点申请基本条件》（2019）、《普通高等学校马克思主义学院建设标准（2019年本）》等文件，对标精准建设。各省也启动省级重点马克思主义学院的评选、考核与培育工作。这些措施，在马克思主义理论教育教学、理论研究、理论宣传、人才培养和马克思主义中国化、时代化、大众化上，产生示范、引领和带动效应。此间，高校深入实施“马克思主义中青年理论家培育计划”“马克思主义理论骨干人才培养计划”“青年马克思主义者培养工程”等，在中青年教师和大学生中

① 7个二级学科：马克思主义基本原理、马克思主义发展史、马克思主义中国化研究、国外马克思主义研究、思想政治教育、中国近现代史基本问题研究、党的建设。

培养一大批马克思主义理论骨干。目前，马克思主义理论学科已经产生出一系列包括全国宣传文化系统“四个一批”人才、哲学社会科学领军人才、教育部长江学者、国家万人计划教学名师等学科研究高层次人才，汇聚了大量思想道德教育优秀人才，并取得了丰硕的研究成果，为新时代党的青少年思想道德教育深化创新发展提供了源源不断的人力储备和智力保障。

有为才有位，有位更能为。新时代马克思主义理论学科坚持以为党育人、为国育才为最高准则，在立德树人方面发挥了独特效果，学科影响力不断扩大，学术地位显著提升。马克思主义理论学科始终肩负着“为推进党的思想理论建设和巩固马克思主义在高等学校教育教学中的指导地位，为加强高校思想政治理论课建设，培养思想政治教育工作队伍提供有力的学科支撑”[①]的神圣使命。进入新时代，有了党和国家的高度重视，学科建设取得突破性进展，其特殊地位与作用也随之凸显，日益成为我国哲学社会科学的领航性学科。2015年，中共中央办公厅、国务院办公厅颁发《关于进一步加强和改进新形势下高校宣传思想工作的意见》，明确指出:“要提升马克思主义理论学科的引领作用，实施马克思主义理论学科领航计划”[②]，并从学科评价、基地建设、核心教材编写、学科队伍打造、马院整体建设等方面，对提升马克思主义理论学科建设质量给出了具体意见。2019年，中共中央办公厅、国务院办公厅印发的《关于深化新时代学校思想政治理论课改革创新的若干意见》中，要求“建立和完善马克思主义理

① 教育部思想政治工作司组编:《加强和改进大学生思想政治教育重要文献选编（1978—2014)》，知识产权出版社2015年版，第294页。

② 《中办、国办印发〈意见〉 加强和改进新形势下高校宣传思想工作》，《人民日报》2015年1月20日。

论学科体系，实施马克思主义理论学科领航工程，在马克思主义理论学习研究宣传上发挥引领带动作用”①，进一步落实马克思主义理论学科领航工程和发挥引领带动作用的要求。

（二）加强和改进思想道德教育课程建设

新时代，学校青少年思想道德教育课程也步入深化创新的新阶段。这一时期，为更好培养担当民族复兴大任的时代新人，党和国家高度重视课程建设，将“思政课”作为立德树人的关键课程，坚持用习近平新时代中国特色社会主义思想铸魂育人，作出了一系列重大的决策部署，在协同中共进，在改革中深化，在创新中发展，采取多项有力措施贯彻落实，“思政课”建设取得显著成效。

1.“思政课”地位与作用明显提升

新时代，“思政课”建设得到党和国家的高度重视，其作用与地位得以明显提升。2015 年，中共中央宣传部、教育部颁布《普通高校思想政治理论课建设体系创新计划》，对“思政课”的性质及其在学校教育中的地位进行了全面阐释，指出思想政治理论课是巩固马克思主义在高校意识形态领域指导地位，坚持社会主义办学方向的重要阵地，是全面贯彻落实党的教育方针，培养中国特色社会主义事业合格建设者和可靠接班人，落实立德树人根本任务的主干渠道。具有高站位、大格局，“思想政治理论课是落实立德树人根本

① 《中办国办印发〈意见〉 深化新时代学校思想政治理论课改革创新》，《人民日报》2019 年 8 月 15 日。

任务的关键课程”“思政课作用不可替代，思政课教师队伍责任重大”①。与此同时，党将“思政课”建设置于国家前途命运的大局中谋划。“在大中小学循序渐进、螺旋上升地开设思想政治理论课非常必要，是培养一代又一代社会主义建设者和接班人的重要保障。”②强调办好“思政课”，事关党的意识形态工作大局与中国特色社会主义事业后继有人，更事关中华民族伟大复兴中国梦的实现，必须将其摆在突出位置，作为一项事关全局的战略性问题，持之以恒、长抓不懈。新时代，“思政课”在学校教育和中国特色社会主义事业发展中的作用日益凸显，也使思想道德教育有了坚实的理论阵地。

2.“思政课”改革创新成效显著

“办好思想政治理论课，最根本的是要全面贯彻党的教育方针，解决好培养什么人、怎样培养人、为谁培养人这个根本问题。”③党中央、国务院立足新时代培养担当民族复兴大任的时代新人的需要，加强高校“思政课”建设的战略谋划，提出了改革创新的整体思路，推出了一系列重大举措，不断开创新时代高校“思政课”建设的新局面。

2015年7月，中共中央宣传部、教育部印发《普通高校思想政治理论课建设体系创新计划》，明确指出要把“思政课”立体化教材体系、教学人才体系、课堂教学体系、第二课堂教学体系、学科支撑体系、综合评价体系、条件保障体系七个方面作为创新建设的重点内容，推进其综合发展。同年8月，中共中央宣传部、教育部印

① 《习近平谈治国理政》第三卷，外文出版社2020年版，第329页。
② 《习近平谈治国理政》第三卷，外文出版社2020年版，第329页。
③ 《习近平谈治国理政》第三卷，外文出版社2020年版，第328页。

发《关于普通高校思想政治理论课建设体系创新计划的通知》，就高校“思政课”建设体系创新计划的指导思想、基本原则和目标任务作出要求。2016 年 12 月，习近平总书记在全国高校思想政治工作会议上强调，高校思想政治工作涉及培养什么人、怎样培养人、为谁培养人的根本问题，要坚持在改进中加强，提升亲和力和针对性，把立德树人贯穿到教育教学全过程。2017 年 12 月，教育部颁发《高校思想政治工作质量提升工程实施纲要》，明确规定构建以课程育人为首的“十大育人体系”①，引领高校思想政治工作质量有效提升工程，并把 2017 年定为高校“思政课”建设质量年，开展了广泛的调查研究，总结了建设经验，提出了改进的措施，强调把“思政课程”与“课程思政”紧密结合起来，协同推进。2018 年 4 月，教育部印发《新时代高校思想政治理论课教学工作基本要求》，规定抓住“思政课”教学前、中、后全过程，在操作层面加强衔接和落实。2019 年 8 月 14 日，中共中央办公厅、国务院办公厅印发《关于深化新时代学校思想政治理论课改革创新的若干意见》，深刻阐明深化“思政课”改革创新的重大意义和总体要求，确定了完善课程体系的目标内容和教材体系建设的要求，推出了建设高素质教师队伍的举措，指明了深化课程教学改革创新的路径，强调循序渐进推进大中小学课程一体化建设，不断提高学校、家庭和社会教育的合力。之后，教育部印发的《“新时代高校思想政治理论课创优行动”工作方案》《深化新时代学校思想政治理论课改革创新先行试点方案》，分别从工作目标、工作思路、工作举措等方面对《关于深化新时代学校思

① 十大育人体系：课程育人、科研育人、实践育人、文化育人、网络育人、心理育人、管理育人、服务育人、资助育人、组织育人。

想政治理论课改革创新的若干意见》提出的要求进行明细化、可操作化，并对不同地方、不同类型的高校和不同层次的马克思主义学院布置了先行试点任务。

2019 年 3 月 18 日，习近平总书记主持召开学校思政课教师座谈会，强调贯彻党的教育方针，落实立德树人根本任务，遵循“思政课”建设的规律，坚持“八个相统一”。“八个相统一”论断的提出，明确了改革的基本方向，为新时代“思政课”守正创新提供了基本的方法论遵循。其中，坚持政治性和学理性相统一，就是旗帜鲜明地坚持马克思主义的指导和社会主义办学方向，突出政治引导“走正道”，用科学先进的理论引导学生，用真理的力量教育人、吸引人、鼓舞人、感召人。坚持价值性和知识性相统一，就是强化“思政课”的引领，在传授知识的同时着重帮助学生树立正确的“三观”。坚持建设性和批判性相统一，就是始终着力课程建设，不遗余力改革创新，以筑牢主流意识形态、弘扬主旋律、传播正能量，同时更要理直气壮地揭露假恶丑，坚决批判错误价值思潮和不良现象，实现破与立的高度统一。坚持统一性和多样性相统一，就是坚持马克思主义一元的指导地位，同时学习、借鉴、吸收人类一切优秀的文化成果，紧紧围绕立德树人这一根本任务，秉持育人为本、德育为先，坚持培养德智体美劳全面发展的社会主义建设者和接班人，培养担当民族复兴大任的时代新人的根本目标，用统一的宗旨、计划、教材、规范、标准，严格部署“思政课”改革进路，同时选取丰富的内容，采用多样化的方法。坚持主导性和主体性相统一，就是坚持以“思政课”教师为主导，充分考虑学生特点，发挥学生主体性。坚持灌输性和启发性相统一，就是加强和改进“思政课”教学，将先进的理论灌输进学生头脑，在此基础上注重启发性教育，引导学生发现问题、思考问题、分析问题，将先进理论内化为正确思想进而外化为自觉行动。坚持显性教育和隐性教育相统一，就是坚守“思政课”主阵地，实现“思政课程”与“课程思政”相承接，课堂教学与课外实践相结合，充分挖掘其他课程、实践活动中蕴含的思想政治教育资源，实现“三全育人”。坚持理论性和实践性相统一，就是在“思政课”教学中，坚持用马克思主义理论武装人、用正确的思想引导人，使学生掌握马克思主义立场、观点与方法，基于此，充分利用鲜活、生动的实践资源，开展实践教育教学，实现理论与实践的高度契合，着力将“思政课”打造成“金课”。

在大力推进“思政课”改革的同时，将青少年思想道德教育有效融入学校教育教学全过程。“把立德树人内化到大学建设和管理各领域、各方面、各环节，做到以树人为核心，以立德为根本。”①其他各门课都要守好一段渠、种好责任田，深入挖掘各类课程和教学方式中蕴含的思想道德教育元素与功能，并纳入专业课教材讲义和教学大纲，开设好学术规范、诚信教育、职业伦理类课程，提高和完善各类课程的教学、考核和评估标准，使各层级、各类型课程与“思政课”同向同行，形成协同效应。新时代，教育部积极开启“思政课”建设一体化格局，开设“大中小学思政课课程教材一体化建设”“大中小学思政课课程一体化建设”“新时代高校思政课课程和教材一体化建设”等项目，构筑学校、家庭、社会教育网络，形成合力，有效营造“推动形成全党全社会努力办好思政课、教师认真讲好思政课、学生积极学好思政课的良好氛围”②。教育部还大力组织开展高校“思政

① 习近平：《在北京大学师生座谈会上的讲话》，人民出版社2018年版，第7页。

② 《习近平谈治国理政》第三卷，外文出版社2020年版，第331页。

课”建设优秀成果巡展活动，对新时代高校“思政课”教学案例、教学成果进行征集和遴选，并在线上线下进行成果评选、展示。开展全国高校“思政课”教学展示活动，对全国推荐的优秀教师的教学视频进行评比，对教学展示活动中的优秀作品进行表彰。

此外，党中央大力发展文化建设事业，推进中华优秀传统文化、中国革命文化和社会主义先进文化创造性转化、创新性发展。2018年，中共中央办公厅、国务院办公厅印发了《关于实施革命文物保护利用工程（2018—2022年）的意见》，要求“推动革命传统教育进学校进教材进课堂，编纂出版系列革命文物知识读本，鼓励学校、党校（行政学院）到革命旧址、革命博物馆纪念馆开展现场教学”[①]。启动革命文物保护利用重要工程，从文化建设层面为新时代“思政课”建设提供了重要平台和深厚力量。

大中小学“思政课”一体化及其改革创新所取得的成效，既是党的青少年思想道德教育的强力举措的结果，也是更好开展青少年思想道德教育的保障，为未来发展作了基础性铺陈。

（三）积极构建科学开放的思想道德教育体系

1.“三全育人”综合改革的提出与实践

“三全育人”的基本格局是高校思想政治工作体系构建的关键，亦是高校思想政治工作的直接体现和质量全面提升的基本保障。2016

---

① 《关于实施革命文物保护利用工程（2018—2022年）的意见》，人民出版社2018年版，第7页。

年，习近平总书记在全国高校思想政治工作会议上强调，坚持把立德树人作为中心环节，把思想政治工作贯穿教育教学全过程，实现全程育人、全方位育人，努力开创我国高等教育事业发展新局面。2017年，中共中央、国务院印发了《关于加强和改进新形势下高校思想政治工作的意见》，明确把“三全育人”作为加强和改进高校思想政治工作的基本原则，把思想价值引领贯穿教育教学全过程和各环节，形成“十大育人”长效机制。新时代，构建“三全育人”大格局，为高校思想政治工作发展创新提供了基本导向，丰富了内容，拓展了其实施路径。

（1）“三全育人”的基本内涵

2018年，习近平总书记在全国教育大会上强调，思想政治工作是学校各项工作的生命线，“要把立德树人融入思想道德教育、文化知识教育、社会实践教育各环节，贯穿基础教育、职业教育、高等教育各领域，学科体系、教学体系、教材体系、管理体系要围绕这个目标来设计，教师要围绕这个目标来教，学生要围绕这个目标来学”①，对“三全育人”的基本内涵进行了较为全面的阐释。具体来讲，“全员”涵盖育人的各类主体，既包括学校“思政课”教师、辅导员等从事学生思想政治工作专门队伍，又包括学校所有教学科研、日常管理与服务人员，还涉及学生自己、学生的家庭、社会（社区）等各方面的教育主体。各领域、各级、各类教育主体都应内化育人意识，担当育人责任，积极投入育人工作，践履育人理念。“全过程”涵盖育人的完整过程，即将立德树人贯穿学校教育教学、教师职业发展与学生

① 《习近平在全国教育大会上强调　坚持中国特色社会主义教育发展道路　培养德智体美劳全面发展的社会主义建设者和接班人》，《人民日报》2018年9月11日。

成长成才的全过程，贯穿大中小学各阶段。“全方位”是指打通课内课外、线上线下、校内校外等各种空间场域，充分利用各种资源、途径和载体，将思想道德教育渗透到课堂教学、科学研究、学生管理和社会实践等各方面。在高校实行“三全育人”，就是要通过整合各方教育资源，凝聚教育合力，积极构建起一体化育人体系，以办好中国特色社会主义学校、更好完成立德树人根本任务为目标指向。

(2)“三全育人”的改革实践

“思想政治工作决不是单纯一条线的工作，而应该是全方位的，无处不在、无时不在的”[①]，要把思想政治工作贯穿学校教育管理全过程，明确了新时代高校思想政治工作一体化“三全育人”改革的行动指南。

首先，更新育人理念，树立新时代“大思政”观。新时代，党和国家明确将立德树人作为高校人才培养的首要任务与核心目标，所有工作都应围绕这一目标而展开，并将实际成效作为检验学校一切工作的根本标准。党把立德树人贯穿高校教育教学全过程和学生成长成才诸环节，形成“大思政”的工作格局，把学校各部门、各单位都纳入思想政治工作的范围，推动育人工作覆盖线上线下、校内校外、课内课外、境内境外等多方面，切实将学校思想政治工作贯穿学科体系、教学体系、教材体系、管理体系等多层面，实现德育与智育、体育、美育、劳育融合发展，推动学校、家庭和社会协同联动，形成多方合力，实现育人无处不在、育人无时不在、育人无人不能。

其次，推动理论创新和实践探索。党的十九大以来，聚焦实现“三全育人”，教育部启动“三全育人”综合改革试点。根据《教育部

① 习近平：《论坚持党对一切工作的领导》，中央文献出版社2019年版，第279页。

办公厅关于开展“三全育人”综合改革试点工作的通知》的要求，在全国高校范围内先后遴选两批“三全育人”综合改革试点单位。依照关于《“三全育人”综合改革试点工作建设要求和管理办法》中的相关思路和意见要求，加强对标建设，不断完善对部分省（区、市）、高校、院（系）等各级“三全育人”综合改革试点单位的组织管理，形成引领带动作用，产生滚动效应，推进“三全育人”改革真正做实、做新，凸显效益。截至2020年，教育部已在全国共指导建设32个省级高校网络思想政治教育中心、20个思想政治工作创新发展中心、40个思想政治工作队伍培训研修中心，领导各地各高校，精准对标建设，育人呈现出崭新局面。

再次，实现“思政课程”与“课程思政”相结合。坚持“思政课程”与“课程思政”相结合，实现各类课程与“思政课程”同向同发力，显性教育与隐性教育优势互补。新时代，在继续发挥“思政课”立德树人主渠道作用的基础上，加强高校各学科中的专业课程建设，依据各专业特色、课程特点，深入挖掘其中的思想道德教育资源，有机融入课程教学，充分发挥好各课程育德育才功能，激发全体教师积极承担起立德树人的基本职责，自觉把社会主义核心价值观置于人才培育主线并贯穿全过程，转换成价值体系，把正确的思想观念、价值理念传递给学生，使他们在学习专业理论知识的同时，接受意识形态教育、思想道德洗礼，达到润物无声的教化效果。2020年，教育部印发《高等学校课程思政建设指导纲要》，围绕立德树人、全面提升新时代人才培养质量的核心目标，对全面推进高校“课程思政”建设进行整体性设计，建立健全协同推进“课程思政”建设的体制机制，构建“三全育人”大格局。2021年，教育部评选出699门“课程思政”示范课程、699个“课程思政”教学名师和团队、30个“课程思政”教学研究示范中心，在全国树立“课程思政”教学标杆，全面推进“课程思政”高质量建设，并将“课程思政”建设作为系统性、长期性、可持续性工程，一步一步落到实处，进而实现与“思政课程”协同教育的目标。

最后，加强教材编写修订，全面贯彻立德树人基本要求。扎实推进习近平新时代中国特色社会主义思想进教材，用中国特色社会主义理论最新成果武装青少年头脑。2018 年以来，在党中央的高度重视和教育部的组织下，高校《马克思主义基本原理概论》（2021 年更名为《马克思主义基本原理》）、《毛泽东思想和中国特色社会主义理论体系概论》、《中国近现代史纲要》、《思想道德修养与法律基础》（2021 年更名为《思想道德与法治》）四门“思政课”教材完成 2 次修订，2023 年编写出版《习近平新时代中国特色社会主义思想概论》并投入使用增加一门课程。同时，组织教材编写修订组首席专家和主要成员，通过现场和网络平台，围绕五门“思政课”教材的基本内容对“思政课”教师进行培训，提升教师驾驭新教材的能力和水平。继续编好、审好、用好一批“马工程”重点教材，把“马工程”重点教材、高校“思政课”教材、党的理论创新成果“三进”作为重大政治任务，常抓不懈。同期，教育部还出台中小学、职业院校、高等学校教材管理及学校选用境外教材管理办法，研究制定中小学教材审查工作细则，推进义务教育道德与法治、语文、历史教材使用全覆盖。加强中小学思想政治教材、高校“思政课”教材一体化建设。印发中等职业学校思想政治、语文、历史课程标准，完成普通高中三科统编教材编审和 14 个学科非统编教材审查工作。推荐一批哲学社会科学优秀教材，对中小学教材和高校哲学社会科学教材进行全面检查。研制中华优秀传统文化、革命传统教育进中小学课程教材指导纲要等。借力多重举措，将立德树人的基本要求和价值理念全面贯彻到教材体系之中，显示党的青少年思想道德教育的辐射力、影响力。

2. 一体化思想道德教育体系的构建

构建思想道德教育体系，是落实立德树人根本任务的重要举措。推动“三全育人”，将思想政治工作贯穿教育教学全过程成为关键抓手。“人才培养体系涉及学科体系、教学体系、教材体系、管理体系等，而贯通其中的是思想政治工作体系。加强党的领导和党的建设，加强思想政治工作体系建设，是形成高水平人才培养体系的重要内容。”①党和国家明确将思想政治工作体系的构建作为高等教育人才培养的主线。加快构建科学有效的一体化思想道德教育体系，是实现党的思想道德教育创新，建设高水平大学，培养德智体美劳全面发展的建设者与接班人的迫切要求。

2017 年，《高校思想政治工作质量提升工程实施纲要》首次提出“十大育人体系”，即着力构建起内容完善、标准健全、运行科学、保障有力、成效显著的高校思想政治工作质量体系。通过全面统筹办学治校各领域、教育教学各环节、人才培养各方面的育人资源和育人力量，推动知识传授、能力培养与理想信念、价值理念、道德观念的教育有机结合，建立健全系统化育人长效机制。强化整体推进，深入挖掘育人要素，统筹育人资源，推动各项工作协同协作、同向同行，互动互为、互联互通，使思想道德教育有效融入人才培养各环节。2019 年，教育部工作要点明确：为培养德智体美劳全面发展的社会主义建设者和接班人，增强德育的针对性、实效性，推进大中小幼一体

① 习近平：《在北京大学师生座谈会上的讲话》，人民出版社 2018 年版，第 10 页。

化思想道德教育体系建设，建立德智体美劳整体教育、有机融合、协调发展的长效机制。把思想道德教育贯穿教育教学全过程，创新方式方法，继续打好提高高校“思政课”质量和水平的攻坚战。

2020年，教育部等八部门联合印发《关于加快构建高校思想政治工作体系的意见》，提出要健全立德树人体制机制，把立德树人融入思想道德、文化知识、社会实践教育各环节，贯通学科体系、教学体系、教材体系、管理体系，加快构建目标明确、内容完善、标准健全、运行科学、保障有力、成效显著的高校思想政治工作体系。并从理论武装体系、学科教学体系、日常教育体系、管理服务体系、安全稳定体系、队伍建设体系、评估督导体系等七个方面，对新时代高校思想道德教育体系化建设予以全面部署和详细规划，在大中小学实现横向一体化的基础上，高校从纵向上增强各方面整体协同，形成一体化、全贯通、共推进的格局。

（四）配备配齐并优化思想道德教育队伍

人是第一位的因素，青少年思想道德教育，主体独特，效果和要求也很特殊。因而，配备配齐优化队伍是关键，也是保障。

1. 加强“思政课”教师队伍建设

“办好思想政治理论课关键在教师，关键在发挥教师的积极性、主动性、创造性。”[①]“思政课”教师是教学环节中的主导因素，是给学生心灵埋下真善美的种子、引导学生扣好人生第一粒扣子的人，教

① 《习近平谈治国理政》第三卷，外文出版社2020年版，第330页。

师的品德修养、人格魅力与知识能力对学生成长成才有着至关重要的作用。因此，加强“思政课”教师队伍建设，培养一支高素质专业化创新型教师队伍，对于加强和改善新时代“思政课”建设，增强教育效果，培养青少年成为担当民族复兴大任的时代新人举足轻重。

（1）以思想道德为引领，强化师德师风建设

德性与德行是为人师表的首要条件，“传道者自己首先要明道、信道”，“思政课”教师只有具备坚定的政治立场与高尚的道德品质，才能“立德树人”“以德服人”。因而，师德师风建设成为新时代“思政课”教师队伍建设的关键，受到党和国家高度重视。

2016 年 12 月，习近平总书记在全国高校思想政治工作会议上的讲话中强调，加强师德师风建设，要“坚持教书和育人相统一，坚持言传和身教相统一，坚持潜心问道和关注社会相统一，坚持学术自由和学术规范相统一，引导广大教师以德立身、以德立学、以德施教”[①]。为新时代师德师风建设提出了具体要求，指明了正确方向。在 2019 年学校“思政课”教师座谈会上，习近平总书记又专门从“政治要强”“情怀要深”“思维要新”“视野要广”“自律要严”“人格要正”等方面对“思政课”教师素养提出更高要求。[②] 其中，将“思政课”教师的政治素质摆在首位，强调“政治要强”，就是让有信仰的人讲信仰，善于从政治上看问题，在大是大非面前保持政治定力，有着政治敏感性和洞察力。并将“情怀”“自律”“人格”等思想道德品质要素置于重要位置，强化并彰显“思政课”教师的家国情怀、时代担当、责任意识、人格魅力，进而用情感、人格与真理的力量吸引、

① 《习近平谈治国理政》第二卷，外文出版社 2017 年版，第 379 页。

② 《习近平谈治国理政》第三卷，外文出版社 2020 年版，第 330 页。

感召、影响青少年。

新时代，大力加强师德师风建设，将师德师风作为教师的第一标准，以高尚师德引领、带动并感召学生提升思想道德境界，推动师德建设长效化、制度化。加强教师队伍思想道德建设，关键是要加强校党委对教师队伍建设的集中统一领导，全面落实中共中央《关于全面深化新时代教师队伍建设改革的意见》，按照"'四有'好老师""四个引路人""四个相统一"的要求，将师德师风建设全面融入"思政课"教师人员应聘考试、年度考核、聘期考查、综合评价、专岗聘任查核、职称评审晋升的各程序与各环节，加强党的政治与思想领导，由校党委（支部）进行前置考察、严格把关，健全师德师风建设全程严管的长效机制。通过建立和完善教师引进的师德筛查机制，进一步细化教师聘用、职称评审晋升、评优奖励中对教师思想政治、师德方面的考核要求，将师德评价结果与岗位晋级和年度考核挂钩，着力打造一支具有坚定理想信念、高尚师德师风、扎实理论功底的高素质"思政课"教师队伍。

（2）以壮大队伍为起点，确保"思政课"教师建设质量

重视"思政课"教师选配，严格把好"入口关"。习近平总书记强调，要"整体推进高校党政干部和共青团干部、思想政治理论课教师和哲学社会科学课教师、辅导员班主任和心理咨询教师等队伍建设，保证这支队伍后继有人、源源不断"①。在这一精神指导下，新时代党和国家不断完善大中小学"思政课"教师配备制度，切实打造"思政课"教师队伍。党和国家明确要求在小学低中年级配备一定数量的专职"思政课"教师，小学高年级"思政课"教师应以专职为

① 《习近平谈治国理政》第二卷，外文出版社2017年版，第380页。

主，有条件的地方可逐步提升专职配备比例。小学“思政课”教师可由班主任或相关课程教师兼任，党组织书记、校长、德育主任、大队辅导员等领导管理人员应在培训合格后兼任小学“思政课”教师。初中、高中应根据实情配齐专职“思政课”教师。实行中小学“思政课”特聘教师制度，聘请本地区党政干部、理论界专家、爱国主义教育基地负责同志以及各行业先进模范、英雄人物等，定期到中小学举办讲座。在高校，总体上按照师生比不低于 1∶350 的比例设置专职“思政课”教师岗位，不低于全校师生人数 1%的比例配备专职思想政治工作人员和党务工作人员，公办高校要在编制内配足，且不得挪作他用。各级各类学校不断加大“思政课”教师招聘引进力度，通过组织“思政课”教师专项招聘、引进，选拔优秀人才，增加招聘名额，设立“思政课”教师培训基地，以此不断优化“思政课”教师队伍。

与此同时，加大“思政课”教师培养力度，严把“质量关”。党和国家出台了一系列关于加强学校“思政课”教师队伍建设的文件，如 2013 年 5 月中宣部、中组部、教育部联合印发《关于加强和改进高校青年教师思想政治工作的若干意见》，同年 6 月教育部制定《普通高等学校思想政治理论课教师队伍培养规划（2013—2017 年）》；2019 年 4 月，教育部印发《普通高等学校思想政治理论课教师队伍培养规划（2019—2023 年）》通知，同年 9 月教育部等五部门联合出台《关于加强新时代中小学思想政治理论课教师队伍建设的意见》；2020 年 1 月，教育部又颁布《新时代高等学校思想政治理论课教师队伍建设规定》等文件，对“思政课”教师职责与要求、配备与选聘、培养与培训、考核与评价、保障与管理作出明确而全面的规定。系列文件的推出，聚力通过“专题理论轮训计划”“示范培训计划”“项目资助计划”，努力培养造就数十名在国内有广泛影响的“思政课”名师大家、数百名“思政课”教学领军人才、数万名“思政课”教学骨干。在具体举措方面，教育部不断加大教师选拔与培训力度，改善教师工作薄弱环节。积极组织各级各类“思政课”教师参与骨干研修班、专题研修班、实践研修活动。设立“周末理论大讲堂”“同上一堂‘思政课’”等教学实践活动，将其作为抓好“思政课”教师理论培训，特别是马克思主义经典著作专题培训的重中之重，邀请全国哲学社会科学领域权威专家导读、领学，提高“思政课”教师的思想理论素质。以线下线上相结合的方式，开展集体培训和集体备课，提高“思政课”教师教学的针对性、有效性。加大绩效激励力度，为教师职称晋升开通“绿色通道”，激励“思政课”教师工作积极性与创造性。通过一系列有效举措，整体上“思政课”教师的思想政治素质与专业技能得到明显提升，进一步增强了青少年思想道德教育的吸引力与感召力。

2. 加强专职辅导员队伍建设

高校辅导员是开展大学生思想道德教育的骨干力量，是高校学生日常教育和管理工作的组织者、实施者、指导者。建设一支专业化水平高、综合素质强的辅导员队伍，是新时代高校思想道德教育创新的要求，是辅导员实现自身专业化发展的必然选择，对培养全面发展的社会主义建设者与接班人意义重大。新时代，我国高等教育事业迎来大好的发展机遇，招生规模与人才培养质量获得提升，国际影响力显著增强。伴随高等教育事业的迅速发展，国内外环境的日趋复杂，以及招生规模的不断扩大，学校思想道德教育面临较大压力，辅导员数量不足与师生配备比失调、辅导员队伍质量不能完全满足现实需要等问题，给学校这一工作的有效开展带来挑战。

为有效解决这一矛盾，党和国家在辅导员队伍规模扩展与质量提升等方面持续大力支持。

（1）**辅导员队伍规模扩大与结构调整更加合理**

新时代，为贯彻落实党中央对辅导员专职队伍建设的基本要求，高校不断优化辅导员队伍的规模与结构。2017年，教育部公布《普通高等学校辅导员队伍建设规定》，按总体上师生比不低于1∶200的比例设置专职辅导员岗位，坚持专兼结合、以专为主的原则，足额配备到位。合理调配专职辅导员和兼职辅导员的队伍结构，切实将辅导员队伍建设“纳入高校人才队伍建设总体规划，完善选拔、培养、激励机制，形成一支专职为主、专兼结合、数量充足、素质优良的工作力量”①。党在高校不断扩大辅导员的培养与选拔数量，通过多种措施共同发力，合理优化辅导员人员结构，在一定程度上较好地适应并满足了高校思想道德教育的实际需要。

（2）**辅导员队伍专业化、职业化建设整体推进**

根据教育部印发的《高等学校辅导员职业能力标准（暂行）》《普通高等学校辅导员队伍建设规定》等文件的基本精神，党和国家围绕全面提升辅导员整体素养这一议题，从辅导员的基本要求与职责、配备与选聘、培训与发展、管理与考核等方面对辅导员队伍建设进行了系统部署。首先，将致力于思想理论教育与价值引领作为辅导员的第一职责，用习近平新时代中国特色社会主义思想对学生开展中国梦教育、社会主义核心价值观教育，帮助学生树立科学的“三观”。正确把握学生的思想行为特点，解决思想困惑，有针对性地帮助学生处理

① 中共中央党史和文献研究院编：《十八大以来重要文献选编》（下），中央文献出版社2018年版，第487页。

好思想认识、价值取向、学习生活、择业交友等方面的具体问题，把辅导员努力培养成为学生成长成才的人生导师和健康生活的知心朋友。其次，将较高的政治素养与坚定的理想信念作为辅导员选聘的首要素养。不断提高知识学历、专业技能准入门槛，严格辅导员选聘机制，优先招录政治素养过硬、学科背景相符、理论功底厚实与专业能力素养好的有志青年，确保优质辅导员的供给质量。在辅导员发展方面，促进辅导员职业技能培训，对其进行全生涯、全业务、全方位指导，有计划、有组织、有步骤地提升辅导员专业素养，坚实保障辅导员队伍建设质量。最后，完善辅导员考核体系，健全晋升与淘汰机制，严格依照标准，把理想信念坚定、专业素养良好、工作能力突出的优秀辅导员选拔出来，给予适当物质与精神奖励，激励其投入到学生工作中去。并对其中不合格的予以及时淘汰，切实把控并提高辅导员队伍专业化质量，从整体上实现辅导员职业素养的有效提升。如近年来，党和国家指导开展全国高校辅导员年度人物评选与事迹展示系列活动，表彰和资助一批长期以来在为人师表、爱岗敬业、无私奉献等方面有突出贡献的辅导员，发挥先进典型引领示范与带动作用，调动并激发其工作的主动性与热忱，进一步加强高校辅导员队伍建设。

随着《普通高等学校辅导员培训规划（2013—2017年）》的发布，全国成立了21个高校辅导员培训和研修基地，于每年举办全国高校辅导员示范培训班，招收优秀辅导员在职攻读思想政治教育专业硕士、博士学位，选派优秀学生工作干部赴海外高校访学研修。2018年，教育部启动“高校思想政治工作骨干在职攻读博士学位专项计划”，设立“高校思想政治工作中青年骨干队伍建设项目”，开展全国高校思想政治工作骨干示范培训，实施高校思想政治工作精品培育项目，遴选并建设40个高校思想政治工作队伍培训研修中心和20个高校思想政治工作创新发展中心等。此前于2014年3月，教育部印发《高等学校辅导员职业能力标准（暂行）》，对高校辅导员的职业能力进行分级，明确初级、中级和高级辅导员的职业能力要求，开拓出辅导员专业化纵向发展路径。教育部还设立辅导员骨干专项课题，鼓励、支持辅导员开展理论和实践研究。定期举办“辅导员工作创新论坛”，实施“辅导员工作精品项目”建设计划，出版辅导员工作研究相关丛书。大力支持中国高等教育学会辅导员工作研究分会建设工作，创办《高校辅导员》等专门期刊，采取多项举措，为新时代辅导员工作规范化建设、科学化发展以及辅导员专业化素养的培育提供了广阔的舞台和坚实的平台，为青少年思想道德教育培养了一批稳定的、高素质的教育者。

三、新时代党的青少年思想道德教育的新特点和新趋向

新时代，新坐标，为党的青少年思想道德教育提供多个维向、多种场域，在合理有效运作中显现新特点和发展新趋向。

（一）新时代党的青少年思想道德教育的新特点

新时代党的青少年思想道德教育，突出马克思主义理论的指导地位，突出学校教育的主导地位，突出理想信念教育的核心地位，突出互联网平台的辅助地位，合力做好教育工作。

1. 马克思主义理论是青少年思想道德教育的学理支撑

新时代，党的青少年思想道德教育科学化发展水平不断提升。在指导思想方面，习近平新时代中国特色社会主义思想为党的青少年思想道德教育提供了根本指南和科学引领。推进习近平新时代中国特色社会主义思想“三进”，成为新时代党立德树人的重要任务。与此同时，马克思主义理论学科作为学科依托，新时代迎来了重要的发展机遇期，在党和国家的高度重视下得到持续加强和有序发展，学科建设呈现出迅猛前行态势，学科规模不断扩大，学科建设质量明显提升，学科体系日益健全，在整个哲学社会科学中的导向作用愈发明显。而作为立德树人的主渠道和主阵地，依托马克思主义理论，“思政课”的地位得到前所未有的提高，课程建设成效显著，青少年思想道德教育师资队伍得到不断充实并优化，教育教学效果明显。为更好落实立德树人根本任务，党积极加强改革创新，高效整合各方教育资源，凝聚教育合力，勾画起全员、全过程和全方位育人新格局，把思想政治工作贯穿于整体教育教学全过程，构建一体化思想道德教育体系，为增强新时代党的青少年思想道德教育的有效性提供了学理支撑和科学保障。

2. 学校教育是青少年思想道德教育的内驱动

社会主义市场经济体制的确立与推进，使青少年思想道德教育面临新的机遇、挑战和任务。为不断适应改革开放深入发展的需要，党逐渐确立起与社会主义市场经济体制相适应的社会主义新型道德体系。基于此，“以德治国”基本方略彰显新时期党的青少年思想道德教育的重要地位，《新时代公民道德建设实施纲要》的出台，为新时代青少年思想道德教育确定了基本纲领，培育和践行社会主义核心价值观、弘扬民族精神与时代精神为新时代党的青少年思想道德教育提供了价值导向和精神引领。经过不断改革创新，崇尚人本、科学与和谐，成为党的青少年思想道德教育的理念追求。积极推进党的最新理论成果“三进”，为党的青少年思想道德教育发展提供了理论指引。此期，聚焦于面向现代化、面向世界、面向未来和培育“四有”新人的根本任务，党十分重视学校教育改革，青少年思想道德教育获得突飞猛进的发展，教育目标体系不断完善、课程建设渐次规范、马克思主义理论学科建设得到高度重视并强化、师资队伍得到充实、学校思想道德教育得到全面进步，青少年思想道德教育效果得以彰显，成为强有力的内驱动。

3. 理想信念教育是青少年思想道德教育的硬核

“一个社会是否和谐，一个国家能否实现长治久安，很大程度上取决于全体社会成员的思想道德素质。没有共同的理想信念，没有良好的道德规范，是无法实现社会和谐的。要切实加强社会主义先进文化建设，不断增强人们的精神力量，不断丰富人们的精神世界。”① 党的十八大以来，党更为重视理想信念教育。习近平总书记在不同时期、不同环境中反复强调党员领导干部要坚定理想信念。坚定理想信念，坚守共产党人精神追求，始终是共产党人安身立命的根本。“对马克思主义、共产主义的信仰，对社会主义的信念，是共产党人精神上的‘钙’。没有理想信念，理想信念不坚定，精神上就会得‘软骨

① 中共中央文献研究室编：《十六大以来重要文献选编》（中），中央文献出版社 2006 年版，第 710—711 页。

病’，就会在风雨面前东摇西摆。”[①]对马克思主义和共产主义的信仰，对社会主义的信念，是共产党人的政治灵魂。马克思主义是我们立党立国的根本指导思想，习近平新时代中国特色社会主义思想是当代中国马克思主义、二十一世纪马克思主义，是党领导全国人民为实现中华民族伟大复兴而奋斗的行动指南，是经过实践检验、富有实践伟力的强大思想武器，理所当然是青少年思想道德教育的硬核。

“志存高远方能登高望远，胸怀天下才可大展宏图。火热的青春，需要坚定的理想信念。”[②]中华民族伟大复兴的中国梦，终将在一代代富有火热青春的青少年的接力奋斗中变为现实，理想信念是他们人生最强大的动力。拥有理想信念，可以登高望远，可以激励拼搏奋斗，可以形成正确的“三观”，成为生命中不息的动力之源。反之，如果没有理想信念，则会沦为井底之蛙，人生没有正确的追求，没有明确的目标，一旦遇到困难、挫折，就会萎靡不振甚至走上歧途，这也正是当代许多青少年出现问题的根源所在。广大青少年坚定理想信念，以时代为己任，苦干实干，志存高远，勇做时代的弄潮儿，在实现中国梦的生动实践中放飞青春梦想，在为人民利益的不懈奋斗中书写人生华章，是祖国和人民的期盼，也是他们的自我人生目标。“青少年阶段是人生的‘拔节孕穗期’，最需要精心引导和栽培。我们办中国特色社会主义教育，就是要理直气壮开好思政课，用新时代中国特色社会主义思想铸魂育人”[③]，对青少年的理想信念教育，发挥好“思政课”这一理想信念教育的主渠道、主阵地作用，内容要有指向性。事

---

① 习近平：《在纪念陈云同志诞辰 110 周年座谈会上的讲话》，人民出版社 2015 年版，第 6 页。

② 《习近平谈治国理政》第四卷，外文出版社 2022 年版，第 274 页。

③ 《习近平谈治国理政》第三卷，外文出版社 2020 年版，第 329 页。

实上，理想总是通过对一些具体事情的向往或态度表现出来的，如受教育者对某方面特别关注、兴趣浓厚，对某方面却漠不关心、索然无味，教育者通过不同的途径，如家访、个别谈话、组织讨论等进行了解，加以梳理，从而掌握每个青少年对理想前途的认识水平、现实状况，领会内容，有针对性地加以解析。一般来说，青少年对理想信念的看法是不稳定的，很多因素都会影响他们，如家庭成员在政治、经济、生活方面的变化，周围一时流行的风气，教育者的言行举动，以及所处氛围的熏陶诸如扣人心弦的电影、电视剧、小说等，都会拨动他们的心弦，激越他们的激情，形成某种愿望并保持稳定性。教育者敏感地把握这些客观因素，及时了解他们的思想动向，掌握思想的变化和发展走势。只有这样，才能有针对性、因势利导地引导他们坚定理想信念。对青少年的理想信念教育，方法要有独特性。针对青少年的年龄特征、个性差异，及时调整理想信念教育的内容，贴近时代，贴近生活，贴近他们的实际，使其从思想上和心理上感到亲近，乐于接受并内化。对青少年的理想信念教育，形式要多样化，凸显理论与实践的统一、继承和创新的结合。在采用一切行之有效的教育方式方法的同时，大胆创新，综合运用现代化科技手段，使教育灵活多样，生动形象，富有成效。如充分利用班队会活动、电影欣赏、红歌演唱、主题演讲等途径，对青少年进行“三观”教育，进行爱国主义、集体主义和社会主义教育，以保证他们用正确的理想信念来指引人生之路。

4. 互联网是青少年思想道德教育的强大平台

新时代是信息化的时代，青少年思想道德教育处于一个完全开放的大环境中。青少年群体信息的来源、知识的更迭、经验的获得、观念的确立更多自觉不自觉地发生于社会中、在网络上。互联网贯通了群体与群体、区域与区域、国家与国家之间的信息交流，使得青少年接受信息的主动性、积极性和选择性大大增强。正是如此，思想道德教育蕴含认识全球问题，思考生命意义，关注地球命运和人类命运，具有战略思维和国际视野。有互联网这一强大平台，青少年群体充分认识到中国特色社会主义具有无比广阔的时代舞台，具有无比深厚的历史底蕴，具有无比强大的前进动力。思想道德教育产生于现实社会，在时代环境中滋养培育人的德性。对党的青少年思想道德教育，在互联网背景下，充分认识其存在与发展的重要性和紧迫性，把“立德树人”这个根本任务牢牢抓住做实，坚持“大德育、新德育”观点，有大格局、大视野和高站位，以理想信念教育为核心，注重方法创新，使其尽显要义，这既是青少年思想道德教育的外延和升华，也是其特征的集中体现。培育和践行社会主义核心价值观，关注意识形态领域问题及其影响，推动中华优秀传统文化进校园，继承革命文化，发展社会主义先进文化，更好构筑中国精神、中国价值、中国力量，为青少年提供精神指引。

一言以蔽之，党的十八大以来，党的青少年思想道德教育发展进入新时代。随着社会主要矛盾和主要任务的转变，如何满足人民日益增长的美好生活需要，成为新时代党和国家一切工作的根本出发点和落脚点，这就给党的青少年思想道德教育提出了新的时代使命。如何在思想道德领域引领青少年树立正确的“三观”，促进全面发展，追求德性人生，进而实现美好生活，是新时代党的青少年思想道德教育所面临的一大任务。基于此，党的青少年思想道德教育立足于实现中国梦的时代主题，聚焦培养担当民族复兴大任的时代新人这一根本任务，培育和践行社会主义核心价值观，强化理想信念教育，以筑牢“精神之基”。实践中，深化思想道德教育引领，以爱国主义教育为主题，推进“四德”建设，全面展开公民思想道德建设实践，并取得了显著成效，积淀了青少年思想道德教育的经验，营造了良好的教育氛围。党不断总结以往经验，根据时代发展的新形势与新要求，积极推进思想道德教育的科学化发展，用习近平新时代中国特色社会主义思想，强化科学理论引领，不断加强马克思主义理论学科建设、“思政课程”建设和师资队伍建设，从学科、课程、专业化队伍等方面持续发力，并积极构建起一体化工作体系，建立健全“三全育人”机制，将立德树人贯彻教育教学始终，通过不断增强党的思想道德教育的完备性、科学性，进而极大增强其针对性、有效性，为培养担当民族复兴大任的时代新人提供了有力保障。与此同时，为更好带领广大人民群众尤其是青少年，开创中国特色社会主义伟大事业，实现中华民族伟大复兴的中国梦，党高度重视自身的思想道德建设。党的十八大以来，党不断加强自我革命，强力推进自我完善系列活动，把思想道德教育贯彻于政治、思想、组织、作风和制度建设诸多方面，开展专题性教育实践活动，提升党员干部党性修养、政治觉悟和道德水平，党的群众基础不断扩大、更加稳固，党的执政能力和执政水平显著提升，为更好开创中国特色社会主义伟大事业提供了强大的组织保证，使青少年对中国共产党的领导、中国特色社会主义事业充满信心。

（二）新时代党的青少年思想道德教育的新趋向

面对历史，我们知道，百年探索与行进，党的青少年思想道德教育有了深厚的积淀。面向未来，我们知晓，党的青少年思想道德教育呈现独有的特性，承载为逐梦导航的历史重托。新时代，新使命，青少年思想道德教育发展有着新趋向。

1. 青少年思想道德教育对象呈现复杂性和多变性

青少年思想道德教育在新时代面临环境的复杂性和急剧变动性，一定程度上导致其面临对象的复杂性和易变性。青少年思想道德教育是启迪和改造青少年的思想、完善品格、提升素养的教育，工作难度高、任务重，主要是因为青少年思想的多变性和不可控性，他们的思想容易受环境的影响甚至左右而呈现复杂多变和难以预测、难以掌控的特点。青少年群体流动性强、年龄跨度大，因而思想变动大，处在急速发展变动期，导致教育的繁难性。

（1）青少年个体的性格差异性和思想道德发展水平的不平衡性

青少年是11—22岁左右的群体，如今他们中大多是“00后”“05后”，生活经历、教育背景和教育环境等方面存在较大的差异性。受先天和后天因素的制约，性格方面亦存在非常大的异同。不同的年龄阶段，青少年的思想道德发展水平也存在不一致性，随着青少年认知的变化，思想道德发展水平处在从他律到自律阶段的发展过程中。因此，青少年思想道德教育要针对不同个体的差异性和发展水平的现状及阶段来实施有针对性、多样性的教育。

（2）青少年思想内化到外化的难度加大

内化和外化是思想道德教育过程的两个重要阶段，也是两个重要环节。内化是思想道德教育过程中将社会发展所需要的思想道德品质转化为受教育者认识的过程；外化是受教育者将所产生的新思想道德认识转化为行为实践并形成行为习惯的过程。内化与外化既要解决认知矛盾，也要解决知行矛盾。

新时代，青少年面对多彩缤纷的现实生活和虚拟世界，获取的信息资源极度丰富繁多，受多种思潮的影响，他们的“意识框架”已经打上了时代的烙印，受时代现实环境的渲染，有自己特立独行的思想意识。因此，要解决认知问题，过程复杂漫长，并非易事。而认知转化为行为的过程更为曲折，难度更大。同时，认知的过程转化为行为的过程需要情感、信念和意志的支撑，但青少年大多数是在社会的优越环境中成长起来的，他们的自制力普遍较弱，思想道德情感淡漠，思想道德意志薄弱，遇事极易摇摆不定，认知转化为行为的难度和复杂性徒增。由此，青少年群体普遍存在知行矛盾、知行不一甚至知行脱节的现象。

（3）**青少年面临的环境影响极端复杂和多样**

当前，网络深入青少年的许多领域，成为他们生活的一部分。“互联网 +”时代，网络的日益普及化给青少年的工作、生活和学习带来了便利，但也给他们的思想道德教育带来了新的挑战。长期面对虚拟的网络，部分青少年人情淡漠，与人交往能力欠缺，对事物判断能力有限，网络上的一些不良信息会给他们的思想产生负面影响，比如，有的青少年长期沉迷网络游戏，思维意识、价值观念极其容易被带偏，身心健康发展受到制约。电子产品特别是智能手机进入他们的日常生活，能够广摄各种信息，但又影响其思想行为和正常生活。“低头族”现象成为新的时代特质，青少年排斥必要的监督和约束，崇尚所谓的自由自在，但自制能力和辨别能力都较弱，容易进入恶性循环。“读图”的习惯导致他们不屑于静心思考，满足于表面上的一知半解，接受碎片化的信息，造成思维意识的断裂。如何提升他们对手机的适度利用和辨别信息的能力，提升他们思想的抵御能力，将是青少年思想道德教育新的课题。

（4）青少年正处在意识形态领域斗争白炽化的焦点

意识形态工作是党和国家一项极端重要的工作，加强意识形态工作建设，培育和弘扬社会主义核心价值观，是实现中华民族伟大复兴中国梦的重要任务。青少年是民族的未来与社会主义事业的接班人，加强青少年意识形态教育，对于巩固马克思主义在意识形态领域的指导地位，巩固全党全国人民团结奋斗的共同思想基础，具有十分重要而深远的意义。受中国对外开放和体制全面转型的影响，世情、国情、民情深刻变化，意识形态领域的斗争日益复杂和尖锐，青少年是最易受到西方敌对势力入侵的群体，是国外势力寄希望能够和平演变的群体。加强青少年思想道德教育，提升他们对西方思潮的抵制能力，成为新形势下意识形态安全的紧迫需要和新的战略任务。

2. 青少年思想道德教育方法的层次性和丰富性

思想道德教育方法是发挥思想道德教育的有效性，实现教育目标的必要条件和重要手段。有效的教育方法能够使思想道德教育内容和效果达到最优化，成为实现目标的重要纽带。为此，学者、教育者对思想道德教育方法非常重视，从理论与实践相结合的维度进行研究。新时代，受外部环境等因素的影响，青少年的思想和行为呈现复杂性和多变性的特点。科技进步也加速和推进了教育载体的发展，为了适应新的发展阶段和变化形式，提升青少年思想道德教育的效果，教育者在教育方式方法上进行了应对和改进，既坚持原则方法，又注重巧妙运用多种灵活可行的具体方式。

（1）坚持“德育为先”原则

当下社会，各种思想潮流的侵袭，以及大众传媒等多种因素的共同作用，在很大程度上影响着青少年的身心发展。青少年涉世未深，自控力差，明辨是非的能力还没完全形成，极易受到暴力、金钱、色情等不良现象与思想的诱惑和侵蚀。尽管物质生活条件向好，他们一般能够得到充分的满足，但有的青少年在精神世界却出现空虚的情形，主要表现在没有理想、目标，缺少责任感，任性、唯我独尊，在道德行为上严重缺失，既缺乏尊师重教的意识，也缺少感恩报恩的情怀。青少年的思想道德状况关系到中华民族整体素质的可持续发展，关系到国家前途和民族命运。而思想道德教育作为学校教育的灵魂，作为学生健康成长和学校工作的保障，应时刻牢记和坚持“德育为先”的原则，把德育摆在首要位置。

目前而言，“德育为先”的原则已然成为党的青少年思想道德教育的一大特征，“德育为先”的思想理念业已形成。但也要清醒地认识到，当前思想道德教育与建立和谐社会、建设社会主义现代化强国的要求还存在差距。同时，青少年思想道德教育在很大程度上遵循着传统的方式，没有及时作出相应的调整，甚至有被边缘化的可能性，真正形成“三全育人”局面任重道远。

坚持“德育为先”原则，在新的历史条件下，教育目标以现实为基础，贴近现实生活又高于客观现实，既重视评价的理想取向，又重视评价的现实取向，充实具有时代精神的评价目标，使评价具体化。

坚持“德育为先”原则，彰显思想道德教育的重要地位。德育是素质教育中的一个重要组成部分，坚持社会主义办学方向，全面贯彻党的教育方针，以德育为主线，以教学为中心，以教育研究为先导，以教育教学改革为重点，以提高人才素质为目的，努力培养新时代“四有”新人。从理论与实践相结合的高度，注重全员抓德育，加强德育队伍建设，充分发挥教育者作用，坚持教书育人、管理育人和服务育人。注意养成教育，加大建章立制力度，用制度法规规范和引导青少年日常行为。同时，积极开展文明个人和集体争先创优活动，充分发挥共青团的作用，从观念、行为、心理等方面加强青少年的政治思想、道德品质、行为规范、民族情感、公民意识和责任感，以及理想与人生、心理健康等方面的教育。秉持“三全育人”理念，以学校教育为核心，把家庭教育和社会教育结合起来，实现教育中的无缝对接，充分运用德育资源整体育人。

（2）**弘扬中华优秀传统文化，借鉴传统德育方法**

中华民族历史悠久，中华文化积淀深厚，有着丰富而宝贵的育人资源。将中华优秀传统文化的优势资源融入青少年思想道德教育，充分发挥中华优秀传统文化的育人功能，是新时代青少年思想道德教育的历史使命，也是教育方式方法的创新所在。中华文化“积淀着中华民族最深层的精神追求，代表着中华民族独特的精神标识，为中华民族生生不息、发展壮大提供了丰厚滋养。中华传统美德是中华文化精髓，蕴含着丰富的思想道德资源。”①而“牢固的核心价值观，都有其固有的根本。抛弃传统、丢掉根本，就等于割断了自己的精神命脉。博大精深的中华优秀传统文化是我们在世界文化激荡中站稳脚跟的根基。”②中华优秀传统文化所蕴含的丰富的思想道德教育资源，及其显而易见的文化“化人”之功效，是青少年思想道德教育的基本历史前提和重要文化语境。由此，“正确认识传统文化与现代市场经济的关系，吸取传统文化的积极因素，并融入社会主义市场经济体系之中，以实现经济发展和思想道德素质提高的‘双赢’局面”③，是一种提升青少年思想道德教育有效性的思路。

---

① 《习近平谈治国理政》第一卷，外文出版社 2018 年版，第 164 页。

② 《习近平谈治国理政》第一卷，外文出版社 2018 年版，第 164 页。

③ 顾友仁:《中国传统文化与思想政治教育的创新》，安徽大学出版社 2011 年版，第 9 页。

传统文化重视对青少年进行启发式和自我教育的方法，启发式和自我教育是传统思想道德教育理论的精华。自春秋时期孔子初创“启发”式教育教学方法以来，教育者就重视对学生的启发和指引。青少年思想道德教育是对青少年进行思想道德的引导、情感的激励、品格的塑造、精神的升华的教育，在科技加速更替、生活环境急速变幻的现代社会，青少年思想道德教育越来越应该重视他们的主体地位和主体作用的发挥，重视教育中主体内生力量的发掘和激发，重视启发式和自我教育方法的适时运用。因而，要继承传统的教育方法，提升人才素质，加强青少年自我教育和自我管理的能力，从根本上促进他们的个性自由全面发展。

（3）**互联网新技术融入思想道德教育**

“互联网 +”是将互联网的创新成果深度融入经济、政治、社会、文化、生态各领域各环节。移动互联网技术以其独特的便捷性和高效性，发展日渐成熟，越来越受到青少年的青睐，从而改变他们的工作、学习、生活方式，影响他们的思想意识、价值观念。互联网新技术融入青少年思想道德教育，应充分发挥互联网新技术的优势，占领青少年思想道德教育的新领地，有针对性地解决互联网环境下青少年思想道德教育存在的问题。

随着移动互联网时代的到来，以及广泛渗入青少年学习生活，传统的网络思想道德教育平台也应与时俱进，进行必要的技术改造以适应新的形势需求。互联网技术融入青少年思想道德教育主要体现在慕课、微课、红色网络家园、微信、微博等新的互联网平台，建立思想道德教育的手机网站。互联网技术的运用是时代的产物，也是思想道德教育拓宽教育平台，优化教育手段，实现教育有效性的必要途径，更是青少年思想道德教育顺应时代发展的必然选择和必然趋势。

（4）**疏通多种渠道，促进教育和谐发展**

青少年思想道德教育作为一项系统性的工程，解决好培养什么人、怎样培养人、为谁培养人这个根本问题，是始终要思考的关键问题。有效解决这一问题，离不开学校、家庭和社会的共同努力。就学校而言，以“思政课”创新为主导，凸显学生的主体地位。“思政课”教学以知识性、理论性、思想性为原则，形成“行知合一，多元育人”的课程教育教学模式。在理论教学上，实行“模块化、专题化”的教学。结合理论教学，加大实践教育力度，并在方式方法上大胆探索，形成具有育才特色的“思政课”实践教育范式。探索多类型思想道德教育课程联动，以思想推进行动，用行动贯彻思想，相互促进，良性循环。就家校联合来说，学校发挥主导作用、引领作用，建立家校联动平台，依托于此定时或不定时地举行开放日活动，邀请家长走进学校、走进课堂，参与教育活动，了解学生的学习、生活状况，更好地配合学校教育。

以志愿服务为实践载体，深入开展青少年思想道德教育。青少年思想道德教育是社会要求，也是他们自我发展的要求。因为任何教育只有转化为自我教育，才能真正形成良性循环，产生滚动效应，最终达到教育效果。将志愿服务作为强化思想道德教育的重要载体，以志愿之名，行爱心之实，走育德之路。实践体悟，验矫“三观”，诠释志愿者精神，打造志愿服务新名片。在志愿者服务中，真正达到思想道德教育入心入脑。让青少年既在学中做，又在做中学，丰富育德的形式和内容，真正落实立德树人根本任务的现实内涵。

当前，针对人们特别是青年学生中出现的思想上、意识中的疑虑和困惑，针对一些思想矛盾和不解，从普遍关注的热点问题出发，创设生动教育情境，与热点面对面，与学生心贴心，敢于直面困惑，善于回答疑虑。运用他们容易接受的形式和手段，把讲理论与讲现实、讲道理与讲故事结合起来，显示话语体系的解释力、影响力和话语表达的亲和力、感染力。

3. 青少年思想道德教育载体呈现多样性和发展性

思想道德教育载体，是指思想道德教育主体在教育过程中所运用的，能传导教育内容，承载和传递教育者的教育思想、教育信息，并对受教育者产生影响、对教育内容信息进行反馈的一种可控方式和外显形态。思想道德教育载体既是提升教育教学效果的工具和手段，也是人生存和发展的方式和条件。思想道德教育载体在教育中具有中介和桥梁的作用，是沟通教育者和受教育者，使教育顺利实现的物质实体形式，是教育过程不可或缺的一部分。常见的思想道德教育载体包括语言、行动、管理、活动、文化、传媒、网络和新媒体等多种形式。

随着社会生产力的发展、科学技术的进步、移动互联网的广泛运用，社会发展出现新的潮流和趋势。思想道德教育为了适应新的形势和需要，丰富教育内容和方式，促进教育效果，创造出越来越多的载体形式，种类也从单一发展到多样，传播结构从单向到交互，传播状态从静态到动态，充分体现出思想道德教育载体的多样性和发展性。

传统的青少年思想道德教育载体主要是通过课堂载体、活动载体、榜样载体为主的形式，承载和传递思想道德教育内容。时代的变幻、科学技术水平的发展及广泛运用，人类创造出更新的思想道德教育载体，形式也在不断发展和丰富。青少年思想道德教育的载体从传统的课堂教学语言和文字传授形式，变成现在的网络和课堂相结合的形式，且网络作为一种全新多变的载体应用到思想道德教育之中。随着青少年群体上网人数的增加，利用网络载体开展青少年思想道德教育是新的发展要求和趋势。网络平台的慕课、微课，利用移动互联网设备的QQ载体、微信载体、抖音载体等都是青少年思想道德教育的新型载体，也为教育的有效开展开拓了新平台和新方式。当下，思想政治教育载体呈现协同共进律、科技催生律、功能整合律[①]。这些发展规律充分说明思想政治教育和载体互相促进：载体的发展受科学技术的影响，科学技术的发展成为载体发展的技术支持，以及载体在功能上的不断完善和整合等。青少年思想道德教育载体的发展有其自身的规律，在其丰富与完善的过程中这些教育载体提供了有利的条件和支撑。

① 贺才乐：《思想政治教育载体研究》，湖北人民出版社2004年版，第156—157页。

第六章　新时代青少年思想道德教育发展新理路

中国共产党百年青少年思想道德教育既立足于现实，又前瞻性地对问题进行预判，强化问题意识、坚持问题导向。“坚持问题导向是马克思主义的鲜明特点。问题是创新的起点，也是创新的动力源。”① 新时代，党的青少年思想道德教育经历特殊时期，面临新的社会矛盾，要想行之有效，必然要把握新机遇、拓展新视域、开辟新理路。

“拥有马克思主义科学理论指导是我们党坚定信仰信念、把握历史主动的根本所在。”② 青少年思想道德教育更是要在坚持以马克思主义科学理论为指导的同时，守正创新。因为“问题是时代的声音，回答并指导解决问题是理论的根本任务。今天我们所面临问题的复杂程度、解决问题的艰巨程度明显加大，给理论创新提出了全新要求”③。我们要立足现实问题，创造真正解决问题的新理念新思路新办法。为此，多学科融合，全面汲取其中思想道德教育的理论精华，既夯实学

① 习近平：《在哲学社会科学工作座谈会上的讲话》，人民出版社 2016 年版，第 14 页。

② 习近平：《高举中国特色社会主义伟大旗帜　为全面建设社会主义现代化国家而团结奋斗——在中国共产党第二十次全国代表大会上的报告》，人民出版社 2022 年版，第 16 页。

③ 习近平：《高举中国特色社会主义伟大旗帜　为全面建设社会主义现代化国家而团结奋斗——在中国共产党第二十次全国代表大会上的报告》，人民出版社 2022 年版，第 20 页。

理基础，又拓宽发展理路，为新时代党的青少年思想道德教育寻求多视域、多维度的理论遵循。

一、全面汲取思想道德教育之理论精华，夯实教育学理基础

思想道德教育，关键仍然在教育。全面汲取、借鉴、运用教育理论精华，是党的青少年思想道德教育的基础性要求，是硬核所在，更是发展趋向。

（一）全面掌握教育基本理论

思想道德教育是动态过程，受诸多因素的作用和影响。青少年接触面广，思想活跃，对其进行思想道德教育，受影响的因素更多、更复杂、更易变。教育者必然综合考量各种情形，不能墨守成规、故步自封。毛泽东曾经尖锐地批评过不善于学习的教员，对“书上的东西相当熟，因为大概他已教过七八十遍了，但是其他东西就不知道了……他不知道结合新的形势把书上的东西加以进一步的发挥”①。分析鞭辟入里，要求直言无隐。党的青少年思想道德教育，教育者更需要结合新的形势把书上的东西加以进一步发挥，既要坚持马克思主义理论指导，又要开阔眼界、强化学习，“致广大而尽精微”，这是党一以贯之的方针。新时代，青少年面临着一个无所不在的网络世界，

① 《毛泽东文集》第二卷，人民出版社 1993 年版，第 178 页。

对于他们而言，网络就是他们的一种生活方式，数字化生存一直与他们相伴随，改变着思维方式和活动形式。为此，教育者更应该全面掌握教育基本理论，汲取之精华，使其多层面、多维度、多视角地发挥作用，结合新时代的需要，推促教育有效开展。

1. 领会教育的含义

“教育”（education）一词从词源上讲，来源于拉丁语“educare”，意为“养育”“培养”“饲养”，又内含“引出”“使其显出”“使其发挥”之意。单从词源上讲，“教育”含有“内发”之意，强调的是一种顺其自然的活动，旨在把自然人所固有的或潜在的素质自内而外地引发出来，成为现实的发展状态。

教育有广义和狭义之分，广义的教育是为人们进入社会生活做准备的过程，教会人们明事理、懂得社会生活所需要的规范和原则，从而更充分更顺利地适应社会生活。在特定话语中，教育主要是指学校对适龄儿童、少年、青年进行多方面培养，有目的、有意识地引导他们的身心健康发展，促进他们顺利社会化。亦即凡是增进人们的知识和技能、影响人们的思想品德的活动，都是教育取狭义之意。更狭义的教育，则指学校教育，是教育者根据一定社会（或阶级）的要求，有目的、有计划、有组织地对受教育者的身心施加影响，把他们培养成为一定社会（或阶级）所需要的人的活动。

教育内涵的构成一般是主体、内容，教育者与受教育者之间相互影响的活动。这是有意识的求真向善的精神影响活动，也是一种积极的、不断超越自我的活动。在学校，教育是一种以教与学为外在表达形式，有计划、有目的地促进人的身心更好发展的精神活动。

马克思主义教育学认为，教育是人类社会特有的社会现象，是一种有意识的活动。教育是教育者有目的、有计划地对受教育者施加影响，使其符合社会规范的实践活动。教育也是人类社会独有的传递经验的形式，是有意识地以影响人的身心发展为目标的社会活动。新时代，教育应有更开阔的眼界、更高的站位、更广泛的影响。“扩大教育开放，提升我国教育世界影响力。不拒细流，方为江海。推进教育现代化，要坚持对外开放不动摇，加强同世界各国的互容、互鉴、互通。”①在互鉴互通中，全面学习和领会教育的基本原理，并付诸教育实践，这是领悟教育内涵的必由之路。

2. 把握教育的本质

本质是指事物本身所固有的根本属性，能够反映事物内在规律的、稳定的特性，是事物的内部联系，由事物的内在矛盾构成的、比较深刻和稳定的方面。它由事物本身所固有的特殊矛盾所决定，是事物内部所包含的一系列必然性、规律性的综合。认清事物的本质就可以把握事物发展的规律性、必然性。“任何运动形式，其内部都包含着本身特殊的矛盾。这种特殊的矛盾，就构成一事物区别于他事物的特殊的本质。”②那么，教育的本质呢？教育作为一种实践活动内在的规律性的品质和特征，是一种实践活动本身所固有的，区别于其他实践活动独特的、根本的特性，具有自身的规律性。通过掌握教育的本质特性，能够把握教育实践活动的一般规律并加以遵循，从而开展有效的教育实践活动，培养受教育者达成自爱、自主、自立、自制，造就充分发展的完整独立的个体。同时，教育又是激发人的向善的潜

① 《习近平谈治国理政》第三卷，外文出版社 2020 年版，第 351 页。

② 《毛泽东选集》第一卷，人民出版社 1991 年版，第 308—309 页。

力、形成善良意志的过程，即道德的完善过程。

教育的本质是教育学的最基本理论问题之一，正确的揭示、理解和认识，对实现教育理论和实践的科学化具有重要的意义。教育本质问题一直以来颇受关注，思想家、教育家对这一问题的研究不断深入，但至今仍众说纷纭。迄今关于教育的本质理论有教育工具论、教育本体论、教育平等论、教育社会化说和教育个性化说等代表性的观点。

（1）**教育工具论**

持有此观点者认为，教育是作为人类生存的一种工具而存在的。具体而言，教育是政治斗争的工具，是经济发展的工具，是文化传承的工具，是个体和群体成长必备的工具。

在教育思想史上，“工具论”源远流长。柏拉图在其《理想国》中就提出教育的目的在于培养哲学家，而哲学家才能成为统治者，为社会发展和统治阶级服务。现代教育也充分强调教育为经济基础服务，在整个社会结构中显现工具价值。教育家或教育工作者主张要以社会的理想为最终目的，由此，教育要满足社会的需要，为国家的政治、经济、社会服务。而教育是通过培养人来为社会服务的，只有当它培养出能够满足社会需要的人的时候，才能最终实现教育的价值，获得教育存在的根据。在阶级社会里，教育都是作为一种维护阶级统治的工具而存在的，克申什太奈则把教育看成是国家经济发展和政治安定的必要工具，“国家公立学校的目的——也就是一切教育的目的——是教育有用的国家公民。由此目的中，引出学校的一些任务；由这一些任务中，引出对于学校组织的一切确定的原则和准绳，依此去组织学校”①，教育为统治阶级服务的功用尽显其中。

① ［德］克申什太奈：《工作学校要义》，刘钧译，商务印书馆1935年版，第12页。

对此，马克思、恩格斯一针见血地指出："占统治地位的思想不过是占统治地位的物质关系在观念上的表现，不过是以思想的形式表现出来的占统治地位的物质关系；因而，这就是那些使某一个阶级成为统治阶级的关系在观念上的表现，因而这也就是这个阶级的统治的思想。"[①] 列宁也进行了深刻揭露："所谓教育'不问政治'，教育'不讲政治'，都是资产阶级的伪善说法，无非是对99%受教会控制和私有制等等压迫的群众的欺骗。现在还在统治着一切资产阶级国家的资产阶级，正是这样欺骗群众的。"[②] 可见，教育的工具性彰明较著。在社会主义国家里，教育作为为社会服务的工具的本质仍然无时无刻不在起作用。列宁曾说过，学校应当成为无产阶级专政的工具，教育当然是阶级斗争的工具。这一思想深入揭示了教育的本质在于教育的工具性，教育是维护阶级统治（领导阶级）和阶级利益的工具，是社会或社会群体用一定知识技术、思想观念、道德规范等对其成员施加有目的、有计划、有组织的影响，使他们形成符合一定社会、一定阶级要求的人才的社会实践活动。因而，教育的过程是社会对人的要求与人的品质发展日趋一致的过程。

（2）**教育本体论**

持有本体论者认为：教育的本质在于焕发人的天性，培养人的智慧，完善人的个性，使之成为完人。

教育本体论思想最初可追溯到亚里士多德，在他的思想体系中已经有了本体主义教育观的萌芽。他继承了柏拉图的教育观点，且在思想理论上加以创新。他非常重视教育的作用，认为教育是实现人的完

① 《马克思恩格斯文集》第1卷，人民出版社2009年版，第550—551页。

② 《列宁专题文集　论社会主义》，人民出版社2009年版，第170页。

善的重要手段，根本目的是使人成为幸福的人。

亚里士多德曾提出：人要有善德，“人的善德出自三个方面：天赋、习惯及内在理性……当本性、习惯和理性不相和谐时，人们只能依从理性，把理性作为行为的准则，抗拒不良的本性和习惯。除了一些好的天性可由立法者驾驭外，其余的便有赖于教育”①。他认为，天性是人的属性之一，无法通过训练来改变，而人的德性修为恰恰是通过教育训练和习惯练就的，但二者又是相互联系的，德性非生于天性，但也不违反天性。自然给我们以获得美德的才能，这种才能由习惯养成而完善，由理性而巩固。因此，天性为人的美德形成和人的完善提供了可能，教育和训练则使之成为现实，并持之以恒。亚里士多德主张人的完善，认为教育能够使人完善。他把接受教育作为一种个人在成长过程中的必经阶段而放在首位，看作是依靠从内部发展的自我实现过程，亦是实现个人的全面和谐发展的过程。他还极力批判斯巴达的教育，指出其旨在训练公民以达到适应征战和统治邻邦的目的，这个城邦的公民世世代代谨守立法者的教谕，奉行法制，然而却与他们的本性渐行渐远，丧失了真正意义上的美好生活，完全失去了教育的本真。亚里士多德还提出，教育要促进人的全面和谐发展，必须遵循人的自然发展原则而不能违背，也就是教育应当“效法自然”。认为人的三种灵魂所包含的质料和形式不仅是大不相同的，而且出现的次序也不一样。植物灵魂最先发展，表现为儿童身体的各种机能成长；而后是动物灵魂的发展，表现为本能和情欲的出现；最后是理性灵魂的发展，表现为思维、理解力、判断力的呈现。因此，人的教育

① ［古希腊］亚里士多德：《〈政治学〉导读》，吴雷钊导读，天津人民出版社 2009 年版，第 96 页。

和训练就应遵循人的灵魂发展顺序而进行，“应当首先关心孩童们的身体，尔后才是其灵魂方面，再是关心他们的情欲，当然关心情欲是为了理智，关心身体是为了灵魂”①。道出了教育的核心内容，也分析了遵从自然、循序渐进的基本规律。

在中华优秀传统文化中，以孔子为代表的儒家则主张教育应重在培养人的完全人格，强调自觉修养完全人格的教育思路。认为完全人格主要包括：追求“仁”“义”“礼”“智”“信”的统一，实现个人与社会的和谐。孔子强调教育的目标就是塑造人才，使受教育者成为全面而完美的人。人必须受教育，必须学习，只有接受教育，才能不断完善和提高自己，从而避免产生行为上的偏差。孔子坚持本体论，认为教育的出发点和归属都在受教育者，要围绕他们进行。他是中国教育史上第一个提出培养目标——“君子”应是在“仁”（德）、“知”（智）、“勇”（体）、“美”（乐）等几方面都得到全面发展的“先师”。

（3）教育平等论

持有平等论者认为：要把教育看成是走向社会平等的一个比较现实的途径，通过一定的教育，人们才有可能取得经济或社会地位的平等。可见，教育是使社会走向公平的一大举措。教育平等思想源于马克思、恩格斯的教育理论。马克思认为：教育是“人类发展的正常条件”和每一个公民应有的“真正利益”。但在资本主义社会，“大批儿童整个星期都在工厂和家里劳动，因而不能上学……青年工人劳累了 12 小时之久，还要叫他们在晚上 8 点到 10 点去上学，这也未免太过分了。那些去上学的人多半在那里睡着了”②。显然，对于工人阶

① 苗力田主编：《亚里士多德全集》第 9 卷，中国人民大学出版社 1994 年版，第 264 页。
② 《马克思恩格斯文集》第 1 卷，人民出版社 2009 年版，第 424 页。

级，“发展的正常条件”“真正利益”是不可能拥有的。平等教育的获得，只有“当阶级差别在发展进程中已经消失而全部生产集中在联合起来的个人的手里的时候”[①]。马克思、恩格斯认为，每个人都应该获得教育平等的机会，以促进智力和能力得到充分的发展，但教育平等是有先决条件的。

儒家思想中，孔子“学而优则仕”的主张，是对商周以来世卿世禄制度的否定。在此之前，世卿世禄制度是固化的、世袭的，“仕”跟个人智力、能力的好坏没有什么关系，只要出生在帝王将相之家即可。“不学而仕”是世袭制下的固有特征，孔子提出的“学而优则仕”是一种思想上的反叛和抗争。主张通过教育公平的造就和选拔真正合适的官员，“优”者去当官从政，充实官僚队伍，武装官僚机构，更新政治风貌。孔子认为，所谓的“贤才”不是天生的，而是靠后天的教育和学习，不是由出身的高低贵贱决定的，而要看个人的品德和才能。他所主张的“学而优则仕”，就是要通过教育力求平等，造就一批贤良之士。

（4）**教育社会化说**

社会化是指个人通过与社会的互动，获得某种知识、技能、态度、价值等，发展出自己的社会性，取得社会成员资格，是社会教化和个人内化相统一的过程。它是一个人主动学习的过程，也是社会进行教化、培养、塑造社会成员的过程，即“个人参与社会生活，通过交互活动习得知识技能和行为规范，成为一个社会成员的过程”[②]。教育是社会化的集中要求，也是有效形式，个人学习社会生活所需要的

① 《马克思恩格斯文集》第 2 卷，人民出版社 2009 年版，第 53 页。

② 邓伟志主编：《社会学辞典》，上海辞书出版社 2009 年版，第 9 页。

知识、技能、观念和规范，并将其内化为个人的品格、外化为行为而形成稳定的行为习惯，在社会生活中加以再创造。简而言之，教育的过程，就是使受教育者作为一个“学习者”和“参与者”在社会中走向全面发展的过程。

社会学家涂尔干提出：“教育就是一种成年人对在社会生活中还未成熟的一代施加的一种行动”，“教育的作用在于使青年一代的社会化”[①]。基于此，他总结出教育目的观、教育的社会功能观、教育与社会变迁的历史与因果观等。他认为，教育是年长的一代对尚未为社会生活做好准备的一代所施加的影响，唤起和培养一定数量的身体、知识和道德达到状态的人，以便适应整个政治、经济、社会的要求，以及他将来注定所处的特定环境的要求。因而，教育应具有现实性、社会性，还应具有连续性、传承性。教育作为一种社会现象，其制度、内容与目的等都与社会密切相关，受社会制约。教育的根本功能在于将个人表现同化于社会要求，同时将社会规范内化于个人内心。从这个意义上讲，教育即人的社会化，它不是培养远离现实社会的理念中的人，而是要培养合格的公民。所以教育应该面向现实世界，应该有一种入世情怀，将真实的现实世界教给学生，主要教给他们两类知识：对人的知识，对物的知识。只有用这两类知识教育而不是偏于某一种，才能培养出真实而又能走进现实世界、适应现实世界并发展现实世界的人。教育的目标是具体的、历史的人性培养而不是抽象的人性培养，要为人的社会化服务，又凸显社会化特性。在社会中尤其是在一个社会大变革、观念不断更新的年代，教育的社会化功能越发重要。

① 朱元发：《涂尔干社会学引论》，远流出版事业股份有限公司 1988 年版，第 113 页。

(5) 教育个性化说

主张教育要尊重学生个体的差异性、独特性、自主性和创造性，依据受教育者的志趣、才能、资质、特长和爱好加以引导，促使个体与群体和谐发展。教育的目的不是为了使人领会和接受社会文化，不是单纯地适应社会，而是通过培养个性健全、人格独立、富有创造性与开拓性的人才来满足社会需要，以个性的独特发展作为教育培养的目标。

卢梭倡导“自然教育论”，鞭挞封建经院主义教育无视人性甚至戕害人性的事实。他认为，封建社会教育培养的人都是为了自己，是一无可取的人，是对人的本性的一种泯灭。卢梭把自己设想中的理性王国称为“自然秩序”，“在自然秩序中，所有的人都是平等的，他们共同的天职，是取得人品；不管是谁，只要在这方面受了很好的教育，就不至于欠缺同他相称的品格”①。卢梭提出，教育是人类能够变得更好、能够得到全面和谐发展的方式，目标是促进人的个性发展。自然教育的核心是教育必须遵循自然，顺应人的自然本性。真正自由的人只想他能够得到的东西，只做他喜欢做的事情。因此，他要求在教育中要尊重学生的自由，让他们享有充分自由活动的可能和条件，并采取自然的、自由的方式方法以适应身心发育水平和个别差异。

赫尔巴特则认为，为了不使种族的一个纯粹的范例在种族本身面前显得微不足道，并无关紧要地被抹掉，我们必须突出个性。作为教育者“应当乐意不让学生个性能够获得的唯一荣誉枯萎凋零，那就是让这种个性具有鲜明的轮廓，乃至明显地显露出来”②。而一个有智慧

① ［法］卢梭：《爱弥儿论教育》上卷，李平沤译，商务印书馆 2017 年版，第 15 页。
② ［德］赫尔巴特：《普通教育学》，李其龙译，人民教育出版社 2015 年版，第 34 页。

的教师应该尊重学生的个性，尽可能避免忽视甚至抹杀学生的个性，极力培养、引导学生的个性发展。

孔子是因材施教的典范，亦是以谋求个人的独特性发展为教育目标的典型代表。孔子强调在教育中根据学生的不同特点、优长短弱，实施针对性的教育。他认为，不同的学生不仅在智力方面存在差异性，在文化背景、能力、特长、态度、志向等方面也有不同之处。《论语》有述："中人以上，可以语上也；中人以下，不可以语上也。"①即对于理解能力好、才智高的学生，教给他们高深的道理；对于中等才智以下的人，就不宜灌输过深的知识。就学生的品格而言，亦可分为三类："中行""狂者""狷者"，与人相处"不得中行而与之，必也狂狷乎！狂者进取，狷者有所不为也"②。由此可知，能够达到中庸的实属太少，不同品格、不同志向、不同个性的人对他人的影响绝不相同。为了把学生培养成为各个方面的优秀人才，孔子还十分注意观察分析学生的禀赋，针对不同学生的特点采取不同的教育方法，以便调动学生学习的积极性和主动性，真正做到因材施教、因人而育，让学生因为个性而迸发独特的自信内动力。

马克思、恩格斯借鉴和吸收了以往教育理论中的合理性，更为全面客观地认识和揭示了教育的本质。他们强调教育"不仅是提高社会生产的一种方法，而且是造就全面发展的人的唯一方法"③。通过教育和专门的训练，能够获取专业领域的技能技巧，个人知识得到丰富，技能得到提升，各方面的综合能力渐次发展和完善。教育还能使人拥有发展的丰富性和全面性，避免因为分工造成的狭隘性

① 齐冲天、齐小乎注译：《论语》，中州古籍出版社 2008 年版，第 104 页。

② 齐冲天、齐小乎注译：《论语》，中州古籍出版社 2008 年版，第 201—202 页。

③ 《马克思恩格斯文集》第 5 卷，人民出版社 2009 年版，第 557 页。

和片面性产生的影响。在按照共产主义原则组织起来的社会里，“教育将使年轻人能够很快熟悉整个生产系统，将使他们能够根据社会需要或者他们自己的爱好，轮流从一个生产部门转到另一个生产部门。因此，教育将使他们摆脱现在这种分工给每个人造成的片面性”①。这样的社会，成员能够发挥他们得到全面发展的才能，个性的养成成为必然。

中国共产党百年青少年思想道德教育始终坚持马克思主义理论指导，批判地汲取各种教育观点，吸收其中的理论精华，揭示教育的本质，并综合运用于教育实践，尽显不同时期不同阶段教育的针对性、承接性，使其成为连续性的举措，着力培养服务国家和社会的人才，诠释教育的意义。一是传授知识，使人明智。教育实践活动是教育者通过对受教育者传授知识，使其掌握社会需要和个体发展需要的各方面的知识体系，以其明智，促进发展。二是启迪思维，使人聪慧。教育的过程不仅仅是传授知识，更重要的是启迪思维，通过教育实践过程启迪受教育者，成为勤于思考、善于思考的人，以增长见识、开阔眼界、敏锐思维。三是培养德性，使人向善。教育培养人的德性与德行，激发和引导人向善。教育的本质是激发人的向善的潜力、形成善良意志，即道德的完善，其过程就要以达成人的道德完善为指向。四是陶冶情操，使人向美。教育不仅仅激发人向善，同时也激发人向美。导引人关注美、懂得美，使人适时进入审美状态，在审美过程中进一步培养和提升审美意识，练就发现美、欣赏美、创造美的能力，并进行反观自我、反观人生、修炼养成活动，不断追求和走向完美，实现真善美的统一，不断向上攀越直至达到人生的最高境界。

① 《马克思恩格斯文集》第 1 卷，人民出版社 2009 年版，第 689 页。

（二）深刻理解思想道德教育的本质

马克思、恩格斯从实践论的角度，深刻揭示了社会和人的实践性。人类在劳动实践的过程中发挥主观能动性，并在与他人结成的社会关系中进行实践活动以展示。马克思、恩格斯关于人的实践性本质、人的社会性本质、人的主观能动性本质等理论，为思想道德教育本质的本源性分析提供了根本理论遵循，而且为深刻揭示其阶级性、实践性和发展性的本质属性指明了路径。

1. 阶级性

思想道德教育主要是对受教育者进行思想意识、道德观念和个性品质的教育引导，无不体现统治阶级和社会集团的意志，无不具有鲜明的阶级属性，表现为浓厚的意识形态性和思想领域里特有的统治性。

统治阶级作为政治、经济、文化上的统治集团，为了确保其统治地位、稳固各种关系、保证社会秩序，必须在思想意识上加以统治，实现思想意识上的生产、分配和控制，其中包括掌控意识形态和意识形态机构。

思想道德教育作为意识形态的主要表现形式，是服从、服务于一定的社会发展阶段和统治阶级利益的，是具有阶级性的社会实践活动。它是阶级社会里特有的教育，是人类社会发展到一定阶段的精神生产和主导意识形态建设的重要方式，普遍存在于阶级社会的一切国家和所有历史发展阶段，不论对其称谓有何不同，它都是不以人的意志为转移的客观事实，担负起传播统治阶级的思想、维护统治阶级的根本利益、促进社会有序稳定发展等职责，阶级性不言而喻。

思想道德教育作为实施社会治理的工具，通过有目的、有计划、有组织的对受教育者进行思想教育、道德教育，宣扬、灌输统治阶级思想意识和价值观念，使社会成员形成符合一定社会集团（统治阶级）要求的政治理念、思想意识、道德规范，以实现统治的稳定和社会经济的发展。它带有明显的目的性，具有明确的价值取向性和阶级利益性，反映社会发展的本质和一定阶级的根本利益。

在我国，思想道德教育体现着工人阶级领导的广大人民群众的意识形态特性。马克思主义是理论武器，鲜明旗帜，具有不可撼动的指导地位。思想道德教育以马克思主义理论为指导，为广大人民群众提供思想意识和道德观念引领，体现国家和社会的根本利益和根本思想，折射出人民性、广泛性特征。

2. 实践性

理论的科学性基于实践而反映，马克思主义理论具有实践性的理论品质，实践性是马克思主义首要的和基本的观点，这是经过无数事实佐证的。在《关于费尔巴哈的提纲》中，马克思认为全部社会生活在本质上是实践的，实践是现实社会生活的生动体现。对此作了深刻分析，也进行了精准诠释。思想道德教育以受教育者为实践对象，其出发点和落脚点在于使其形成正确的思想意识、价值定力，以提高思想道德素质。而正确的思想意识、道德品质的形成和思想道德素质提高的动因，归根结底来自于个体自身、社会实践的双重需要以及相互作用。思想道德教育的过程与结果，就在于人的思想道德素质的提升能够指导社会实践，促进社会实践深化并向前发展，显现出人与社会的全面性，在实践中实现其理论存在的价值和意义。

“批判的武器当然不能代替武器的批判，物质力量只能用物质力量来摧毁；但是理论一经掌握群众，也会变成物质力量。”① 理论必须能够指导人的现实生活，成为人变革物质生活和精神世界的思想指导，彰显它的实践性品质和力量。科学的理论，经过人的学习内化、外化践行，可以转化为物质财富和精神财富，改造客观世界与主观世界。思想道德教育以理论为依凭，以实践为基础，坚持精神和物质的相互转化，其实践性本质属性蕴含其中。同时，理论的真理性在实践中检验。“人的思维是否具有客观的真理性，这不是一个理论的问题，而是一个实践的问题。”② 思想道德教育的价值不能仅仅凭借主观的认识来判断和检验，只能在实践中实现并丰富。如果理论脱离实际，成为束之高阁的存在，便失去了发挥作用的指向，只会成为抽象、空洞的概念和教条，不可能进入人的头脑中、内心里，更不可能成为架构其精神世界的主轴。

3. 发展性

“环境的改变和人的活动或自我改变的一致，只能被看做是并合理地理解为革命的实践。”③ 这种改变，通常寻求的是自洽的前行轨迹。人类在实践活动中，充分发挥主观能动性，积极地改造客观世界，促进社会的发展，在改造客观世界的同时改造主观世界，实现人自身的发展。思想道德教育的目的是通过各种形式的教育实践活动，提升人的思想道德素质，完善品质，促进人与社会的全面发展、共同进步。

马克思主义实践性的品质在于立足现实，从现实的个人以及所在的实践活动出发，更重要的是彰显实践活动的革命性特征，也就是通

① 《马克思恩格斯文集》第 1 卷，人民出版社 2009 年版，第 11 页。
② 《马克思恩格斯文集》第 1 卷，人民出版社 2009 年版，第 500 页。
③ 《马克思恩格斯文集》第 1 卷，人民出版社 2009 年版，第 500 页。

过实践活动处在不断更新、变革和革命的过程中，目的是引导人改变现存条件，实现突破和超越。思想道德教育，从实践性的角度充分体现出教育的新锐性、发展性。

思想道德教育的教育者和受教育者是现实的社会关系中的人，彼此从现实的个人以及他们的社会关系出发，教育和引导以及接受教育与引导。“人的本质不是单个人所固有的抽象物，在其现实性上，它是一切社会关系的总和。”[①]即“人以一种全面的方式，就是说，作为一个完整的人，占有自己的全面的本质”[②]。因此，一般情形下，教育过程意味着相互关系的变化、发展，并逐步走向完善，也意味着其中个体、群体乃至社会的进步。人是社会存在物，人的本质属性就在于人的社会性。社会性决定人的本质的社会现实性，是基于现实的物质生活条件和社会的发展变动性而不断发展的，从而决定了思想道德教育在促进人和社会全面发展过程中的现实性、动态性、内驱性，它以社会的发展为基石，促进人的社会性本质的发展。“我们所主张的全面发展，是要使学生得到比较完全的和比较广博的知识，发展健全的身体，发展共产主义的道德。”[③]新时代，作为关键群体的青少年的全面发展，落脚点在于具备共产主义理想信念，一种超然、先导的要求内含其中。

中国共产党一直重视思想道德教育，社会主义革命时期强化民众思想道德教育，社会主义建设时期更是成为治国理念。改革开放和社会主义现代化建设新时期，党以更高的政治站位，提出思想道德教育原则，强调“要全面贯彻党的教育方针，落实立德树人根本任务，发展素质教育，推进教育公平，培养德智体美全面发展的社会主义建设

① 《马克思恩格斯文集》第 1 卷，人民出版社 2009 年版，第 501 页。

② 《马克思恩格斯文集》第 1 卷，人民出版社 2009 年版，第 189 页。

③ 《毛泽东文集》第七卷，人民出版社 1999 年版，第 399 页。

者和接班人”[①]。素质教育，就是要把受教育者思想道德素质的培养放在首位，起到统揽作用。中国特色社会主义进入新时代，党聚力思想道德教育，尤其着力于青少年主体，指出：“青少年是祖国的未来、民族的希望。我们党立志于中华民族千秋伟业，必须培养一代又一代拥护中国共产党领导和我国社会主义制度、立志为中国特色社会主义事业奋斗终身的有用人才。”[②]显而易见，思想道德教育在人才培养上举足轻重。但这是一项系统工程，过程复杂又意义深远。为此，全面汲取前述理论精华，运用于青少年思想道德教育，为党育人、为国育才，是新的历史条件下社会发展的客观要求，也是思想道德教育的历史使命和责任担当。

二、匠心独运马克思主义美学理论，达成教育情理共融

教育者“要着眼于‘教好’，围绕教师、教材、教法推进改革，探索形式多样、行之有效的教学方式方法，切实在素质教育上取得真正的突破”[③]。更要“用好课堂讲坛，用好校园阵地，用自己的行动倡导社会主义核心价值观，用自己的学识、阅历、经验点燃学生对真善美的向往”[④]。教育者不仅要做青少年求真向善的教育者，还要能成

① 《习近平谈治国理政》第三卷，外文出版社 2020 年版，第 36 页。

② 《习近平谈治国理政》第三卷，外文出版社 2020 年版，第 328—329 页。

③ 《习近平谈治国理政》第三卷，外文出版社 2020 年版，第 350 页。

④ 习近平：《做党和人民满意的好老师——同北京师范大学师生代表座谈时的讲话》，人民出版社 2014 年版，第 6 页。

为他们审美的引领者，匠心独运地将马克思主义美学理论嵌入思想道德教育，不失为“美好生活”语境下的一种新理路。审美嵌入教育之中，将审美对象、审美关系、审美活动置于教育活动，正视青少年的情感需求、情感期待，以教育内容为线、以情感黏合为桥梁贯穿于思想品德养成全过程，将符合社会要求的思想观念、道德观点及道德规范，有目的、有计划、有组织地直击他们内心，实现“以美储识”“以美育情”“以美固信”“以美冶意”“以美导行”，是我国长期以来探索的基本方法。新的时空际遇，则应继承和发扬优良传统，以此推动思想道德教育发展中的理论补位和实践诉求下的现实转换。

马克思、恩格斯的实践美学观从现实的个人及其实践活动出发，强调美产生于人对物质生活世界的改造，因而形成“美是人的本质力量的对象化”“劳动创造美”“美是自由创造的结果”“按照美的规律建造”等美论。人的主观能动性、主观的审美感受性、对美的创造性与对象美的客观性之间的辩证、互动、和谐美的生成过程，在马克思、恩格斯的实践美学观中生动地展现出来，成为审美嵌入思想道德教育实践的理论根基和实践渊源。

（一）诠释“美是人的本质力量的对象化”

人将思想、情感、意志、态度等本质集聚于对象，以宜人的形式映照人的智慧和能力，表达、抒发情感和思想，是发现美、欣赏美和创造美的过程。从这个角度看，青少年思想道德教育很大程度上是创造性的劳动，凝结教育者与受教育者的思想、情感、意志、态度，促使彼此形成符合社会要求的思想意识、道德观念和个性品质，这一过程也是创造美的过程。在青少年思想道德教育中，根据受教育者的群体特征和要求，充分展示人的本质力量，教育者与受教育者彼此搭建审美关系，相互赏识，实现思想道德教育与美育的耦合，达成青少年思想道德素质的提升与审美素质培育的联动。

“一百年来，中国共产党领导中国人民经过顽强奋斗，迎来了从站起来、富起来到强起来的伟大飞跃，迎来了从落后时代、跟上时代再到引领时代的伟大跨越，创造了人类历史上惊天地、泣鬼神的伟大史剧。”①伟大史剧最真实、最集中、最生动地反映了“人的本质力量的对象化”，包含了党的青少年思想道德教育的理论，同时也是最有说服力的教育资源，有助于诠释“美是人的本质力量的对象化”。在党的青少年思想道德教育过程中，教育者引领受教育者极尽诠释“美是人的本质力量的对象化”，着眼于以下三个维度。

1. 从审美主体角度——领悟“美是人的本质力量的对象化”要义

美是人的本质力量的对象化，是马克思主义的一个基本观点，领悟其要义，首先在于体认审美主体的本质力量对象化的意义。人对自然界的反映不仅仅是直观的、感性的活动，更是能动的、创造性的对象性活动。现实的自然界是人生存和发展的基础，是人赖以存在的物质生活来源，是人的本质力量对象化的条件和对象化借以实现的手段。“没有自然界，没有感性的外部世界，工人什么也不能创造。自然界是工人的劳动得以实现、工人的劳动在其中活动、工人的劳动从中生产出和借以生产出自己的产品的材料。”②由此，人的实践活动充分体现人的意识性、人的能动创造性。人在改造对象的过程中刻上人

---

① 《习近平谈治国理政》第四卷，外文出版社 2022 年版，第 321 页。

② 《马克思恩格斯文集》第 1 卷，人民出版社 2009 年版，第 158 页。

的烙印，打上人创造性劳动的印记，也是在对对象的认识和改造中，将人的本质力量充分展现，从而实现劳动的对象化生成。随着人类社会的发展，人的生产不只是为了满足自身生存需要的即时性的生产，更在于通过对象的改造，确证人的本质力量，确证人的思维的现实力量，并将其作为满足发展和享受需要的对象。“一切对象对他来说也就成为他自身的对象化，成为确证和实现他的个性的对象，成为他的对象，这就是说，对象成为他自身。……人不仅通过思维，而且以全部感觉在对象世界中肯定自己。”① 对对象的感觉也是人的感觉在对象中自我的确证与肯定，人对自然界的对象的实践活动，人的实践创造性，是人的本质力量在对象中的现实的彰显，以此作为反观自我的参照和坐标，不断进行校准，被自己或他人悦纳。结果使得对对象的欣赏，成为对自我的欣赏。

其次是了解审美主体本质力量对象化的表现。一是审美主体意识的对象化。“最蹩脚的建筑师从一开始就比最灵巧的蜜蜂高明的地方，是他在用蜂蜡建筑蜂房以前，已经在自己的头脑中把它建成了。”② 人通过有目的、有意识的实践活动，进行美的创造，形成和发展美的感官和对美的感受性。“一个种的整体特性、种的类特性就在于生命活动的性质，而自由的有意识的活动恰恰就是人的类特性。”③ 人可以按照自己的意识，通过自己的思维去能动地创造和改变生活，创造出具有美的特性的事物，从中探索美的规律。这种有意识的创造活动正是人所独有的本质特性，是人发挥创造性思维的力量和意识对象化的表现结果。二是审美主体的能力对象化。人的本质力量对象化的过程，

① 《马克思恩格斯文集》第 1 卷，人民出版社 2009 年版，第 191 页。

② 《马克思恩格斯文集》第 5 卷，人民出版社 2009 年版，第 208 页。

③ 《马克思恩格斯文集》第 1 卷，人民出版社 2009 年版，第 162 页。

是人将体力和智力，以及劳动过程中需要的各种能力运用于对象，实现劳动的对象化，从而生产和创造美的产品。在生产和创造美的过程中，发展人的各种能力，最重要的是人的能动创造性能力。对此，马克思在《1844年经济学哲学手稿》中进行了充分的论述：资本主义制度下工人的劳动之所以是异化劳动，表现为劳动这种生命活动，对劳动者来说只不过是满足一种需要即维持肉体生存需要的手段，工人在劳动中不是自由地施展自己的体力和智力，只是为了生存，丧失了作为类特性的本质。马克思认为人的本质的充分展现，人的本质力量的对象化，就是自由地、充分地发挥与发展人的体力和智力以及劳动所需要的各种能力，从而在劳动过程中实现社会和人的全面自由的发展，并附着于客观对象。三是审美主体的审美感受的发展。人的本质力量的对象化体现在劳动过程中，在发现美、欣赏美和创造美的活动中，审美主体的审美感官和审美感受性随之发展。“五官感觉的形成是迄今为止全部世界历史的产物……忧心忡忡的、贫穷的人对最美丽的景色都没有什么感觉；经营矿物的商人只看到矿物的商业价值，而看不到矿物的美和独特性”①。人的审美感官的发展，审美感受能力的培植与提升，都是不断演进的社会历史产物。现实的生产力水平和生产力发展状况，决定了人的审美感官的发展和审美能力的发展。随着生产力的不断进步，人类对工具的改造、运用，以实践活动为中介，对美的感知和审美能力也不断得到丰富与发展。人的活动创造了美的事物，美的客体，是灵动活现的生命体。同时，它丰富和发展了人的感官、审美感受力。

青少年思想道德教育，既注重内容，又注重方式，更强调成效，

① 《马克思恩格斯文集》第1卷，人民出版社2009年版，第191—192页。

即便不能立竿见影也十分重视可持续性的效果呈现。同时，为了提升教育者的获得感、幸福感，将青少年思想道德教育活动作为“人的本质力量的对象化”，从理论上极尽诠释，在实践中竭力印证，是一种创新。教育者与受教育者共同体认本质力量及其对象化，扩展认知、丰富想象与创造，使教育过程伴随审美赏识，教育过程与结果凝聚和折射本质力量而成为美的对象。教育者与受教育者由此体验欣赏而愉悦，由赏识“创造成果”到反观自我进而改变自我，夯实精神壁垒，提升精神境界。

2. 从审美客体的角度——感知“审美客体主体化”内涵

首先在自然界——人的无机体中感知。人在与自然相处中，将本质力量投注到自然物，奠定自然美、社会美、艺术美的物质基础，也使艺术创造有了用之不尽的资源。自然界不仅仅为人类提供了感知世界的感性物质性，提供了生存和生产资料，维持人类的生活需要，更重要的是提供了改变和创造世界的客观物质条件，牢固架起人与精神享有的桥梁。所以，美的创造要得益于自然界。自然界对于审美主体、对于美的意义在于，一方面提供创造美的源泉和物质基础，经过人的能动改造，变成人化自然，变成美的事物；另一方面，“人的感觉、感觉的人性，都是由于它的对象的存在，由于人化的自然界，才产生出来的”①。人的感官的发展，使得感觉、知觉也随之发展，对美的欣赏以及审美能力的提升和发展，也得益于自然界，由自然界中产生和发展起来。就自然界而言，不仅仅存在美的事物的客体形式，同时也促成和富足作为审美主体的审美情感，并将这种情感投射于外部

① 《马克思恩格斯文集》第 1 卷，人民出版社 2009 年版，第 191 页。

事物，赋予其灵性，与主体“对话”。

其次是从人化自然——对象化的美里感知。“只是由于人的本质客观地展开的丰富性，主体的、人的感性的丰富性，如有音乐感的耳朵、能感受形式美的眼睛，总之，那些能成为人的享受的感觉，即确证自己是人的本质力量的感觉，才一部分发展起来，一部分产生出来。”① 人化自然形成和丰富了人的感知、人对美的感受性。但人的感官的丰富和发展是在劳动实践的基础上，在长期改造自然界、使其变成人类社会的历史进程中实现和发展起来的。人化的自然、实践的创造过程、历史的嬗变和演进在推动社会不断向前发展，为人提供丰富的物质性的同时，也使人确证自己的本质力量不断地形成和发展。人的意识，人对美的感受，在感受的基础上的艺术创作——感受的多样性、独特性，都是由于社会的丰富性发展起来的，从这个意义上讲，自然作为对象化的美也为人提供精神享有的资源，具有丰富的精神性。

最后是在优秀文化作品——审美创造结果中感知。中华民族在几千年的劳动实践中创造了世代相承的优秀传统文化，成为民族的血脉和基因；革命中衍生的革命文化，成为民族解放和前行的内驱力；社会主义建设中形成的社会主义先进文化，是中国式现代化建设的强有力的精神支撑。中华优秀传统文化承载了中华民族在建设家园的奋斗中进行的思维、开展的活动、经历的过程、创造的成果，是民族禀赋、民族意志在伟大斗争中的深刻历史表达、生动时代映现，是中华民族发展壮大的丰厚滋养，对世界各国产生深远影响。内含中华优秀传统文化、革命文化、社会主义先进文化的优秀文化作品，以丰富多

① 《马克思恩格斯文集》第 1 卷，人民出版社 2009 年版，第 191 页。

彩的艺术形式，映照民族的精神、品质、气概、力量等，从中解读和感知到“人的本质力量”。将其作为审美客体，运用到青少年思想道德教育中，引领青少年在欣赏中感悟、在感悟中获得，获取精神养分。

青少年思想道德教育，重在培养他们正确的思想意识、价值观念、个性品质。这是一个过程，有连续性也有复杂性，其中不乏具体的各种关系，诸如与自然、社会、他人的关系。在一定的关系中，教育者尊重并发挥青少年的主体性，引领他们换位思考、情感融入，既做到热爱自然、敬畏自然，又能够关注社会、理解社会，还可以关爱他人、尊重他人，领悟“审美客体主体化”内涵，在其中感悟并养成正确的思想观念、价值理念，凝结成良好的个性品质，沐浴美的滋养而欢欣欢悦。

3. 从审美中介视角——认知“实践活动”意味

马克思、恩格斯思想体系中彰显美学思想的光辉，强调审美主体和审美客体之间辩证、互动、和谐的实践美学关系。“从主体方面来看：只有音乐才激起人的音乐感；对于没有音乐感的耳朵来说，最美的音乐也毫无意义”①。无论多美的音乐如果没有主体对其美的感受、欣赏，则美的特性就会被遮蔽或隐藏。因为对于审美客体，需要人的本质力量对象化的关于美的思维并以此为指导的创造实践性的活动，需要感受美的感官的磨砺。“人的感觉、感觉的人性，都是由于它的对象的存在，由于人化的自然界，才产生出来的。”②没有自然界，没

① 《马克思恩格斯文集》第1卷，人民出版社2009年版，第191页。

② 《马克思恩格斯文集》第1卷，人民出版社2009年版，第191页。

有人的实践活动对自然界的改造，就没有在劳动过程中形成的人的审美意识。对于审美主体而言，一方面，自然界特别是人化自然，成为主体审美的基础和源泉；另一方面，人生活在自然界，是其重要的一部分，多种多样有意识的沁润式的活动，促进人的审美感官和审美感觉的发展，锻造和凝聚审美能力。

马克思、恩格斯所述的实践活动，是在人的自由意愿基础上的自由的全面的活动，而审美实践活动的主要特征表现为主体的自由性、自主性、创造性，不受生存支配和羁绊。美即在这一过程中形成，蕴含丰富的思想性、情感性。青少年思想道德教育，秉承理论与实践相结合的原则，借助劳动实践，让青少年投身实践活动，从中领悟和内化理论，养成观念和精神，使“人的本质力量的对象化”更直观地呈现。新的历史环境下，对于物质生活条件相对普遍优越的青少年而言，劳动活动蕴含这一价值，因此教育他们“牢固树立劳动最光荣、劳动最崇高、劳动最伟大、劳动最美丽的观念；体会劳动创造美好生活，体认劳动不分贵贱，热爱劳动，尊重普通劳动者，培养勤俭、奋斗、创新、奉献的劳动精神”①。劳动实践作为青少年思想道德教育的一种途径，也是认知和解析实践活动意味的依凭。

人通过实践活动丰富和发展自身本质，从而创造历史，发展历史。“全部社会生活在本质上是实践的。”② 离开实践，人类什么也创造不了。实践活动是审美主体将本质力量对象化的措施和手段，是审美思维和审美创造具体实施的过程。实践活动又是主体生命流转的主要方式，是证明自己思维的真理性的现实力量，确证自己的价值及其

① 《中共中央国务院关于全面加强新时代大中小学劳动教育的意见》，人民出版社 2020 年版，第 4 页。

② 《马克思恩格斯文集》第 1 卷，人民出版社 2009 年版，第 501 页。

实现。“环境的改变和人的活动或自我改变的一致，只能被看做是并合理地理解为革命的实践。”①实践活动是联系主体、客体并创造审美客体的中介和条件，它能够改变环境，推动人类社会向前，为人的发展提供无限可能性。在实践活动中，主体将本质力量对象化在客体中，创造美的客体，同时总结积累审美经验，又反过来指导审美实践活动。现今，作为审美客体的“文学艺术，既要反映人民生产生活的伟大实践，也要反映人民喜怒哀乐的真情实感，从而让人民从身边的人和事中体会到人间真情和真谛，感受到世间大爱和大道”②。对这样的审美客体的欣赏，是一个动态变化的过程，能够丰富和发展人的各种审美感官、审美感受性和审美创造力。

“在激烈的国际竞争中，惟创新者进，惟创新者强，惟创新者胜。”③当代青少年前卫、领潮、求新、要酷，爱网络也依赖网络，以新的思维、新的特征、新的形象示人。他们有个性、有主见、有追求，需要以自己喜爱的话语体系和表达方式接触、接受思想道德教育，这给青少年思想道德教育提出了一个全新课题。如何解答，在创新中找到“00后”“05后”喜闻乐见的形式，以新的话语方式、强烈的时代感和特有的代入感进入他们的思维意识，已然摆在教育者面前。“运用艺术形式和新媒体，以理服人、以文化人、以情感人，生动传播爱国主义精神，唱响爱国主义主旋律，让爱国主义成为每一个中国人的坚定信念和精神依靠。”④集体主义、社会主义等教育内容的

---

① 《马克思恩格斯文集》第1卷，人民出版社2009年版，第500页。

② 习近平：《在中国文联十大、中国作协九大开幕式上的讲话》，人民出版社2016年版，第11页。

③ 《习近平谈治国理政》第一卷，外文出版社2018年版，第59页。

④ 中共中央文献研究室编：《习近平关于社会主义文化建设论述摘编》，中央文献出版社2017年版，第128页。

传达同样需要运用艺术形式和新媒体，让青少年在审美过程中内化内容、外化践行。审美是人与世界无功利的、形象的和情感的关系状态，作为合目的性与合规律性相统一的自由形式，“引导着发端于动物式生存的劳动走向从内容到形式都趋向自由的人性化劳动”①。我们知道，在中国共产党百年风雨兼程中，思想道德教育为革命、建设、改革的伟大胜利起到“生命线”的作用，并且始终伴随着探求这种“自由的人性化的劳动”过程。新时代，面对新的环境，“自由的人性化的劳动”是美好生活的内容，也是实现美好生活的根本路径。对此，思想道德教育要让广大青少年知晓、明了。

（二）演绎“美是自由创造的结果”

党的青少年思想道德教育的旨意，是在将育德放在首要位置的基础上，引领他们修为，养成良好的思想道德素质，求真、向善，逐步走向审美，攀越达到人生最高境界。从普遍性看，青少年崇尚自由，勇于创造，向往美好。基于此，青少年思想道德教育演绎“美是自由创造的结果”，激发和调动他们的情感力量，变教育过程为自由创造的过程，在自由创造中发现美、感受美、欣赏美，感悟生活中的美好，为创造美好生活而准备。

1. 自由自愿的劳动创造之美

马克思、恩格斯从人类历史的首要活动——劳动出发，阐述了人的本质、美的本质，从人的本质角度阐释了美的本质。人在通过劳动

---

① 尤西林主编：《美学原理》，高等教育出版社 2018 年版，第 34 页。

实践将人的本质力量对象化的过程中创造自我、发展自我、超越自我。劳动实践创造了人，也创造了美，同时发展了人的本质。人在劳动实践中通过本质力量的对象化来确证自身、直观自身，而美就是人自由自觉的本质的感性显现和确证。审美活动是以感性与理性的结合，对人的本质所进行的价值确证活动。劳动实践是实现与确证人的本质的前提和基础，更是推动历史发展和人的本质发展的力量之源。马克思、恩格斯的实践美学观，是以实践为立论基础，引出主体通过实践达到与客体统一，进而进行审美体验、审美观照、审美创造的观点。“正是在改造对象世界的过程中，人才真正地证明自己是类存在物……在精神上使自己二重化，而且能动地、现实地使自己二重化，从而在他所创造的世界中直观自身。”① 人类通过实践活动改造自然界，在产品中直观自省，进行反观、反思，确证自我的本质力量。

“异化劳动从人那里夺去了他的生产的对象，也就从人那里夺去了他的类生活，即他的现实的类对象性，把人对动物所具有的优点变成缺点”②。资本主义制度下的异化劳动，是对人性、对人的本质以及人对美的感受肆意破坏、践踏和掠夺，撕裂了美与审美。马克思、恩格斯认为自由自觉的劳动才能创造美，美是人在自由意愿的基础上，通过不受控制、发挥人的主观能动性和主体本质的创造过程、审视过程。自由自觉的劳动主要体现在：其一是人劳动的自由、自主、自愿性。是自由自愿自觉的劳动，而不是强制性的受产品和生存控制的劳动。其二是人的全面发展性。劳动活动能开发人的潜能，人的各方面能力得到精进，走向人的自由全面发展，蕴含丰富智慧、情感，反映

① 《马克思恩格斯文集》第 1 卷，人民出版社 2009 年版，第 163 页。

② 《马克思恩格斯文集》第 1 卷，人民出版社 2009 年版，第 163 页。

综合能力，折射信念、意志。为了表达、传递和满足人的社会化的、精神性的情感的需要，在劳动过程中人将自我本质力量中的情感因素对象化，进行移情，引起情感共振共鸣。因此，在美的创造的对象化中有人的独特的情感的影响因素，是在尊重客观规律和客体发生、发展的规律基础上，人对美的需要的满足性的建造活动。

2. 审美主体身心合一的境界之美

美是自由自愿的劳动创造的结果，更是审美主体通过审美创造和审美观照活动而达到身心合一的境界的过程。主体遵从内心意愿无所羁绊、自由自在，在创造和欣赏美的过程中达到身心合一。身心和鸣，奏出美妙的人生乐章。首先，表现为审美主体心行一致。遵从内心的意愿，发挥自我的潜能和自主创造性，将内心的真实意愿付诸实践，灌注于对象。其次，表现为行为活动的自由性。行为活动的自主选择性、非限制性、非强制性，更不是受生存需要的局限而屈就自我去做出违背内心的行为。在资本主义社会，工人的劳动体现的是身心不一致，“他在自己的劳动中不是肯定自己，而是否定自己，不是感到幸福，而是感到不幸，不是自由地发挥自己的体力和智力，而是使自己的肉体受折磨、精神遭摧残”①。劳动受到资本家的强制，悖逆内心的意愿，只是为了生存别无选择。这种劳动不是人的真正内在需要，是为了满足生存需要的一种手段，是一种自我牺牲、被束缚和压抑的劳动，更是人的本质的异化。身心分离、让人无暇领略美好事物和美好现象。这种境遇下的劳动无法体现合目的性和合规律性、求真和向善的双重统一，不可能创造美。当人的解放成为现实，自由自在

① 《马克思恩格斯文集》第1卷，人民出版社2009年版，第159页。

的劳动成为可能，才有作为审美主体的人的身心合一的境界之美。

3. 主体与客体和谐之美

美的事物，归根到底是自由自愿的劳动创造的结果，是人的本质力量充分展现的对象，又是人的本质的丰富和发展的映现，是人的对象化和对象的人化的结果，亦是审美主客体互动、和谐、合二为一、共知共感的人类社会行进的结果。审美活动是建立在审美主体与审美客体关系基础上的，是审美关系的动态存在和动态演变。审美主体与审美客体在特定的条件下邂逅，其审美需要、审美感受和审美客体的审美特性达到一致、契合的状态，由此而产生内心愉悦、精神振奋。从审美客体的角度而言，自然界以其巨大的魅力、无限丰富的物质性和多样性，为人类提供惊心动魄、美轮美奂的美。人与自然有着种种的关联，赋予自然人性、灵性，呈现出“人化”的一面。自然的人化是人的实践活动的产物，其过程一方面生成了对象美，另一方面也形成与发展了人的审美意识和审美能力，具备更突出的审美条件。

人与自然的审美生成和审美观照，是建立在彼此和谐共处的基础上的。美的创造过程是人与自然和谐共生的产物，体现审美主体的融入性。主体与自然界相互依存、相互促进、有机联系的生态和谐的关系，是人与自然的生命共感而引发的生命的律动。资本主义私有制下资本家为了追逐自身利益最大化，对自然界进行肆意掠夺和践踏，导致的结果是环境的污染和人类生存在非美的状态中，这种情形无法达成人类与自然的和谐共生愿景，也无法实现主客体和谐之美。因此，马克思、恩格斯的美学思想描绘、展示的美是自由创造的结果，是在尊重自然规律基础上的审美主体和客体的协调统一。基于此，在自然界、社会中、艺术里，这种协调统一成为一种标识，美的存在和表现方式及领域更为丰富而完整。

无论是自觉自愿的劳动之美，还是主客体身心合一的境界之美，以及主体与客体的和谐之美，都是有力证成思想道德教育中“美是自由创造的结果”的依凭。教育者通过横向对比、纵向比较，引领青少年从中认知、把握必须的理论和知识，运用于实践，成为青少年思想道德素养提升的新指向。因而，青少年思想道德教育，教育者秉承“美是自由创造的结果”，围绕主题内容自由创造，与青少年彼此实现身心合一，与外在世界协调统一，引导青少年从中接受思想道德感召和熏染的同时，培植审美意识和审美能力，达到育德与育美、育劳的耦合。

（三）尽显“按照美的规律建造”的尺度

“按照美的规律建造”的尺度，对于青少年思想道德教育并非例外。教育者和受教育者缔结审美关系，在彼此欣赏中就思想道德教育内容、方法、环境等进行审美创造，使彼此能够在赏心悦目中感受并接受思想意识和价值观念，锤炼出良好的思想道德品质。

把握“按照美的规律建造”的尺度，要理解清楚以下内容。

1. 人对对象世界的规律认识和运用

“动物的生产是片面的，而人的生产是全面的；动物只是在直接的肉体需要的支配下生产，而人甚至不受肉体需要的影响也进行生产，并且只有不受这种需要的影响才进行真正的生产”①。人之所以能够成为审美主体，在于其具有思维意识，并且能够在创造美的过程

① 《马克思恩格斯文集》第1卷，人民出版社2009年版，第162页。

中，按照人对美的需要的尺度进行生产，并懂得处处都把对美的需要的内在尺度运用于对象。人的生产不仅仅是为了满足人的个体生存需要，还是满足个体、群体和社会发展需要以及精神享受的需要，更是满足人的全面发展需要。人生产生活的最高追求、要达到的至高境界，在于乐生，在于审美。“把那些愿望从它们的想象的、表象的、期望的存在改变成和转化成它们的感性的、现实的存在，从观念转化成生活，从想象的存在转化成现实的存在。”[①]这是人对美的需要规律的掌握和运用，这一过程，一次次让梦想照进现实，实现着期望，实现着美好。这更进一步确证了人的实践活动只有在不是为了生存的需要，而是为了发展的需要、审美的需要，获得对美的需求，对美好生活的追求和向往而进行的，才是更高层级意义上的生产。而如此的生产，前提是对对象世界规律的了解、认识和运用。

“动物只是按照它所属的那个种的尺度和需要来构造，而人却懂得按照任何一个种的尺度来进行生产，并且懂得处处都把固有的尺度运用于对象”[②]。人对于对象的创造性实践活动，是在对对象的能动认识基础上产生的，懂得按照事物的尺度来进行生产，将对象和自己的生命活动本身变成自己意志与意识的对象，并自由地支配自己的活动，改造自然界与人类社会，以实现自身的生存、发展和享乐的需要。人通过意识对对象世界特别是自然界进行感知，认知美的事物，探寻和发现美的规律，将其运用于实践进行美的事物或对象的创造。人认识和改造自然界，进行美的建造，以所有物种的尺度来认识和把握事物，按照客观事物固有的属性以及客观事物对人的价值性的特性

① 《马克思恩格斯文集》第 1 卷，人民出版社 2009 年版，第 246 页。

② 《马克思恩格斯文集》第 1 卷，人民出版社 2009 年版，第 163 页。

来评判和改造。这一过程中能够探究与发现自然界、人类社会运行和发展的基本规律，从而使建造的事物符合客观规律，切合人的内在意愿，体现人建造美的事物的计划性、目的性和意识性，由此推动着人自身和人类社会的共同前行。

2. 人对美的需要的规律的分析和掌握

人类在进行美的创造实践活动中，不仅仅懂得按照客观事物实用性的需要来建造事物，还懂得按照人自身对于美这一高层次的需要来把握和建造事物。按照人的尺度建造，并且懂得处处将固有的美的需要的尺度运用于对象上，在建造美的对象的过程中进一步发展人的审美感官，提升人的审美素养。社会越发展，这种相互作用、相互促进的关系越明显。“我国久传不息的名篇佳作都充满着对人民命运的悲悯、对人民悲欢的关切，以精湛的艺术彰显了深厚的人民情怀。”[①]这是在充分认识和掌握民众对美的需要的规律基础上的创造，成为青少年思想道德教育资源。

人对美的创造性建造，是在通过对客观事物内在固有的规律和特性的把握基础上，开始有意识、有计划、有目的的生产活动，将事物的客观规律和人对美的需要的满足进行有效的融合，生产出合规律和合目的的对象，既满足人的实用性需要，更满足人的审美性需要。结果则是，人既创造美的事物，也塑造人、完美人自身，创造美的人生。人不断追求美的事物，不断发展美的感官、美的感受性，在这样一种追求美、发展自我、完善自我的人生道路上不断前行，践履“用现实主义精神和浪漫主义情怀观照现实生活，用光明驱散黑暗，用

① 《习近平谈治国理政》第二卷，外文出版社 2017 年版，第 316 页。

美善战胜丑恶，让人们看到美好、看到希望、看到梦想就在前方”①。人对美好未来的向往，在实践中化作审美的需要、提升自我的审美能力的内驱力，提高精神境界，从而推动人类社会和人自身不断向上超越，向更美好生活发展。

中国共产党一直重视青少年的美育工作，中国特色社会主义进入新时代更是提出加强和改进美育，强调必须“汲取人类文明优秀成果，引领学生树立正确的审美观念、陶冶高尚的道德情操、培育深厚的民族情感、激发想象力和创新意识、拥有开阔的眼光和宽广的胸怀，培养造就德智体美全面发展的社会主义建设者和接班人”②。这一目标与思想道德教育有高度的契合，为青少年思想道德教育达成情理共融树立了导向标。对青少年陶冶道德情操、培育民族情感、激发想象力等，首要的是要让他们形成正确的思维意识和价值观念，其中包含审美意识、审美观念，懂得什么是美、美以怎样的形态存在于哪些领域等基本问题。青少年思想道德教育，从教育者素养的培育、教育内容的选择、教育方式的运用、教育关系的搭建到教育环境的营造，标注美的元素，凸显青少年美德美行，尽显“按照美的规律建造”的原则，“以大爱之心育莘莘学子，以大美之艺绘传世之作，努力培养心灵美、形象美、语言美、行为美的新时代青少年”③。将这一特定教育打造成“艺术品”，在赏识中精雕细刻，铸就精品，助力青少年人生境界走向审美高度，应是新时代青少年思想道德教育的理想和目标。

---

① 《习近平谈治国理政》第二卷，外文出版社2017年版，第319—320页。

② 《国务院办公厅印发〈意见〉　全面加强和改进学校美育工作》，《人民日报》2015年9月29日。

③ 《中共中央办公厅国务院办公厅印发　关于全面加强和改进新时代学校体育工作的意见　关于全面加强和改进新时代学校美育工作的意见》，《人民日报》2020年10月16日。

三、综合借鉴美学史上的重要美论，拓展教育新视域

每个时代的哲学艺术形式都是为当时的统治阶级服务的，代表统治阶级的利益，也与当时的生产力发展水平相伴随。哲学家们在关注社会问题的同时也关注文艺、审美，关注美学问题。什么是美，怎样定义美等美学基本理论成为哲学家研究的议题，他们根据时代的经济发展水平和社会意识形态需要，提出了关于美的定义和美的独特性的观点，这些观点在美学研究史上产生了重大影响，为人们理解和研究美学提供了非常好的理论借鉴，也为青少年思想道德教育拓展新视域增添了路径。同时，“用中国实践升华中国理论，打造融通中外的新概念、新范畴、新表述，更加充分、更加鲜明地展现中国故事及其背后的思想力量和精神力量”①。为解决全球青少年问题作出贡献，“只有眼睛向着人类最先进的方面注目，同时真诚直面当下中国人的生存现实，我们才能为人类提供中国经验，我们的文艺才能为世界贡献特殊的声响和色彩”②。青少年思想道德教育综合借鉴美学史上的重要美论，开拓创新、中西合璧、融会贯通，注目人类最先进的思想，坚持理论与实践相结合、批判与汲取相统一的原则，萃取其精华，以拓展教育新视域。

（一）借鉴“美是和谐”，展示和谐与秩序

古希腊的美学思想主要从本体论的角度，对世界本原展开追问和

① 《习近平谈治国理政》第四卷，外文出版社 2022 年版，第 317 页。

② 《习近平谈治国理政》第二卷，外文出版社 2017 年版，第 320 页。

追寻。因此古希腊思想家对美学的研究，主要从美的事物之所以产生美的本质和本原上切入，从事物之所以美的客观属性方面探索和论证，提出美是事物的和谐比例的美论。柏拉图和亚里士多德提出“美是和谐”，强调的是有秩序的状态。而后，“美是和谐与秩序”的美论，在美学界影响深远。车尔尼雪夫斯基谈及人的美时更具体，“动作敏捷、从容，这在人的身上是令人陶醉的，因为这只有在生得好而且端正的条件下才有可能”①。虽未论及“和谐”二字，但之意尽在其中。这一美论运用于青少年思想道德教育，在于引导青少年感受和谐，身体力行，在自身和谐的同时，与自然、与他人、与社会和谐融洽共处，和谐学习、和谐生活、和谐成长、和谐发展。既是青少年思想道德素质的内容，也是其提升的基础。

基于此，青少年思想道德教育，培养青少年的旨趣和情操，提升思想道德境界。借鉴“美是和谐”的美论，按照和谐的标准丈量，精心设计整体教育，对青少年尽可能着力于以下几个方面的教育引导。首先达成内心的和谐，这是和谐的重要基础，也是前提条件；其次做到与自然的和谐，这是和谐的基本条件；最后实现与他人、与社会的和谐，这是和谐的根本保障。以此使青少年领悟内涵、铭记意义，从内心世界至外在表现彰显和谐与秩序的理念。

借鉴“美是和谐”的美论，引领青少年关注理论、感受现实，领悟生活中的和谐与秩序，为创造和谐与秩序而努力。

1. 比例和谐美

古希腊思想家从客观事物特性出发，阐述美在客体事物的和谐。

① ［俄］车尔尼雪夫斯基：《美学论文选》，缪灵珠译，人民文学出版社 1957 年版，第 61 页。

从公元前 6 世纪毕达哥拉斯学派强调比例的协调即美，到古希腊美学思想的鼎盛时期，从事物的有机整体表现事物的和谐美，提出了整体美即和谐美的观点，从审美客体的角度来阐发美的要义、美的要素、美的表现形式。

众所周知，古希腊哲学是研究自然现象的自然哲学，他们的美学思想也是从自然科学的角度阐发的，对万事万物起源的追问的自然哲学就成为古希腊哲学家研究的主要对象。其中对美的艺术和美的事物的探讨，成为哲学家关注的重要问题。美是和谐的美学命题，发源于毕达哥拉斯学派，他们认为一切事物都包含数量关系，数与万事万物的联系超过了水、火、土、气等，更能代表万物的起源，通过对万物起源的数以及对谐音学的研究，他们发现使声音和谐是由数的组合所决定的，数量之间的协调可以变换出优美的音乐，美在于数量之间的和谐统一。毕达哥拉斯学派研究以怎样的比例能使客体达到和谐，并把这一思想运用于建筑和其他艺术方面，精心探求什么样的数量比例才会产生美的效果。由此，提出对欧洲产生长久影响的“黄金分割”比例。同时，他们认为万事万物因和谐而美，内在的和谐也可以受到外在和谐的影响，人内在的心的和谐与外在的事物的和谐相一致，达到同声相应，所以会产生欣然契合。人的审美和美感来自于内外的身心和谐统一，比例均衡、协调一致，在此基础上产生律动与韵致。

2. 整体和谐美

整体和谐美的思想，源于古希腊，发展于中世纪。这一理论独树一帜，在美学发展史上是浓墨重彩的一笔。其一，亚里士多德提出的整体合一美。亚里士多德提出事物的结构严密、有机整体、动作的整一才能见出美。事物和谐美是建立在有机整体的概念基础上的，各部分安排见出大小比例和秩序，形成融贯的整体，才能见出和谐。他所崇尚的整体美，是内容和形式的美的有机融合。他认为艺术之所以美，是艺术的形式整体和谐呈现，与审美者的心绪直接相关，表达人内心的情感，能够打动人心，直击人心。在艺术形式中他最推崇的是音乐，因为音乐的节奏和形式的和谐美、整体美，在于能够最直接地反映和打动聆听者的内心，而且能更好地发挥教育作用。

亚里士多德指出，整体的事物如果要体现美的属性，不仅仅事物的各部分的安排有序，同时体积大小和秩序一定要协调，部分和整体协调有序才能和谐，才能产生美，这是对于客体美的标准。同时他进一步指出事物要显得美，一方面是它本身具有美的特征，另一方面是欣赏者的认知能力能够捕捉美的信息。他的美学思想是在注重客体美的标准的基础上，强调主体的审美意识和审美能力，指出了主客体的审美关系以及这种审美关系彼此合一、整体和谐的样态。

其二，中世纪形成的和谐整体美。整体和谐的美学思想，从古希腊一直延续到中世纪。圣奥古斯丁继承了亚里士多德的美学思想，并加以推进，认为整体和谐即是美。他给美下的定义是整一或和谐，具体而言是各部分的适当比例，再加上一种悦目的颜色，就是美。他对美的解析更具体、更直观、更多维。而西欧封建社会基督教神学和神权政治理论的最高权威圣托马斯·阿奎那，在他的《神学大全》中论述美由三个因素决定：完整或完美的东西是美的，和谐的事物是美的，着色鲜明的东西是美的。美主要是在于比例的协调，协调中体现出整体性。他的美学观念仍然沿用了美在于客体的形式，是形式上的各要素和谐一致的思维。

“美是和谐”的美论，在实际生活中，无论是宏观层面还是微观层面都有直接或间接的映现，在自然界、社会里、艺术中都能找到诸多例证。就青少年而言，身心和谐、与他人和谐相处、与社会和谐共存，是心之所往、心之所愿，也是社会的期盼。当然，其和谐不单只是形式上的，更重要的是内在，是形式与内容的统一。

（二）借鉴“美在关系”，搭建审美关系

美学思想发展到新古典主义时期，由客体和谐美的标准转换到美的相对性研判的尺度。新古典主义是理性主义盛行时期的产物，重视人、强调人的先天思维的重要性，注重人的主体性。在美学领域从对客观事物和谐美的属性向对主体之美的感受性的转换，认为没有所谓美，美在于人的感受，在于美的事物和人的审美的相对性。因此，审美是在主体与客体的审美关系中，而主体的能动作用显得尤为重要。

1. 笛卡儿——美在于对象和人之间的关系

笛卡儿强调美的判断标准的相对性，认为所谓美的事物在于人们对于对象的判断上，所谓仁者见仁智者见智，不同的人对于美有不同的判断标准，因此，美没有一个确定的标准和尺度，是因人而异的，这是美和美感之间的相对性。他将审美主体的审美尺度作为美的重要指标，强调美的主体性，提出美丑的标准在于人的感官既不能感觉太难，也不能感觉太容易，就是能够激发人们对于美的探究欲的事物即符合美和愉悦的标准。美的判断，依据主体的生活经验和审美能力，确立“美是审美主体和审美客体之间的互动关系”的美论。认为没有主体对美的客体的感受和欣赏，就没有所谓的美，即所谓美和愉快都不过是我们的判断和对象之间的一种关系，审美过程中主体的作用和

意义不可小觑。事实上，尽管审美中人的主观能动性举足轻重，人的审美意识和审美能力具有重要价值，但完全否定客体的属性所具有的作用，割裂主体与客体之间的关系，其观点是主观的、唯心的，也是机械的、僵化的。

2. 狄德罗——美是主客体的关系

美在关系，特别是事物之间的固有属性、事物之间的关系及其纽带。这些关系集中于内在、外在及内在与外在的联系等多个方面。既有事物的比例、对称、秩序、安排之类的形成因素及相互关系，又有事物与其他事物之间的关联，还有对象与人即客体与主体之间的关系。美存在于事物的内在与外在之间的联系中，关系不复存在，美也就没有了。这一观点关注审美主体与审美客体的相互联系，并置于关系范畴中考察，具有一定的客观性。但此观点对“关系”有固化、不可把握之嫌。

青少年思想道德教育，以扬弃的态度借鉴“美在关系”的美论，使“00 后”“05 后”能够多视角、立体型分析矛盾，从复杂的关系中厘清思绪，做到不盲从、不附和、不攀比，有主见、有思想、有个性。从更高层面讲，要求他们在思考人生、思考社会问题时，能够多视角、多层面、多维度，更能从审美的视域看待，看到美好，养成多维性、辩证性，在遇到矛盾时，有自己的价值判断和行为选择，对待和处理问题有一定的定力，能够比较理性地寻找解决问题的办法。青少年思想道德教育，教育者引领青少年客观、辩证、多向度地认识生活中的各种关系，正确对待和处理生活中的各种事务，搭建审美关系，由现实中人与人、人与物的关联中发现美、赏识美、创造美，从相互欣赏中获取必要的精神养分，逐步提升思想道德水平。

（三）借鉴“美是生活”，领悟“美好生活”

“美是生活”的观点是车尔尼雪夫斯基所提出的一大美论，也是俄国民主革命时期的现实主义美学思想内容。车尔尼雪夫斯基以明晰的立场表明了他的美学理论，在于反黑格尔形而上学体系的革命性。针对黑格尔的“美是理念的感性显现”的观点进行批判，阐扬自己的立场，认为黑格尔表达出凡是出类拔萃的东西、在同类中无与伦比的东西就是美的，是缺乏全面性的。而且黑格尔的观念只是理论的抽象，定义太过空泛，没有具体实际的意义，也不能准确表明事物何以有美丑之分。同时，因为任何个别事物都显出具体情境所带来的许多偶然的性质，决不能充分显现它同类事物的理念，因此，个别事物的充分展现无法表现美。另外，在就自然美和艺术美的关系问题上，也对黑格尔关于艺术美才是真正的美的观点进行了批判，指出现实美高于艺术美，是真正彻底的美。

借鉴“美是生活”的美论，引领青少年正确解读并领悟“生活”的本真要义，弄清楚“美好生活”的意义。

1. 美是现实生活

车尔尼雪夫斯基从现实出发，阐发唯物主义美学观，指明美是现实生活，主要包含以下三个方面的内容：“美是生活”，任何事物，凡是我们在那里面看得见依照我们的理解应当如此的生活，那就是美的；任何东西（“对象”或“客体”），凡是显示出生活或使我们想起生活的，那就是美的；美是生活，是使我们想起人以及人类生活的那种生活。

“美是生活”中的“生活”是指人类生活和自然界的生活，这个总的论纲里面体现着唯物主义的思想，社会生活才是思想和意识的基础与源泉，人类社会、劳动人民创造的生活才是美的来源。人本身和自然界才是人民群众进行生活的基础，而人类创造的现实生活才是美的，历史的长河源远流长、川流不息，不断推进的过程就是人们改造社会创造美好生活的过程。美是生活的命题，是将人类社会和自然界中美好的事物在生活中生动地展现，是将生活改变了人与环境的本质进行了科学的抽象和高度的概括。

车尔尼雪夫斯基所述的美是生活，即凡是显示出生活或使我们想起生活的，那就是美的，凡是显示出时代、显示出生活的事物就是美的。每个时代的美，都是反映那个时代的生活和代表那个时代的生活特征。如果事物能够代表生活，或者唤起人们对于生活的热情和追忆，那么就是美的。美是随人类社会生活而变动和发展的，不同的历史时期、不同的群体有着不尽一致的审美意识，并以此进行审美欣赏和审美创造。但审美也有普遍性和传承性，这是人类共同的文化。人类社会生活不断向前发展，美和人的审美感觉也在生活中不断得到丰富、更新与发展，因此，美是来源于生活的，对美的定义及标准也是依照社会生活的内容和内涵而定。人们向往和追求美好生活，为了美好生活愿景渐次实现而不断改善与丰富人类社会和自身的过程，就是实现美好生活的过程，也是人和社会渐次趋于完美的过程。

2. 生活美高于艺术美

判断美的标准不能以主体有无意图来判断，不能以客体美的特色多寡来判断，不能以事物产生时间长短来判断，不能以其经常与否呈现来判断，不能以主体、客体有无缺陷来判断。车尔尼雪夫斯基所列出的对美的判断标准的这些方面，论证和批判了艺术美高于现实美的提法，提出了生活美高于艺术美的观点，并将美分为现实中的美（生活美）、想象中的美和艺术美。现实中的美是想象中的美的根源，它会激发人的艺术创造中的联想和想象，进行艺术加工和提炼。“当实际上不仅没有好的房子，甚至也没有差可安身的茅舍的时候，想象就要建造其空中楼阁。当情感无所归宿的时候，想象便被激发起来；现实生活的贫乏是幻想中的生活的根源。一当现实生活稍稍可以过得去的时候，我们就觉得一切幻想都在它面前变得黯淡无光、索然寡味了。”①客观现实在不太美的状态时，有助于想象美和艺术美的激发与创造，而离开现实生活，想象美和艺术美就成为无本之木、无源之水。这表明没有现实的美就没有联想、想象的前提，也就失去了艺术创造的可能性，没有艺术美产生的基础，就没有美好生活创造的动力。从一个方面印证了当下青少年中出现的审美贫困、审丑泛化与异化的缘由，提供了解决这些矛盾的基本思路。

面对错综复杂的国际国内局势，面对青春灵动的青少年，思想道德教育针对他们中存在沉湎于虚拟世界、逃避现实生活的事实，借鉴“美是生活”，既使教育生活化，反映“美好生活”，又引导他们克服网络带来的负面影响，从虚拟走向现实，深入生活、了解生活，进而全面客观认识生活的本质，感受生活中的向善、向好，正视其中的假、恶、丑，学会理性判断与选择，达成求真、向善和审美的统一。同时引导其注目生活、融入生活、感悟生活，石以砥焉、化钝为利，追寻生命的意义和生活的美好。

一言以蔽之，美存在于和谐有序的现实世界、存在于各种事物的关系、存在于实实在在的生活之中。审美创造“只有把生活咀嚼透

① ［俄］车尔尼雪夫斯基：《艺术与现实的审美关系》，周扬译，人民文学出版社 2009 年版，第 39—40 页。

了，完全消化了，才能变成深刻的情节和动人的形象，创作出来的作品才能激荡人心”[①]。思想道德教育的终极目标是引领人达到审美的最高境界，青少年思想道德教育更是如此。为此，在全面汲取思想道德教育之理论精华、夯实教育学理基础的同时，独具匠心地运用马克思主义美学理论、借鉴美学发展史中的重要美论，使青少年能够培养审美的世界观和人生观，以审美的眼光看待现实中的矛盾，从审美的视角领悟生命及其意义，夯实成长与发展的基础。当代青少年“生逢其时，施展才干的舞台无比广阔，实现梦想的前景无比光明”[②]。“用党的科学理论武装青年，用党的初心使命感召青年”[③]，这是党的青少年思想道德教育的新课题，如何完美解答既是一个复杂过程，也是一个充满期待的进程。

---

① 《习近平谈治国理政》第二卷，外文出版社 2017 年版，第 319 页。

② 习近平：《高举中国特色社会主义伟大旗帜　为全面建设社会主义现代化国家而团结奋斗——在中国共产党第二十次全国代表大会上的报告》，人民出版社 2022 年版，第 71 页。

③ 习近平：《高举中国特色社会主义伟大旗帜　为全面建设社会主义现代化国家而团结奋斗——在中国共产党第二十次全国代表大会上的报告》，人民出版社 2022 年版，第 71 页。

参考文献

一、文献

[1]《马克思恩格斯文集》第1、2、5、8、9卷，人民出版社2009年版。

[2]《列宁专题文集》，人民出版社2009年版。

[3]《毛泽东选集》第一卷、第二卷、第三卷、第四卷，人民出版社1991年版。

[4]《毛泽东文集》第一卷、第二卷，人民出版社1993年版。

[5]《毛泽东文集》第七卷、第八卷，人民出版社1999年版。

[6]《朱德选集》，人民出版社1983年版。

[7]《周恩来选集》上卷，人民出版社1980年版。

[8]《周恩来选集》下卷，人民出版社1984年版。

[9]《邓小平文选》第二卷，人民出版社1994年版。

[10]《邓小平文选》第三卷，人民出版社1993年版。

[11]《江泽民文选》第二卷，人民出版社2006年版。

[12]《胡锦涛文选》第三卷，人民出版社2016年版。

[13]《习近平谈治国理政》第一卷、第二卷，外文出版社2018、2017年版。

[14]《习近平谈治国理政》第三卷，外文出版社2020年版。

[15]《习近平谈治国理政》第四卷，外文出版社2022年版。

[16] 习近平:《论坚持党对一切工作的领导》，中央文献出版社2019年版。

[17] 中共中央文献研究室编:《习近平关于青少年和共青团工作论述摘编》，中央文献出版社2017年版。

[18] 胡锦涛:《在纪念党的十一届三中全会召开30周年大会上的讲话》，《人民日报》2008年12月19日。

[19] 习近平:《在庆祝中国共产党成立95周年大会上的讲话》，《人民日报》2016年7月2日。

[20] 习近平:《决胜全面建成小康社会　夺取新时代中国特色社会主义伟大胜

利——在中国共产党第十九次全国代表大会上的报告》，人民出版社 2017 年版。

[21] 习近平：《高举中国特色社会主义伟大旗帜　为全面建设社会主义现代化国家而团结奋斗——在中国共产党第二十次全国代表大会上的报告》，人民出版社 2022 年版。

[22] 中国人民大学中共党史系资料室编：《中共党史教学参考资料·第一次国内革命战争时期》（下），中国人民大学出版社 1979 年版。

[23] 中共中央文献研究室编：《三中全会以来重要文献选编》（下），人民出版社 1982 年版。

[24] 中国社会科学院现代史研究室、中国革命博物馆党史研究室编：《“一大”前后——中国共产党第一次代表大会前后资料选编》（一），人民出版社 1985 年版。

[25] 中共中央文献研究室编：《建国以来重要文献选编》第一册，中央文献出版社 1992 年版。

[26] 中共中央文献研究室编：《建国以来重要文献选编》第四册、第五册、第七册，中央文献出版社 1993 年版。

[27] 中共中央文献研究室编：《建国以来重要文献选编》第九册，中央文献出版社 1994 年版。

[28] 中共中央文献研究室编：《建国以来重要文献选编》第十三册，中央文献出版社 1996 年版。

[29] 中共中央文献研究室编：《建国以来重要文献选编》第十六册，中央文献出版社 1997 年版。

[30] 中共中央文献研究室编：《社会主义精神文明建设文献选编》，中央文献出版社 1996 年版。

[31] 教育部社会科学司组编：《普通高校思想政治理论课文献选编（1949—2008）》，中国人民大学出版社 2008 年版。

[32] 中共中央文献研究室、中央档案馆编：《建党以来重要文献选编（1921—1949）》第一册、第二册、第三册、第十二册、第十五册、第十七册、第二十二册、第二十五册、第二十六册，中央文献出版社 2011 年版。

[33] 教育部思想政治工作司组编：《加强和改进大学生思想政治教育重要文献选编（1978—2014）》，知识产权出版社 2015 年版。

[34] 中共中央文献研究室编：《十八大以来重要文献选编》（上），中央文献出版社 2014 年版。

[35] 中共中央文献研究室编：《十八大以来重要文献选编》（中），中央文献出版社 2016 年版。

[36] 中共中央党史和文献研究院编：《十八大以来重要文献选编》（下），中央文献出版社 2018 年版。

[37]《中共中央办公厅　国务院办公厅印发　关于全面加强和改进新时代学校体育工作的意见　关于全面加强和改进新时代学校美育工作的意见》，《人民日报》2020年10月16日。

二、著作

[1] 任钟印编：《杨贤江全集》，河南教育出版社1995年版。

[2] 杨静云编：《毛泽东思想政治教育理论研究》，中共中央党校出版社1995年版。

[3] 董玉整、董莉：《当代青年十大观念》，广东人民出版社1998年版。

[4] 张耀灿编：《中国共产党思想政治工作史论》，高等教育出版社1999年版。

[5] 郑永廷编：《思想政治教育方法论》，高等教育出版社2010年版。

[6] 苏颂兴、胡振平编：《分化与整合：当代中国青年价值观》，上海社会科学院出版社2000年版。

[7] 鲁洁、王逢贤编：《德育新论》，江苏教育出版社2000年版。

[8] 张澍军：《德育哲学引论》，人民出版社2002年版。

[9] 罗国杰编：《马克思主义思想政治教育理论基础》，高等教育出版社2002年版。

[10] 许启贤编：《中国共产党思想政治教育史》，中国人民大学出版社2004年版。

[11] 贺才乐：《思想政治教育载体研究》，湖北人民出版社2004年版。

[12] 韩庆祥、亢安毅：《马克思开辟的道路——人的全面发展研究》，人民出版社2005年版。

[13] 李光辉编：《中国共产党思想政治工作史论》，法律出版社2005年版。

[14] 黄蓉生、邓卓明：《青年思想政治教育专论》，中央文献出版社2005年版。

[15] 黄希庭、郑涌等：《当代中国青年价值观研究》，人民教育出版社2005年版。

[16] 夏伟东编：《中国共产党思想道德建设史略》，山东人民出版社2006年版。

[17] 李咏吟：《审美与道德的本源》，上海人民出版社2006年版。

[18] 万美容：《思想政治教育方法发展研究》，中国社会科学出版社2007年版。

[19] 刘建军编：《中国共产党思想政治教育的理论与实践》，中国人民大学出版社2008年版。

[20] 谢德民：《思想政治工作的理论、方法与智慧》，中共中央党校出版社2008年版。

[21] 张锡勤、柴文华编：《中国伦理道德变迁史稿》下卷，人民出版社2008年版。

[22] 王易编著：《当代大学生价值观调查报告》，中共党史出版社 2008 年版。

[23] 潘维、廉思编：《中国社会价值观变迁 30 年：1978—2008》，中国社会科学出版社 2008 年版。

[24] 吴新颖：《当代青年价值观的构建》，湖南人民出版社 2008 年版。

[25] 吴海庆：《美育与德育关系的当代阐释》，山东文艺出版社 2008 年版。

[26] 佘双好：《青少年思想道德现状及健全措施研究》，中国社会科学出版社 2010 年版。

[27] 叶瑞祥、卢璧锋编：《当代青少年思想道德教育研究》，珠海出版社 2010 年版。

[28] 刘书林：《社会思潮与青年教育研究》，高等教育出版社 2010 年版。

[29] 顾友仁：《中国传统文化与思想政治教育的创新》，安徽大学出版社 2011 年版。

[30] 檀传宝：《浪漫：自由与责任——檀传宝德育十讲》，华东师范大学出版社 2012 年版。

[31] 邱吉、王易、王伟玮编著：《轨迹——当代中国青年价值观变迁研究》，人民出版社 2012 年版。

[32] 周芳：《思想政治教育审美研究》，人民出版社 2012 年版。

[33] 吴鲁平等：《后现代化理论视野下的青年价值观研究》，社会科学文献出版社 2013 年版。

[34]《恽代英全集》第七卷，人民出版社 2014 年版。

[35] 祖国华：《思想政治教育审美问题研究》，人民出版社 2015 年版。

[36] 孙洪波：《中国共产党思想政治教育特色论》，中国社会科学出版社 2015 年版。

[37] 陈万柏、张耀灿编：《思想政治教育学原理》，高等教育出版社 2015 年版。

[38] 王树荫编：《中国共产党思想政治教育史》，高等教育出版社 2016 年版。

[39] 尤西林编：《美学原理》，高等教育出版社 2018 年版。

[40] [美] 杜威：《杜威教育论著选》，赵祥麟、王承绪编译，华东师范大学出版社 1981 年版。

[41] [俄] 车尔尼雪夫斯基：《艺术与现实的审美关系》，周扬译，人民文学出版社 2009 年版。

[42] [德] 赫尔巴特：《普通教育学》，李其龙译，人民教育出版社 2015 年版。

[43] [法] 卢梭：《爱弥儿：论教育》上卷，李平沤译，商务印书馆 2017 年版。

三、论文

[1] 李淑：《毛泽东早期德育思想的若干特征》，《南京师大学报》（社会科学版）

1993 年第 3 期。

[2] 曹普:《思想政治工作“生命线”论断的演变》,《党史博采》2000 年第 9 期。

[3] 沈晓阳:《马克思“有个性的个人”思想探析》,《探索》2002 年第 1 期。

[4] 黄书光:《全球化时代的学校德育思考》,《思想·理论·教育》2002 年第 2 期。

[5] 张宗海:《西方主要国家的高校学生责任教育与启示》,《高教探索》2002 年第 3 期。

[6] 项久雨:《思想政治教育价值与人的价值》,《教学与研究》2002 年第 12 期。

[7] 王勤:《论思想政治教育的个体价值》,《浙江学刊》2003 年第 1 期。

[8] 徐文良:《高等教育德育的历史回顾与新世纪展望》,《中国高教研究》2003 年第 4 期。

[9] 张博颖:《中国革命道德与当代中国国家伦理内涵的确立和发展》,《吉首大学学报》(社会科学版) 2005 年第 1 期。

[10] 张广才:《江泽民德育思想的特色》,《社会主义研究》2005 年第 3 期。

[11] 扈中平:《“人的全面发展”内涵新析》,《教育研究》2005 年第 5 期。

[12] 黄书光:《变革与反思:共和国德育的历史走向》,《华东师范大学学报》(教育科学版) 2006 年第 1 期。

[13] 李文秋:《邓小平、江泽民德育思想理论比较研究》,《黑龙江社会科学》2007 年第 2 期。

[14] 石书臣:《中国共产党坚持思想政治教育主导性的优良传统及其特点》,《上海师范大学学报》(哲学社会科学版) 2007 年第 4 期。

[15] 邵献平:《论中国共产党思想政治教育的理论资源》,《理论探讨》2007 年第 5 期。

[16] 潘勇:《试论胡锦涛对思想政治教育理论的新贡献》,《教育探索》2007 年第 7 期。

[17] 郭凤志、胡海波:《从政治型到文化型:中国当代德育型态的嬗变路向》,《东北师大学报》(哲学社会科学版) 2008 年第 4 期。

[18] 佘双好:《改革开放以来思想政治教育的基本经验及发展趋势》,《思想理论教育》2009 年第 1 期。

[19] 连欢:《论中国共产党思想政治教育理论的特色》,《学习与实践》2009 年第 5 期。

[20] 李波:《论陕甘宁边区干部教育的历史经验》,《理论学刊》2010 年第 1 期。

[21] 王艳:《新中国成立六十年来道德教育的回顾与展望》,《齐鲁学刊》2010 年第 1 期。

[22] 马福运:《江泽民关于思想政治教育理论的创新研究》,《思想理论教育导

刊》2010 年第 12 期。

[23] 祖嘉合:《略论德育和思想政治教育的适度区分》,《思想教育研究》2011 年第 2 期。

[24] 郑永廷:《中国共产党思想政治教育理论的创新与发展——纪念中国共产党建党九十周年》,《思想教育研究》2011 年第 6 期。

[25] 石云霞:《中国共产党 90 年思想政治工作科学化研究》,《思想理论教育》2011 年第 7 期。

[26] 王树荫:《论中国共产党 90 年思想政治教育的基本经验》,《思想理论教育导刊》2011 年第 8 期。

[27] 吴艳东:《论思想政治教育的文化价值》,《思想教育研究》2011 年第 9 期。

[28] 李志强:《百年来西方道德教育思想在我国传播研究述评》,《现代教育管理》2012 年第 2 期。

[29] 石书臣:《中国优秀的传统文化与现代德育的内在联系》,《思想理论教育》2012 年第 3 期。

[30] 颜军:《马克思人学理论:思想政治教育的哲学基础》,《求实》2013 年第 10 期。

[31] 吴文珑:《抗战时期中共对道德问题的认识和探讨》,《海南师范大学学报》(社会科学版)2014 年第 1 期。

[32] 李康平、张吉雄:《当代中国马克思主义德育思想的新发展——论“中国梦”的德育新实践》,《科学社会主义》2014 年第 3 期。

[33] 高宝红、张振:《延安时期中国共产党对农民思想政治教育工作的探索及现实价值》,《学术探索》2014 年第 6 期。

[34] 王树荫、韩华、温静:《中国共产党思想政治教育史研究进展》,《思想教育研究》2014 年第 8 期。

[35] 陈桂花、王东维:《论习近平系列讲话中的思想政治教育元素》,《思想政治工作研究》2014 年第 8 期。

[36] 连欢:《论中国共产党思想政治教育“生命线”理论的实践根源》,《思想教育研究》2014 年第 10 期。

[37] 韩华:《思想政治教育史研究:回顾与前瞻》,《思想理论教育》2015 年第 1 期。

[38] 陈莉、钱云楼、王琳婉:《新媒体对青少年思想道德教育的影响及对策研究——以绵阳市青少年网络“穹顶”下的思想道德教育为例》,《湖南科技学院学报》2015 年第 7 期。

[39] 唐正芒、徐功献:《延安时期中共对传统哲学和伦理道德的改造与利用》,《求索》2015 年第 5 期。

[40] 邹绍清:《论大数据嵌入青年社会主义核心价值观培育的战略契合及思维变革》,《马克思主义研究》2015 年第 6 期。

[41] 李庚全、范博华:《习近平思想教育理念及其特点探析》,《辽宁师范大学学报》(社会科学版) 2016 年第 1 期。

[42] 邹放鸣:《思想政治教育的现实基础与理论支撑》,《南通大学学报》(社会科学版) 2016 年第 3 期。

[43] 佘双好:《新时期思想政治教育学科建设的价值指针——学习习近平总书记关于思想政治工作的论述》,《马克思主义理论学科研究》2017 年第 1 期。

[44] 张建晓、孙其昂:《论思想政治教育文化的逻辑建构》,《理论与改革》2017 年第 2 期。

[45] 曹金龙:《中国共产党思想政治教育意识形态功能的历史考察》,《思想教育研究》2017 年第 2 期。

[46] 杨晓慧:《习近平青年价值观教育思想论要》,《马克思主义研究》2017 年第 11 期。

[47] 陈金龙:《中国共产党思想政治教育史研究的视域拓展》,《思想理论教育》2017 年第 11 期。

[48] 刘宏达:《新时代思想政治教育的历史使命、理论基础与实践要求》,《学校党建与思想教育》2017 年第 23 期。

[49] 冯刚:《新媒体时代青少年思想政治教育的特点和规律》,《中国教师》2018 年第 7 期。

[50] 孙其昂:《现代性视阈中青少年思想道德教育的特征及认识思路》,《学校党建与思想教育》2019 年第 19 期。

[51] 周芳、张丽娜:《高校思想政治理论课教学中的生态审美及其实现》,《学校党建与思想教育》2019 年第 21 期。

[52] 周芳、任怡:《论习近平新时代青年奋斗观的基本要义、特征及价值》,《思想理论教育导刊》2020 年第 9 期。

[53] 王树荫:《人的彻底解放与全面发展——中国共产党百年思想政治教育的价值导向》,《马克思主义研究》2020 年第 10 期。

[54] 李喆:《"学二代"问题对青少年思想道德教育的影响及对策研究》,《广西青年干部学院学报》2021 年第 1 期。

[55] 唐爱民:《学校德育变革的文化生态:内在逻辑、社会基础与实践路径》,《南京师大学报》(社会科学版) 2021 年第 3 期。

[56] 陶利江:《论新时代中国共产党革命精神的思想文化引领功能》,《探索》2021 年第 3 期。

[57] 周芳、严敏:《中国共产党青年理想信念教育的发展历程与基本经验》,《江

汉论坛》2021 年第 9 期。

[58] 王利萍:《中国共产党百年青年思想政治教育探索》,《人民论坛》2021 年第 14 期。

[59] 周芳、任睿:《中国共产党将审美嵌入思想政治教育的百年历程及基本经验》,《学习与实践》2021 年第 12 期。

[60] 赵启光:《全球化时代的先进文化》,《光明日报》2001 年 8 月 21 日。

[61] 颜芬、颜叶甜:《充分发挥中华优秀传统文化德育价值》,《光明日报》2017 年 5 月 29 日。

[62] 朱志刚:《社区青少年思想道德教育支持主体发展研究》,华中师范大学博士学位论文,2011 年。

[63] 刘鹏:《诗在道德教育中的价值研究》,山东师范大学博士学位论文,2012 年。

四、英文

[1] James Kariuki Murage, *Youth Values Road Map: Youth Choices and Motivation*, LAP LAMBERT Academic Publishing, 2012.

[2] W. K. Cummings, S. Gopinathan, Y. Tomoda, *The Revival of Values Education in Asia and the West*, Oxford: Pergamon Press, 2014.

[3] Ercan Avci, "A Normative Analysis to Determine the Goals of Ethics Education through Utilizing Three Approaches: Rational Moral Education, Ethical Acculturation, and Learning throughout Life", *International Journal of Ethics Education*, Vol.2, No.2, 2017.

[4] Meenakshi Thapan, "Self—Knowledge and Relatedness in Everyday Life", *Psychological Studies*, Vol.64, No.3, 2019.

后　记

中国共产党百年青少年思想道德教育研究，是依托多学科展开研究的主题，涉及的内容丰富而广泛。从中国共产党百年发展史中梳理青少年思想道德教育的理论，犹如在浩瀚太空中搜寻星辰。从中回溯青少年思想道德教育各个时期的各种实践，亦如在茫茫大海中拾贝。于星空大海中采摘珍宝，串联一体，汇集一起成为美妙的画册。《中国共产党百年青少年思想道德教育研究》书稿落笔之际，既有欣喜也有遗憾，无限感慨油然而生。众所周知，青少年是国家的希望、民族的未来，赢得青少年，就会赢得明天，就能赢得美好。中国共产党始终重视青少年教育，一直以来从理论与实践相结合的高度，着力于他们的思想道德教育，引领其综合素养培育，推促其全面发展，使党的事业有承接者、推动者和创造者。能够对中国共产党百年青少年思想道德教育理论与实践过程回顾、探索，极尽不易也安之若素。形成该项研究成果，虽辛苦无比但依然甘之如饴。

多年前，承担湖北青少年思想道德教育研究中心之“美学视域下青少年思想道德教育”课题，着手查阅资料、收集文献、建构体系等项工作，但全面、深入、系统、完整研究未能如期有序进行。之后接受湖北大学高等人文研究院所托，承接“中国共产党德育思想文化史”项目研究，从党的发展过程中搜寻德育文化及其演进，为此查阅了大量的史料，又对其进行细致整理、综合，围绕“德育文化”抽丝剥茧。由此了解和把握问题研究的现状，掌握研究的方法，为本书奠定了必备的理论基础，梳理出研究的基本思路，拟出研究的基本内容。在做这些基础工作的过程中，一直在思考如何从“中国共产党德育思想文化”中找到一条主线、一个问题延展的契合点。在喜迎中国共产党诞辰 100 周年之时，以党的百年为时间节点，精心设计，找到了课题研究的突破点，也找到了两个问题研究的契合点，选定“中国共产党百年青少年思想道德教育研究”主题。在百年发展中，梳理党的青少年思想道德教育理论与实践的演进过程及其发展趋向，随后经过近两年的时间完成书稿初稿。基于此，以“中国共产党百年青少年思想道德教育的理论与实践”为选题，申报 2020 年湖北省社科基金后期资助项目并获批立项，则有了更有力的平台支撑。在原稿基础上进行修改完善，最终形成著作。由此，该作入选 2023 年度高校思想政治工作研究文库，获得湖北省社科基金项目、湖北青少年思想道德教育研究中心开放课题项目、湖北大学高等人文研究院项目等资助，多重资助使研究具有更多有利条件保障，也推促书稿的适时完成。经过一年来的多次修改、补充、完善，成就终稿。为此，特别感谢上述基金项目、学术平台的支持，给了我们系统学习、精心思考、潜心研究中国共产党百年青少年思想道德教育理论与实践的强大动力。

书稿撰写过程，是一个理论上再学习的好时机，是夯实问题研究的理论基础，也是学术锻炼的关键环节。其间，收集、查阅了大量的文献资料，借鉴了诸多学者、专家在研究中形成的基本观点，借此洞悉这一主题的学术研究现状、学术发展动态，萃取了学术观点。此期更加开阔了研究视野，更加明晰了研究思路，也完善了课题研究的理论体系。在此，对拙作撰写中学习和借鉴到的各位专家、学者的理论和观点倍感珍惜，一并感谢。

《中国共产党百年青少年思想道德教育研究》，历史跨度比较大，而其中党的思想道德教育的资料收集整理有一定的难度，从中抽离出研究主线，聚焦青少年思想道德教育的理论与实践的演进更是不易，加之作者理论驾驭水平有限，拙著中可能对有的内容未能涉及而存有疏漏，理论观点的深入凝练也有待进一步提升，因而存在些许不尽如人意之处。对此，深表歉意的同时也留有遗憾，给我们躬行投入主题持续研究“留白”。因此，愿在今后的研究中以十年磨一剑的坚持磨砺自我而加以弥补。

作者

2022 年冬于武汉

责任编辑：吴继平
封面设计：胡欣欣

图书在版编目（CIP）数据

中国共产党百年青少年思想道德教育研究 / 周芳，任怡著 . 北京 ：人民出版社，2024. 11. -- ISBN 978－7－01－026703－6

Ⅰ. D432.62

中国国家版本馆 CIP 数据核字第 2024TP5736 号

中国共产党百年青少年思想道德教育研究
ZHONGGUO GONGCHANDANG BAINIAN QINGSHAONIAN SIXIANG DAODE JIAOYU YANJIU

周 芳 任 怡 著

人民出版社 出版发行
（100706 北京市东城区隆福寺街 99 号）

中煤（北京）印务有限公司印刷 新华书店经销

2024 年 11 月第 1 版 2024 年 11 月北京第 1 次印刷
开本：710 毫米 ×1000 毫米 1/16 印张：19.5
字数：231 千字

ISBN 978－7－01－026703－6 定价：78.00 元

邮购地址 100706 北京市东城区隆福寺街 99 号
人民东方图书销售中心 电话（010）65250042 65289539